中国社会科学院创新工程学术出版资助项目

中国人文社会科学基金论文统计与分析（1999—2016）

周霞 等 著

Statistics and Analysis of Papers Sponsored by Funds in China's Humanities and Social Sciences (1999-2016)

中国社会科学出版社

图书在版编目(CIP)数据

中国人文社会科学基金论文统计与分析：1999—2016／周霞等著．—北京：中国社会科学出版社，2019.5

ISBN 978－7－5203－4415－9

Ⅰ.①中… Ⅱ.①周… Ⅲ.①人文科学—文献计量学—统计分析—中国—1999－2016②社会科学—文献计量学—统计分析—中国—1999－2016 Ⅳ.①G257.33

中国版本图书馆 CIP 数据核字（2019）第 085017 号

出 版 人　赵剑英
责任编辑　田　文
责任校对　张爱华
责任印制　王　超

出　　版　中国社会科学出版社
社　　址　北京鼓楼西大街甲 158 号
邮　　编　100720
网　　址　http://www.csspw.cn
发 行 部　010－84083685
门 市 部　010－84029450
经　　销　新华书店及其他书店

印　　刷　北京君升印刷有限公司
装　　订　廊坊市广阳区广增装订厂
版　　次　2019 年 5 月第 1 版
印　　次　2019 年 5 月第 1 次印刷

开　　本　710×1000　1/16
印　　张　22
字　　数　328 千字
定　　价　128.00 元

前　言

人文社会科学的繁荣是一个国家软实力的重要标志。人文社会科学研究提供思想、观念的理论依据和思维方法，为提高全民族的文化、思想水平奠定基础；为经济建设和社会发展的决策和管理提供正确的思想、科学的理论和可行性方案，正确回答当代社会发展过程中提出的重大问题。在社会经济结构愈来愈多元化，经济系统日益复杂、社会生活日益多姿多彩的现代社会里，没有经济、管理、法律等社会科学的规范、组织，无法实现经济的持续增长和社会的有序前进，无法实现自然科学和工程技术与经济社会的协调发展及其巨大作用的发挥。"一个没有发达的自然科学的国家不可能走在世界前列，一个没有繁荣的哲学社会科学的国家也不可能走在世界前列。坚持和发展中国特色社会主义，需要不断在实践和理论上进行探索，用发展着的理论指导发展着的实践。在这个过程中，哲学社会科学具有不可替代的重要地位，哲学社会科学工作者具有不可替代的作用。"① 自改革开放以来，党和政府对人文社会科学研究高度重视，先后设立国家自然科学基金、国家社会科学基金（以下简称国家社科基金），对人文社会科学研究的实际投入不断增加。国家社科基金的资助总额从1991 年的1300 万元，飙升至 2012 年的 12 亿元。② 2016 年的投入更

---

① 习近平：《在哲学社会科学工作座谈会上的讲话》（http：//www. chinanews. com/gn/2016/05 - 19/7875385. shtml）。

② 全国哲学社会科学规划办公室：《国家社会科学基金年度报告（2012）》，学习出版社 2013 年版，前言。

是高达20亿元。[①] 此外，各系统、各级政府以及众多非政府组织、国外基金会也成为我国人文社会科学领域重要的资助来源。快速增长的科研经费投入为人文社会科学的繁荣提供了有力保障。

在社会需求的推动、科学规划的引导和基金投入的助力下，社会科学研究面向经济与社会发展，积极参与社会决策和注重应用，不仅取得了丰硕的学术成果，而且产生了巨大的社会经济效益。根据对中国社会科学院研建的“中国人文社会科学引文数据库”数据统计，1999—2009年在我国社会科学七百余种主流期刊发表的基金论文共180901篇，11年间，基金论文年产出量从2494篇增长到44717篇，增长了近17倍；基金论文量占全部期刊论文总量的比例（即基金论文比）逐年上升，从1999年的1.9%增长到2009年的33.1%，提高了16.4倍。

基金论文是受国家或机构各项科研基金（或项目经费）资助的、以期刊论文形式发表的课题成果，是科研基金资助项目重要的成果类型之一。在应用研究领域，以论文形式发表的成果所占比例最大。因此，基金产出论文的数量及其增长率、核心期刊论文比例、学科分布比例、项目发文量、基金论文被引用率、被转摘率、被下载率等计量指标，能够在一定程度上反映基金资助绩效，衡量基金投入—产出效益、基金论文整体质量水平和影响力，定量化地反映资助项目的产出状况、科研状况以及存在的问题，反映科学研究基金和资助对人文社会科学研究发挥的实际作用。基金论文计量分析不仅可以应用于基金绩效评价，还可通过对基金论文的机构分布、作者分布、期刊分布、关键词和影响力指标的统计分析，为机构与个人科研实力评价、期刊评价和期刊特点的客观描述提供实证数据支撑，也可用于学科热点与前沿分析、科研合作分析，因此，基金论文计量分析是科研资助绩效评价的重要组成部分，是促进科研资源优化配置、提高科研管理水平、推动国家人文社会科学事业持续健康发展的重要手段和保障。

---

① 全国哲学社会科学规划办公室：《国家社会科学基金年度报告（2016）》，学习出版社2017年版，前言。

随着政府财政在科研投入上的大幅增长，科研基金（资金）的管理、投入产出的效益成为社会关注的问题，对资助绩效评价的需求和呼声不仅来自社会，也来自管理部门和学术界自身。然而，人文社会科学领域基金论文计量研究起步较晚于科技领域，论文成果较少，统计分析的指标和方法比较单一。根据2011年6月对中国知网期刊数据库文献数据的调查统计，以往的基金资助绩效评价和基金论文的计量分析文章，偏重自然科学和工程技术领域，科技领域与人文社会科学领域基金论文计量研究的论文量占比分别约为70%、30%。虽然有不少关于国家社科基金统计分析的文章，但绝大多数是从国家社科基金立项项目的形式特征和选题等角度进行统计分析，解析历年国家社科基金项目的具体情况，或反映学科研究前沿，而从基金论文即项目的科学产出和影响力情况进行大样本的统计分析，对国家社科基金绩效进行评价的论文还比较鲜见。有的大样本统计研究虽然对科学基金的论文产出量和被引量做过统计分析，但仅限于基金类型层面，没有对具体基金进行深入、系统地统计分析。这一研究现状不能满足我国人文社会科学领域基金绩效评价的需求。在这一背景下，探讨和丰富人文社会科学领域基金资助绩效评价指标和方法，对我国人文社会科学领域基金论文产出和影响力进行系统地、多维度地统计分析，解决实证数据支持问题则显得尤为必要，具有重要的现实意义。本书的研究是以2012年度中国社会科学院重点课题“我国社会科学基金论文产出与影响力统计分析报告”（编号：YZDB2012-13）”的研究成果为基础，增加了2012—2016年期间国家社科基金论文产出与影响力的统计分析，在汲取学界以往的基金论文计量研究成果的基础上，在数据源、数据采集和处理方法、影响力指标等方面力求有所突破，有所建树。

本书的研究除了利用中国社会科学院自主研发的“中国人文社会科学引文数据库”（Chinese Humanities and Social Sciences Citation Database，简称CHSSCD）作为大样本统计源，还采用多种信息技术，综合利用多种信息源，在对数据库中的基金名称、机构名称、期刊名称等数据进行清洗、整合的基础上，采用文献计量方法、科学计量方法与内容分析方法，对1999—2016年间我国人文社会科学领域基金特别是国家社科基金的论文产出、分布特点和影响力进行统计分析，主要内容包括资助投入与论文产出的数量增长比较、论文的基金分布、项目分布、机构和作者分布、合作状况、地区分布、被摘转率、被引用率、被下载率、核心期刊论文比例以及研究热点分布等，从全国范围、国家级和省级社会科学基金三个层面，揭示我国人文社会科学领域基金资助格局、资助成效和资助规律，并侧重反映国家社科基金在促进人文社会科学繁荣发展方面所发挥的引领、示范作用，以及主要资助学科的研究前沿和热点、年度研究状况。本书相关章节也指出了在统计中发现的问题例如资助信息标注不规范或不属实的问题、基金论文的产出和影响力存在地区不平衡的问题以及部分项目结项晚、国际合作度不高等问题，为基金绩效评估、科学研究规划和项目管理提供实证数据等参考依据，同时，为文献计量分析提供分析视角和框架。

本书的研究除了利用CHSSCD，还利用其他信息源包括中国知网的中国引文数据库和期刊全文数据库、国家哲学社会科学学术期刊数据库、维普期刊资源整合平台、全国哲学社会科学规划办公室官网的“项目数据库”、《新华文摘》、《中国社会科学文摘》、《高等学校文科学术文摘》、中国人民大学《复印报刊资料》，以及中国社会科学院、北京大学、南京大学三家核心期刊评价体系公布的数据。通过将基金论文数据与基金项目数据、文摘数据、被引用量数据、被下载量数据、核心期刊数据等进行匹配、整合，并对基金论文数据进行统计元素的提取、清洗和规范化处理，得出有关基金论文产出、分布和影响力等指标数据。

本书内容包括以下六个部分和附录。

第一章：我国人文社会科学领域基金论文统计分析（1999—2009年）。本章以CHSSCD为数据源，对1999—2009年基金论文的数量增长、学科分布、基金分布以及重要基金的资助特点进行统计分析，包括对我国三大基金的资助特点和资助成效的分析。力图通过对基金论文数据的挖掘，反映我国社科领域基金的资助成效和资助格局，揭示那些对我国社科研究发挥重要作用的基金和资助机构。

第二章：国家社会科学基金论文统计分析（1999—2009 年）。本章以 CHSSCD 为数据源，对 1999—2009 年国家社科基金产出论文的数量规模与增长变化、资助项目数量与发文量的变化关系、学科分布以及基金论文在核心期刊发表的比例等情况进行统计分析，并将国家社科基金论文产出情况与其他主要科学基金相比较，通过国家社科基金的学科发文量指标和学科领域基金排名位次分析，一方面反映国家社科基金资助的重点学科、资助特点，另一方面反映和揭示国家社科基金在我国整个哲学社会科学资助体系和格局中所处的地位，从基金论文这一侧面分析国家社科基金的学科发展战略取向，实证分析国家社科基金对我国哲学社会科学各学科研究的引领和示范作用。

第三章：国家社会科学基金论文分学科统计分析（2012 年）。本章包括 2012 年度国家社科基金论文总体统计分析和 6 个资助学科的项目论文统计分析。统计数据源是在整合多个数据库和纸本期刊信息的基础上构建的 2012 年国家社科基金论文统计数据库。本章采用文献计量与内容分析方法，对 2012 年国家社科基金论文产出、分布特点、影响力进行统计分析，主要内容包括论文的学科项目分布、作者和机构分布、合作状况、地区分布、摘转率、被引用率、被下载率、核心期刊论文比例以及研究热点分布等，力图从一个侧面反映国家社科基金在推动社会科学研究方面所取得的成效，以及资助学科的研究前沿、研究热点等年度研究状况。

第四章：国家社会科学基金论文被引周期统计分析（2000—2012 年）。本章以中国知网的“中国引文数据库”为数据源，以 2000—2012 年期间国家社科基金论文被引用数据为样本，尝试借用期刊论文被引半衰期和生命周期概念，提出国家社科基金论文被引用上升期和半衰期指标，并进行测算。通过对国家社科基金论文被引频次、被引率和被引周期这些以论文被引频次为基础而延伸的相关指标的分析，可以进一步揭示和反映基金论文影响力、生命力以及学术研究中论文引用的规律。

第五章：我国省级社会科学基金论文统计分析（1999—2013 年）。本章的“省级社会科学基金”（简称省级社科基金），专指各省、自治区、直辖市哲学社会科学规划基金。各省级社科基金是我国人文社会科学资助体系中的重要组成部分。为了进一步分析各省级社科基金论文的综合影响力，量化反映基金的资助绩效，本章综合利用CHSSCD的期刊论文数据和中国知网期刊数据库的被引量、下载量数据，对省级社科基金论文产出量及其增长率、核心期刊论文比、篇均被引频次、篇均被下载频次等影响力指标进行统计分析和排名。

第六章：国家社会科学基金论文统计分析（2012—2016年）。本章统计分析这5年间国家社科基金资助项目的论文产出与影响力相关指标，包括论文量及其增长率、核心期刊论文比、被转载率、被引用率和被下载率等，并与全国期刊论文平均被引值基线相比较，衡量和反映国家社科基金项目论文的整体质量水平和学术影响力；通过统计分析论文关键词频词，揭示项目论文选题取向和研究热点。通过对这5年国家社科基金项目论文产出、影响力和研究热点进行计量化实证分析，力图从论文成果这一侧面，以最新数据和客观分析，反映党的十八大以来5年间这一重要时期国家社科基金项目取得的实际成效和研究动向，为科研管理和学术研究提供实证数据，为项目成效分析提供一个分析框架和视角。

附录：该部分主要附录了本书所涉及的数据量较大的统计图表。

本书的研究有以下特点：

1. 大样本统计，基金覆盖全，重点突出国家社科基金资助成效分析，具有一定特色。

本书以国家社科基金为重点，从基金整体层面、项目类型层面和具体项目层面逐级深入、系统地、多维度统计分析，并将文献计量与内容分析、学科研究综述相结合，形成研究内容的特色。对1999—2016年国家社科基金论文产出量、学科分布与排名、其核心期刊论文比例等指标进行统计分析，从基金论文的角度选取的统计样本规模大，时间跨度长，统计指标如国家社科基金各学科发文量及其在近万种资助来源中的排名位次、其核心期刊论文比例等，大样本统计成果比较鲜见。从资助额增长率与论文产出量增长率的变化中得出国家社科基金项目的论文成果发表在立项后两年间为高峰期这一结论，也是一种尝试性的探索。

同时，本书从全国范围、国家级和省级社科基金三个层面统计，从宏观到中观系统分析。大样本统计全国各基金发文量，并形成总发文量排名和分学科发文量排名，以及对三大基金的比较，对全国各省级社科基金论文综合影响力指标的统计和排名都具有一定创新成分。根据文献调查，截至2013年课题结项时，尚未发现比较系统的有关全国各省级社科基金论文的计量分析成果。

2. 采用多指标综合分析，分析方法多样化。

本书采用多维评价指标进行综合分析，突破以往的基金论文统计分析采用指标比较单一，不够系统、深入的状况。以往研究中，有关基金项目论文产出量和影响力的多指标综合分析比较鲜见，特别是缺乏对基金论文被摘转指标的统计、下载量统计，以及对高产出、高影响力资助项目的统计。本书在2012—2016年度国家社科基金论文统计分析中，采用了多个分析指标，其中，核心期刊论文比、被转摘率、被下载率、发文项目量、项目均发文量、项目发文周期等指标数据的采集、关联整合、综合统计，以及与全国期刊论文平均被引值基线相比较，衡量和反映国家社科基金项目论文的整体质量水平和学术影响力，具有一定创新成分，为基金项目成效分析提供一个分析框架和视角，具有现实意义和参考价值。

项目批准号是项目的识别代码，具有唯一性。国家社科基金论文统计以项目批准号为统计的切入点，提取项目批准号中包含的多个统计要素，如立项年份、项目类型、立项学科等，关联匹配项目论文的影响力指标数据，实现对项目类型、立项学科的论文影响力计量分析；以项目批准号为统计单元，实现对单项项目的论文影响力计量分析。本书利用这一方法，还统计了项目论文发表周期，高发文项目和高影响力项目。目前，这一数据处理方法和统计分析角度在大样本社科基金计量研究成果中尚为少见。

本书还尝试将期刊被引半衰期和生命周期概念引入基金论文分析，提出基金论文被引半衰期、被引上升期指标，并进行初步统计分析。

本书所涉及的分析方法多样化。采用文献计量与内容分析法、指标加权法，利用 SPSS 软件进行知识地图分析、聚类分析、因子分析，将文献计量与内容分析相结合，绩效评价与学科前沿分析、热点分析相结合，力图深化研究，拓展基金计量分析的应用。

3. 灵活运用多种方法和技术保证数据质量，并提高数据采集、数据处理效率。

在研究过程中，采用多种信息处理技术采集、整合、规范数据，编制了多个规范文档如基金规范名称表及相关数据加工规范细则，归纳总结了论文标注资助信息中基金名称的十余种表述形式、主要基金的不规范名称、简称、更名，以及对不规范名称的识别和处理方法，为基金数据的规范化提供保障。

本书由周霞负责研究内容整体框架的设计、主要统计指标的设计、基金名称规范细则的编制、数据采集与数据处理具体实施方案的制定，并承担大部分数据采集、规范、匹配整合等工作。多位同志参加了课题研究和本书部分章节的撰写。参加本书各部分撰写的同志是：前言：周霞；第一章：周霞、郝若扬（核心期刊基金论文数据统计）；第二章：周霞；第三章：周霞（第一、二、四、八节）、任全娥（第二、七节）、余倩（第三节）、马冉（第五节）、苏金燕（第六节）；第四、五、六章和附录：周霞。此外，赵以安、郭哲敏、赵天娇、贾照滨等同志参与了一部分数据采集和数据加工工作。

本书的相关研究得到中国社会科学院科研局、图书馆等单位负责同志和专家的大力支持。中国社会科学院学部委员黄长著、图书馆原馆长助理刘振喜鼓励和指导课题组，将计量研究与应用服务相结合，利用本研究的分析方法、分析框架和分析指标，对国家社科基金项目论文产出与影响力进行统计分析，为国家社科基金资助绩效评价和科研管理提供实证分析和数据支持。自 2013 年以来，年度项目论文统计分析报告连续 6 年被《国家社会科学基金年度报告》采用，部分内部报告也得到全国哲学社会科学规划办公室有关领导的充分肯定。一些单位的科研基金管理人员和学科专家为课题答疑解惑，提供了重要的参考信息。中国社会科学出版社田文编审以及相关编辑出版人员为图书的出版提供了很大帮助。在此，我作为课题负责人和本书的组织者、第一作者，向给予课题研究和本书出版提供帮助的有关领导、管理人员、专家学者、编辑出版人员和数据加工人员表示衷心感谢。

本书的研究尚有局限和不足，希望广大读者提出宝贵的批评意见。

周　霞

2018 年 10 月于北京

目　　录

第一章　中国人文社会科学领域基金论文统计分析（1999—2009年）

一　研究目的与内容概要

自改革开放以来，党和国家对人文社会科学研究高度重视，先后设立了国家自然科学基金、国家社会科学基金，此外，教育部、科技部等各系统、各级政府以及众多非政府组织、国外基金会也成为我国人文社会科学领域重要的资助来源。快速增长的科研经费投入为人文社会科学研究的繁荣提供了有力保障。

随着政府财政在科研投入上的大幅增长，科研基金（资金）的管理、投入产出的效益成为社会关注的问题，对资助绩效评价的需求和呼声不仅来自社会，也来自管理部门和学术界自身。基金论文是受国家或机构各项科研基金（或项目经费）资助的、以期刊论文形式发表的课题成果，是科研基金资助项目重要的成果类型之一，其数量和增长速度能够在一定程度上反映基金资助绩效。在应用研究领域，以论文形式发表的成果所占比例最大。因此，基金产出论文的数量及其增长率、核心期刊论文比例、学科分布比例等计量指标，适合作为评估基金资助绩效的标准，衡量基金投入—产出效益、基金论文整体质量水平和影响力，能够定量化地反映资助产出状况、科研状况以及存在的问题，反映科学研究基金和资助对人文社会科学研究发挥的实际作用。

本章的研究内容是以中国社会科学院自主研发的“中国人文社会科学引文数据库”（Chinese Humanities and Social Sciences Citation Database,

简称 CHSSCD）为数据源，在对数据库中的基金名称进行规范、归并的基础上，利用文献计量学方法，对 1999—2009 年基金论文的数量增长、学科分布、基金分布以及重要基金的资助特点进行统计分析，力图通过对基金论文数据的挖掘，反映我国人文社会科学（以下简称社科）领域基金的资助成效和资助格局，揭示那些对我国社科研究发挥重要作用的基金和资助机构，为基金绩效评价、优化科研资源配置提供参考依据。

二　数据源与数据处理方法

本章的研究选择中国社会科学院自主研发的“中国人文社会科学引文数据库”（CHSSCD）1999—2009 年数据为统计样本。来源期刊的数量和质量是影响统计结果的重要因素。该库收录 1999 年以来我国社科领域具有代表性的学术期刊论文和引文数据，年收录的来源期刊为 720 种左右。这些来源期刊是经过严格筛选的主流期刊，因此，该库收录的来源期刊样本规模合理、数据质量可靠，作为统计样本，具有比较好的代表性和合理的学科覆盖面。

基金名称规范是保证基金论文数据质量的重要工作。本章的研究利用 CHSSCD 的基金数据，并通过制定基金名称规范细则和建立名称规范词对照表，将该库的基金数据经过比较细致的规范化整理，大量不统一、不规范的基金名称都已进行了勘校和规范化处理。

关于学科分类问题，本章根据《中国图书馆分类法》（第四版）将“中国人文社会科学引文数据库”收录的基金论文按 27 个学科门类归类和统计。

关于基金论文量的计算，由于存在一篇论文标注多个资助来源（基金）的情况，因此，在分别统计各基金的论文产出量时，那些标注多个资助来源的论文则被重复统计。也就是说，各基金论文产出量的总和大于实际论文篇数。基金论文的实际数量则是按第一资助来源的发文总量计算。

关于教育部所主管的基金（统称“教育部基金”）论文产出量的统计，由于20世纪80年代以来教育改革和科学研究的不断发展和深入，教育部面向全国高校设立的基金和工程项目不断增加，资助名称繁多，例如教育部设立的基金和资助有教育部人文社会科学规划基金（又称教育部人文社会科学研究项目）、教育部人文社会科学重点研究基地项目、重大攻关项目、博士点基金项目、新世纪优秀人才支持计划、教育部各司的资助项目等。因此，在“中国人文社会科学引文数据库”基金分库中，教育部主要基金和资助项目名称就有二十余种。此外，论文作者对基金和资助项目的名称著录不尽一致，有的作者只笼统地标注“教育部资助项目”，并未写明具体基金名称。我们将这些只标注笼统称谓的基金论文归并在“教育部科研基金”名下。在统计“教育部基金”发文总量时，将数据库中教育部各基金名下的发文量合并计算。

关于国家社科基金产出论文的统计，教育学、艺术学、军事学在国家社科基金中是单列学科。三个学科的规划、申报、评审、管理、鉴定结项等工作，分别由全国教育规划办公室（设在教育部教育科学研究所）、全国艺术规划办公室（设在原文化部文化科技司）、全军哲学社会科学规划办公室（设在中国人民解放军军事科学院）办理。由于全国教育科学规划立项项目包含了国家社科基金项目和教育部资助项目，而多数论文作者在资助信息里标注了全国教育科学规划项目资助，并没有写明是国家社科基金项目或是教育部项目，因此，全国教育科学规划项目中未标注国家社科基金项目的论文未计入国家社科基金论文总量，而是作为全国教育科学规划项目论文统计。

三　基金论文产出增长趋势分析

据统计，1999—2009年期刊总发文量为1325432篇，其中，基金论文量为180901篇（按第一资助来源的实际发文量计算）。在CHSSCD数据库各年度收录的期刊种数及其论文总量基本稳定的情况下，11年间，年基金论文量从2494篇增长到44717篇，增长了近17倍；基金论文量占全部期刊论文总量的比例（即基金论文比）逐年上升，从1999年的1.9%增长到2009年的33.1%，增长了16.4倍，基金论文比年均12.9%，详细数字见表1－1。图1－1则直观显示了基金论文和基金论文比的增长趋势。统计结果表明，基金论文逐步成为我国科研成果的重

表1－1　　1999—2009年我国社科领域基金论文增长情况

年度	总论文量（篇）	论文增长率（%）	基金论文量（篇）	基金论文增长率（%）	基金论文比（%）
1999	130507		2494		1.9
2000	102979	－26.7	4033	61.7	3.9
2001	107003	3.8	5179	28.4	4.8
2002	107399	0.4	4152	－19.8	3.9
2003	111703	3.9	6994	68.5	6.3
2004	116158	3.8	11182	59.9	9.6
2005	120839	3.9	14276	27.7	11.8
2006	125536	3.7	19970	39.9	15.9
2007	133447	5.9	30183	51.1	22.6
2008	134713	0.9	37721	25.0	28.0
2009	135148	0.3	44717	18.6	33.1
总计	1325432	－0.01（均值）	180901	36.1（均值）	12.9（均值）

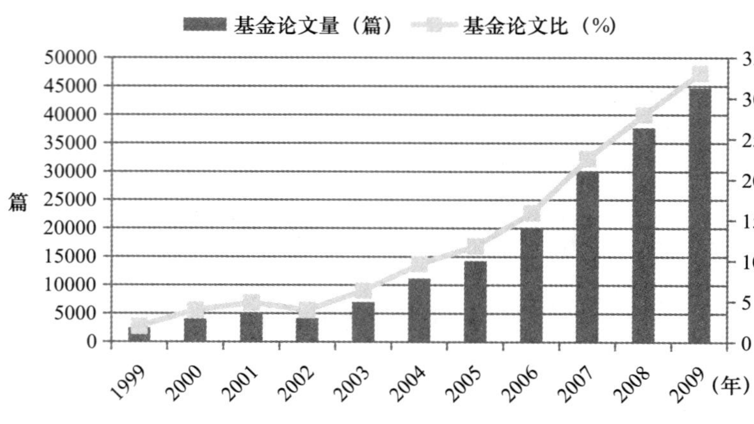

图1－1　1999—2009年我国社科领域基金论文占比增长图

要组成部分，随着科研投入的增长，科研基金论文成果产出也逐年递增，科研投入收到明显成效。我国日益增长的科研投入对哲学社会科学研究的发展提供了有力的保障并发挥着越来越重要的推动作用。

四　基金论文产出的学科分布分析

从基金论文量在各学科分布比例可以了解我国社科领域各基金重点资助的学科，同时也可以说明这些高发文学科是科研力量相对雄厚、科研活跃、与现实问题关系密切的领域。表1－2显示了我国社科领域基金论文产出在各学科的分布情况。这里需要说明的是，此表中各学科的基金论文总篇次包括多基金资助的论文重复统计得到的发文篇次。在“中国人文社会科学引文数据库”的基金论文分库中，按第一资助来源统计，1999—2009年有180901篇基金论文，每篇论文按其资助来源（基金）切分，则生成了237576条记录，即所有基金发文篇次的总和。

从表1－2可以清楚地看到，经济学的基金论文总篇次超过10万篇次，占所有基金发文总篇次的42.4%，其中，第一资助基金论文量达到7万余篇，高居各学科之首，说明经济学是我国各科研基金关注和资助的重点，这符合我国改革开放以来以经济建设和改革为中心的国情和国家战略。教育、政治、法律、科技也是有关我国社会发展的重要领域，除经济学外，还有教育学、政治学、其他学科（科技）、法学的基金论文量超过万篇次，居各学科排名前5位。17个学科的基金论文量在1000—9090篇次之内，其中文学、体育学、语言学、心理学、图书馆·情报与文献学、哲学、历史学和管理学（含科学学、人才学）8个学科的发文量超过5000篇次，也是资助成果较为丰富、研究力量较为雄厚的学科。总体来看，与经济、政治、法律等社会现实问题联系紧密的学科以及文史哲等发展比较成熟的传统学科，资助项目多，论文产出量大；应用性、对策性较强的研究领域、文理交叉和多学科综合研究领域的基金论文增长速度较快。

表 1 - 2　　1999—2009 年社会科学领域基金论文的学科分布

序号	学科	11 年间基金论文总篇次	占比（%）
1	经济学	100818	42.4
2	教育学	14846	6.3
3	政治学	14494	6.1
4	其他学科（科技）	13634	5.7
5	法学	11494	4.8
6	文学	9091	3.8
7	体育学	8495	3.6
8	语言学	8471	3.6
9	心理学	7818	3.3
10	图书馆·情报与文献学	7746	3.3
11	哲学	6493	2.7
12	历史学	5874	2.5
13	管理学（含科学学、人才学）	5246	2.2
14	社会学	4021	1.7
15	环境科学	3444	1.5
16	新闻学与传播学	3410	1.4
17	艺术学	2271	1.0
18	文化学	2133	0.9
19	考古学	1904	0.8
20	马克思主义	1515	0.6
21	人口学	1179	0.5
22	宗教学	1083	0.5
23	人文地理学	857	0.4
24	民族学	527	0.2
25	其他学科（人文社科）	304	0.1
26	统计学	226	0.1
27	军事学	182	0.1
合计		237576	100.0

（注：各学科基金论文总篇次包括多基金资助的论文按各基金重复统计得到的发文篇次）

五　论文的基金分布(基金资助格局)分析

(一) 基金分布的集中与分散程度

统计发现，大量基金论文是由少数基金和项目产出的，多数基金和资助项目的论文产出量并不高。在237576篇次的基金论文中，资助来源多达一万余种，其中，排名居前20位的论文高产基金的累计发文量就占据了全部基金发文量的50.1%，即发文量累计百分比达50%所对应的基金数量为20种（如图1－2所示）。11年间年均发文量10篇以上的基金也只有235种。从论文基金分布的集中—分散程度看，论文的资助来源（基金）分布不平衡，呈现明显的高发文基金小核心区和低发文基金长尾区。

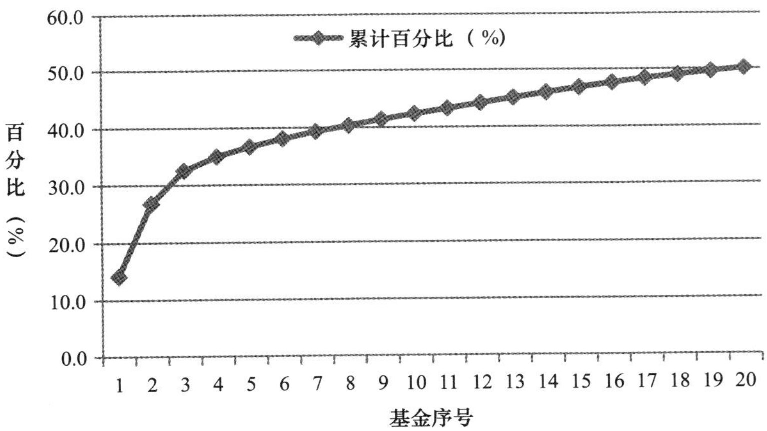

图1－2　我国社科领域基金发文量累计百分比（50%）所对应的基金数量

各学科累计发文量占比居前50%的基金种数，这一指标可以反映各学科论文的基金分布的集中—离散程度。累计发文量占比居前50%的基金种数越多，说明该学科论文的基金来源较多，分布相对分散，反之，说明该学科论文的基金来源较少，分布相对集中。据统计，经济学基金论文的累积发文量占比居前50%的基金有98种，教育学有34种，政治学有16种，其他学科（科技）有24种，法学20种，文学15种，体育学22种，语言学33种，心理学9种，图书馆·情报与文献学40种，哲学12种，历史学16种，管理学（含科学学、人才学）13种，社会学17种，环境科学28种，新闻学与传播学28种，艺术学23种，文化学26种，考古学14种，马克思主义10种，人口学17种，宗教学14种，人文地理学7种，民族学4种，其他学科（人文社科）10种，统计学4种，军事学13种。

（二）论文的基金类别分布

论文产出量在10篇以上的基金有1336种，累计发文达219639篇次，占全部基金论文总篇次的92.5%。根据统计的省力法则，选取这部分基金论文数据作为统计样本，分析我国社科领域基金资助格局和各类基金的论文贡献度。按照基金管理机构的行政级别和性质将基金分为九大类。各类基金的发文量统计结果如表1－3所示。

表1－3　　1999—2009年各类基金的论文产出统计表

基金类别	发文篇次	发文占比（%）	基金种数
国家部委基金	120062	54.7	198
省市地方基金	70143	31.9	634
高等院校基金	23043	10.5	406
科研院所基金	3485	1.6	18
社会团体基金	1408	0.6	38
国际、国外基金	1385	0.6	38
其他基金	113	0.1	4
合计	219639	100	1336

（注：企业基金2个，共发文55篇次，计入“其他基金”；军队基金的发文量未达到取样数量，故未列出）

从表1－3可以看到，国家部委基金、省市地方基金、高等院校基金是基金论文的主要资助来源。这三类基金的论文产出量占比分别为54.7%、31.9%和10.5%，合计占比97.1%，论文总量达213248篇次。以下具体统计结果显示，各类基金中，发文核心区相对集中在若干骨干基金。

1. 国家部委基金

国家部委基金包括国家级基金和部委基金，是发文量最大的基金类别。其中，国家社会科学基金论文产出量高居榜首，国家自然科学基金和教育部人文社会科学规划基金的论文产出量分别位于第二位、第三位。这三种基金的论文产出量均超过万篇，遥遥领先于其他基金。统计结果如表1－4所示。这三种基金论文产出量占全部基金论文量(237576篇次)的32.5%。若将教育部设立的各种基金的论文产出量合并计算，教育部所属基金论文量达到36977篇次，升居第一位。

表1－4 **论文产出量排名前20位的基金（资助来源）**

序号	资助来源	发文篇次	占比（%）	累计百分比（%）
1	国家社会科学基金	33561	14.1	14.1
2	国家自然科学基金	30143	12.7	26.8
3	教育部人文社会科学规划基金	13589	5.7	32.5
4	教育部人文社会科学重点研究基地项目	5842	2.5	35.1
5	教育部“985工程”	3984	1.7	36.7
6	全国教育科学规划基金	3318	1.4	38.1
7	中国博士后科学基金	2919	1.2	39.3
8	中国科学院科研基金	2464	1.0	40.3
9	湖南省社会科学基金	2434	1.0	41.4
10	教育部“新世纪优秀人才支持计划”	2291	1.0	42.4
11	高等学校博士学科点专项科研基金	2231	0.9	43.3
12	江苏省教育厅高等学校人文社会科学基金	2170	0.9	44.2
13	浙江省社会科学基金	2129	0.9	45.1
14	教育部科研基金	2035	0.9	46.0
15	江苏省社会科学基金	2018	0.8	46.8

续表

序号	资助来源	发文篇次	占比（%）	累计百分比（%）
16	教育部“211 工程”	1920	0.8	47.6
17	湖南省教育厅人文社会科学规划基金	1712	0.7	48.3
18	国家软科学研究计划	1523	0.6	48.9
19	广东省社会科学基金	1406	0.6	49.6
20	湖北省教育厅人文社会科学规划基金	1266	0.5	50.1

2. 省市地方基金

省市地方基金为第二大基金类别，基金种数最多。发文核心区主要集中在各省（区、市）社科规划办公室主管的社会科学基金、各省（区、市）教育厅和科技厅主管的科研基金。从表1－4可以看到，位居前20名的高发文基金中有7个基金是省社会科学基金和教育厅人文社科基金，其发文量达13135篇次，占全部基金发文篇次的5.5%。湖南、江苏、浙江、广东和湖北的省市地方基金名列前茅。

3. 高等院校基金

高等院校基金主要指校级科研基金，是第三大基金类别，该类不包括各大学的“985 工程”和教育部重点研究基地项目基金。如表1－3所示，发文量10篇以上的高等院校基金共406种，发文总量为23043篇次，占各类基金合计发文量的10.5%。发文量居前5名的高校基金是吉林大学科研基金（650篇次）、中国人民大学科研基金（430篇次）、南开大学科研基金（407篇次）、暨南大学科研基金（377篇次）、东北师范大学科研基金（367篇次）。

4. 科研院所基金

科研院所基金是第四大基金类别，发文10篇以上的基金种数为18种，发文量共3485篇次，其中，中国科学院科研基金和中国社会科学院科研基金的发文量分别为2646篇次和627篇次，远远领先于其他科研院所科研基金。

5. 社会团体基金

社会团体基金是第五大基金类别，各领域专业学会科研基金和基金会是这一基金类别论文产出的主要来源。发文量10篇以上的社会团体基金为38种，发文量共计1408篇次，占全部基金发文总量的0.6%。其中，香港研究资助局发文142篇次、台湾中流文教基金会发文125篇次，是论文产出较多的港台地区资助来源。

6. 国际、国外基金

发文量10篇以上的国际、国外基金涉及6个国家的机构、12个国际组织和7个中外合作项目的资助。该类基金发文量为1385篇次，占全部基金发文总量的0.6%。其中，美国福特基金会资助项目的论文产出最多，达392篇次。

7. 其他基金

其他基金主要包括企业资助及上述六类机构以外的其他类别机构的资助。发文量10篇以上的基金共6种，发文量113篇次。

(三) 基金的学科分布

从基金的学科性质看，在资助体系中，综合性基金占多数，在各学科领域发文量排名靠前的基金大多数是综合性基金。除教育部基金外，多数部委基金都是专业性基金，在资助方向、资助的重点学科领域与其所管理的行业密切相关，因而在某学科领域的发文量名列前茅，例如：在教育学领域，全国教育科学规划基金发文量位居第一；在法学领域，司法部科研基金发文量位居第三；在体育学领域，国家体育总局体育社会科学、软科学基金发文量位居第二。在环境科学等社科与科技综合研究领域，国家重点基础研究发展计划（973计划）、国家“863计划”、中国科学院“知识创新工程”项目等基金的发文量位居前列。各学科发文量前10名基金见附录一。

以上统计结果表明，我国人文社会科学领域基本形成了以国家社会科学基金、国家自然科学基金、教育部所属基金为龙头，由国家级、省部级、大型科研机构和高等院校的科研基金为骨干，以国际基金、企业资助、非政府基金会等多种基金相补充的多层次的科研资助体系和资助格局。国家级和省部级综合性人文社科基金与部委专业性基金成为各学科领域占主导地位的资助来源。

六　国家社会科学基金、国家自然科学基金与教育部基金比较分析

国家社会科学基金（以下简称国家社科基金）、国家自然科学基金（以下简称国家自科基金）和教育部主管的各基金（以下简称教育部基金）论文产出的数量规模最大，覆盖学科范围广，前两者是国家级科学基金，资助范围面向社会各界，后者是部委基金（群），主要资助对象和范围是高等院校，特别是教育部重点高等院校。为了便于表述和统计分析，本节将教育部各基金作为一个大基金（群），与国家社科基金、国家自科基金合称“三大基金”。三大基金在我国哲学社会科学研究资助体系中占据主导地位，在论文产出的规模、增长速度、学科分布和核心期刊分布等方面既有许多共同之处，又有其各自的特点，比较和分析三者的共性和优长，对了解它们在人文社科领域各学科的地位和引领作用有着现实意义。

（一）三大基金论文产出的年度增长比较

从表1－5、图1－3可以看到，三大基金论文量均逐年增长，2004年是三大基金论文比例发生扭转的一年。2004年之前，国家自科基金论文量领先于国家社科基金和教育部基金，2004年三家论文量基本持平；2004年后，国家自科基金资助论文量占全国社科领域基金论文量的比重在逐年下降，国家社科基金和教育部基金产出论文量占全国基金论文的比重逐年增长。教育部基金增长幅度最大。与1999年相比，2009年国家社科基金、国家自科基金和教育部基金的年发文量分别提高了26.4倍、8.8倍、41.6倍，11年间，年均增长率①分别为39.3%、25.6%、45.5%。

---

①　年均增长率＝［（本期/前n年）^｛1/（n－1）｝－1］×100%。用excel表的power函数公式计算，年均增长率＝power［2009年发文量/1999年发文量，1/（2009－1999）］－1。

表1－5　　　　　　**三大基金论文产出量年度增长比较**

单位：篇次

年份	国家社科基金发文量	教育部基金发文量	国家自科基金发文量
1999	343	254	649
2000	502	406	1011
2001	708	546	1279
2002	721	479	1002
2003	1007	1116	1517
2004	1824	1926	2122
2005	2584	2141	2543
2006	3763	3946	3251
2007	5490	6252	4636
2008	7216	9092	5778
2009	9403	10819	6355
合计	33561	36977	30143

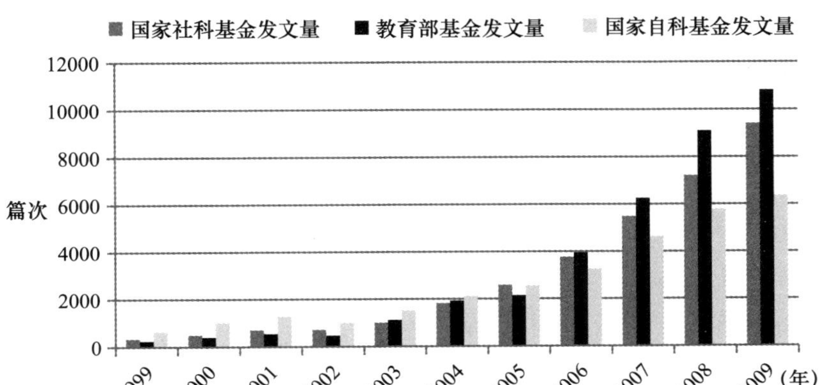

图1－3　三大基金论文产出量年度增长对比图

三大基金论文产出的增长情况说明，随着我国改革开放的深入，国家对社科研究越来越重视，资金投入规模和项目立项数量不断增长，极大地推动了社科研究的发展，论文成果数量逐年大幅增长，科研基金投入取得明显效益。特别是国家社科基金项目数量和资助金额自2002年以来大幅增加，两年后，自2004年始，国家社科基金的论文产出量大幅提升并超过国家自科基金，国家社科基金在社科研究领域的引领作用逐步凸显。

（二）三大基金论文的学科分布比较

三大基金在学科资助方面各有特点和侧重，其论文产出的学科分布反映了三大基金的学科资助特点和成果贡献。表1－6、图1－4显示了三大基金论文在27个学科的分布情况。

从总体看，三大基金多数学科的论文占比在0.5%—4%之间。各大基金发文量最高的学科都是经济学，经济学论文量均超过万篇，所占比重非常突出，国家社科基金的经济学论文量占该基金论文总量的38.1%，教育部基金的经济学论文占比是40.3%，国家自科基金的经济学论文占比则高达66.3%。

由于三大基金在各学科资助的项目数量不同、资助重点不同，因此其论文的学科分布不尽相同，各有特点。国家社科基金的发文涉及人文社会科学各学科，覆盖面全，其发文量几乎在各学科基金排名中都位居第一。教育部基金发文也是覆盖学科齐全，发文量在教育学领域基金排名中稳居首位，在其他学科的排名仅次于国家社科基金。国家自科基金的发文集中分布在与管理科学和信息科学相关的专业领域，其发文量在经济学领域各基金排名中位居第一。三大基金论文产出的学科分布情况具体如下：

（1）国家自科基金与两大文科基金（即国家社科基金、教育部基金）的论文学科分布差别较大，其资助重点和产出论文集中分布在经济学、其他学科（科技）、管理学（含科学学、人才学）、心理学、环境科学、人文地理学科。其中，心理学论文量与教育部基金持平，其他5个学科的发文量均远超两大文科基金。

自然科学基金委员会设置七个科学部，其中管理科学部负责全国管理科学研究资助的全面管理。国家自科基金所定义的管理学科实际是一个与各领域管理问题相关的学科群，其资助范围包括管理科学与工程学科、工商管理学科、宏观管理与政策学科、公共管理与公共政策（包括科技管理与政策、公共卫生管理等）、宏观经济管理与政策、农林经济管理以及资源与环境管理分支学科与领域的基础研究。在我国各类科学基金组织的资助活动中，国家自科基金委是最早资助管理科学基础研究的政府资助机构。仅就此而言，国家自科基金通过对我国管理科学基础研究的资助，促进了管理科学的发展与优秀人才的培养，对我国社会、经济与科技的发展发挥了重大作用，做出了重要的贡献。

表1－6　　三大基金论文的学科分布比较

单位：篇次

学科	所有基金论文总量	国家社科基金论文量	国家自科基金论文量	教育部基金论文量
法学	11494	2221	243	1768
管理学（含科学学、人才学）	5246	324	1517	564
环境科学	3444	292	599	332
教育学	14846	750	313	2681
经济学	100818	12794	19998	14904
军事学	182	34	12	39
考古学	1904	279	149	450
历史学	5874	1278	79	1367
马克思主义	1515	453	4	278
民族学	527	185	6	122
其他学科（科技）	13634	652	3097	1277
其他学科（人文社科）	304	185	147	253
人口学	1179	216	127	259
人文地理学	857	69	262	122
社会学	4021	932	204	706
体育学	8495	1209	227	395
统计学	226	49	39	33
图书馆·情报与文献学	7746	1275	724	706

续表

学科	所有基金论文总量	国家社科基金论文量	国家自科基金论文量	教育部基金论文量
文化学	2133	415	67	332
文学	9091	2111	8	1450
心理学	7818	363	1490	1864
新闻学与传播学	3410	536	219	466
艺术学	2271	240	14	558
语言学	8471	1341	141	1357
哲学	6493	1661	44	1447
政治学	14494	3463	407	2965
宗教学	1083	234	6	282
合计	237576	33561	30143	36977

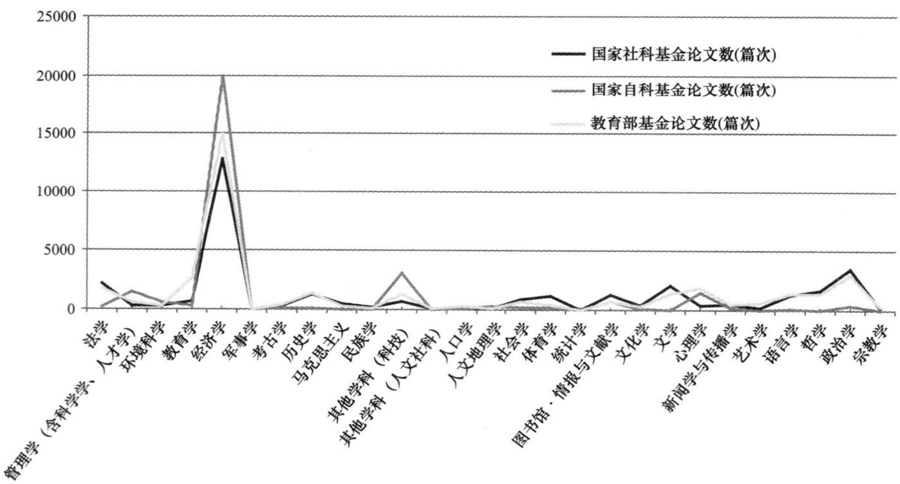

图 1－4　三大基金论文的学科分布比较

（2）国家社科基金论文涉及哲学社会科学各学科，覆盖面全，其发文量在多个学科基金排名中位居第一。在政治学、法学、文学、体育学、图书馆·情报与文献学、社会学领域，国家社科基金发文量遥遥领先于其他两大基金；在马克思主义、民族学、文化学、哲学、语言学、新闻学与传播学领域，国家社科基金发文量也略胜于其他两大基金。

（3）教育部所属基金在教育学领域论文量是其他两大基金该学科论文量的3倍多，占绝对优势；其心理学发文量也较大，与国家自科基金持平；管理学、艺术学的发文规模高于国家社科基金。

（三）三大基金的“核心期刊论文比”比较

基金论文的“核心期刊论文比”是指发表在核心期刊的基金论文数量在基金论文总量中所占的比例。以基金论文在核心期刊发表的比例作为反映整体基金论文质量和水平的指标，在一定程度上具有较好的参考意义。一般来讲，核心期刊是通过采用多维指标定量评价与同行专家评审相结合的综合评价，从数千种人文社科期刊中评选出来的高质量期刊，是经过多年编审和刊发高质量学术论文而取得较大影响力的学术期刊。因此，核心期刊发表的文章从整体水平看，具有较高的学术水准，整体质量高于普通学术期刊。“核心期刊论文比”作为评价基金整体论文质量水平的一个指标，具有一定说服力。国内若干期刊评价体系中，被公认较有权威性和影响力的三大核心期刊评价体系分别是：中国社会科学院文献计量与科学评价研究中心编撰的《中国人文社会科学核心期刊要览》所认定的“中国人文社会科学核心期刊”、北京大学图书馆编撰的《中文核心期刊要目总览》所认定的“中文核心期刊”、南京大学中国社会科学研究评价中心认定的“中文社会科学引文索引（CSSCI）来源期刊”。在这三个评价体系中，中国社会科学院的“中国人文社会科学核心期刊”的评选标准和入选期刊的数量最为严格。

表1－7列出了三大基金在核心期刊发表的论文数量及其比例。表1－7列出的“核心期刊论文”是指在中国社会科学院认定的“中国人文社会科学核心期刊”上发表的国家社科基金论文，这部分“核心期刊论文”数量占全部国家社科基金论文总数的比例称为“核心期刊论文比”；“三家核心期刊论文”是指在上述三大评价体系共同认定的核心期刊上发表的国家社科基金论文，这部分“三家核心期刊论文”数

量占全部国家社科基金论文总数的比例则称为“三家核心期刊论文比”。据统计，三大基金在核心期刊发表论文的比例均超过60%，表现出较好的整体质量水平和影响力。国家自科基金的“核心期刊论文比”数值高于国家社科基金和教育部基金。这一结果与国家自科基金在社科期刊的发文偏重管理学以及经济领域的管理问题有一定关系，这些学科门类的核心期刊数量较多，刊登论文的数量相对也较多。

表1－7　　1999—2009年三大基金“核心期刊论文比”统计表

基金名称	发文总篇次	核心期刊论文篇次	三家核心期刊论文篇次	核心期刊论文比（%）	三家核心期刊论文比（%）
国家社科基金	33561	22201	20316	66.2	60.5
国家自科基金	30143	22568	20185	74.9	67.0
教育部基金	36977	26545	24550	71.8	66.4

三大基金各年度核心期刊论文数量和比例的详细数据见表1－8、表1－9、表1－10。

表1－8　　历年国家社会科学基金“核心期刊论文比”统计表

年份	发文总篇次	核心期刊论文篇次	三家核心期刊论文篇次	核心期刊论文比（%）	三家核心期刊论文比（%）
1999	343	230	210	67.1	61.2
2000	502	340	304	67.7	60.6
2001	708	521	477	73.6	67.4
2002	721	516	490	71.6	68.0
2003	1007	704	655	69.9	65.0
2004	1824	1249	1141	68.5	62.6
2005	2584	1769	1582	68.5	61.2
2006	3763	2516	2299	66.9	61.1
2007	5490	3515	3216	64.0	58.6
2008	7216	4698	4328	65.1	60.0
2009	9403	6143	5614	65.3	60.0

表1－9　　历年国家自然科学基金“核心期刊论文比”统计表

年份	发文总篇次	核心期刊论文篇次	三家核心期刊论文篇次	核心期刊论文比（%）	三家核心期刊论文比（%）
1999	649	483	428	74.4	66.0
2000	1011	766	646	75.8	64.0
2001	1279	972	847	76.0	66.2
2002	1002	758	653	75.7	65.2
2003	1517	1204	1087	79.4	71.7
2004	2122	1700	1515	80.1	71.4
2005	2543	1926	1704	75.8	67.0
2006	3251	2472	2231	76.0	68.6
2007	4636	3391	3054	73.1	65.9
2008	5778	4241	3849	73.4	66.6
2009	6355	4655	4171	73.3	65.6

表1－10　　历年教育部基金“核心期刊论文比”统计表

年份	发文总篇次	核心期刊论文篇次	三家核心期刊论文篇次	核心期刊论文比（%）	三家核心期刊论文比（%）
1999	254	176	159	69.3	62.6
2000	406	296	260	73	64.0
2001	546	411	383	75.3	70.2
2002	479	355	335	74.1	69.9
2003	1116	862	806	77.2	72.2
2004	1926	1443	1347	74.9	69.9
2005	2141	1607	1469	75.1	68.6
2006	3946	2898	2662	73.4	67.5
2007	6252	4560	4223	72.9	67.6
2008	9092	6399	5919	70.4	65.1
2009	10819	7538	6987	69.7	64.6

从三大基金“核心期刊论文比”的年度变化来看，情况比较一致，

数值不是上升趋势而是呈现略微起伏状态，说明这 11 年间国家三大科研资助体系的成果质量趋于稳定。

七　小结

以上统计分析表明，基金论文已成为我国科研成果的重要组成部分，1999—2009 年间我国人文社会科学领域的基金年发文量增长了近 17 倍，基金论文量在全部期刊论文总量中的比例逐年上升，科研投入与科研成果产出呈正比例关系发展，科研投入收到明显成效。经济学是我国各科研基金关注和资助的重点，资助成果较为丰富、研究力量较为雄厚，这符合我国改革开放以来以经济建设和改革为中心的国情和国家战略。总体来看，与经济、政治、法律、教育、科技等社会现实问题联系紧密的学科以及文史哲等发展比较成熟的传统学科，资助项目多，论文产出量大；应用性、对策性较强的研究领域、文理交叉和多学科综合研究领域的基金论文增长速度较快。可以说，科研基金项目研究和论文成果为改革开放和经济建设的稳步推进提供了理论支撑和对策建议，为人文社会科学的繁荣发展发挥了重要作用。

我国人文社会科学领域基本形成了以国家社会科学基金、国家自然科学基金、教育部基金为龙头，由国家级、省部级、大型科研机构和高等院校的科研基金为骨干，以国际基金、企业资助、非政府基金会等多种资助来源相补充的多层次的科研资助体系。国家级和省部级综合性人文社科基金与部委专业性基金成为各学科领域占主导地位的资助来源。在整个资助体系中，综合性基金占多数，在各学科领域发文量排名靠前的基金大多数是综合性基金。除教育部基金外，还有很多部委级专业性基金，这些基金在资助方向、资助的重点学科领域与其所管理的行业密切相关，因而在某学科领域的发文量名列前茅。然而，论文的基金（资助来源）分布不平衡，大量基金论文是由少数基金和项目产出的，多数基金和资助项目的论文产出量并不高。论文的基金分布呈现明显的高发文基金小核心区和低发文基金长尾区。“三大基金”作为人文社会科学领域资助来源的龙头，不仅论文产出数量多，各有其优势学科，而且论文在核心期刊发表的比例均超过60%，各年数值变化较小，成果质量趋于稳定，表现出较好的整体质量水平和影响力，对全国的科学研究起到引领、示范作用。

第二章　国家社会科学基金论文统计分析（1999—2009年）

一　研究目的与内容概要

国家社会科学基金起源于1978年的国家哲学社会科学规划。1982年成立全国哲学社会科学规划领导小组，组建各学科规划小组。1983年开始对全国哲学社会科学规划的重点课题给予资助。1986年经国务院批准设立国家社会科学基金（以下简称国家社科基金）。国家社科基金主要资助中国现代化建设中具有重大实践意义和理论价值的研究课题和对科学发展具有重要意义的研究课题，扶持和加强新兴学科、边缘学科和交叉学科的建设，支持具有重大科学价值的历史文化遗产的抢救和整理工作。经费来源主要由国家财政按年度专项拨款，同时接受国内外、社会团体、机构和个人的捐赠。国家社科基金作为我国目前唯一的国家级社会科学基础科研基金，在基金资助项目的数量、项目产出的质量以及影响力方面，在学科理论与应用研究方面，都发挥着主导和推动作用。

自改革开放以来，哲学社会科学（又称人文社会科学）研究对国家经济社会的快速发展、对解决发展中遇到的问题、对政府的决策和预测，发挥着越来越重要的作用。党和国家对哲学社会科学研究给以高度重视，哲学社会科学研究的实际投入不断增加。国家社科基金的资助总额从1991年的1300万元，飙升至2010年的5.9954亿元，增加了45

倍之多。[1] 快速增长的科研经费投入为哲学社会科学研究的繁荣提供了有力保障，同时，对科研经费管理水平也提出了更高要求，科研资助绩效评价成为了迫切的需要。虽然已有许多研究人员从立项项目的形式特征等不同角度统计分析，解析历年国家社科基金项目立项和选题的具体情况，但对国家社科基金项目论文产出情况进行大样本的统计分析，例如对其论文产出量在各学科近万种基金中的排名、“核心期刊论文比”指标的统计等，还比较鲜见。

本章以中国社会科学院自主研发的“中国人文社会科学引文数据库”（CHSSCD）为统计源，利用文献计量学（包括科学计量学）方法，对1999—2009年国家社科基金产出论文的数量规模与增长变化、资助项目数量与发文量的变化关系、学科分布以及基金论文在核心期刊发表的比例等情况进行统计分析，并将国家社科基金论文产出情况与其他主要科学基金相比较，力图以统计数据客观反映和揭示国家社科基金在我国整个哲学社会科学资助体系和格局中所处的地位，从基金论文这一侧面分析国家社科基金的学科发展战略取向，反映国家社科基金对我国哲学社会科学各学科研究所发挥的实际作用，为国家社科基金管理，包括资助绩效评价、优化科研资源配置等，提供参考依据。

二　数据源与数据处理方法

（一）数据源的选择

来源期刊的数量和质量情况是影响统计结果的重要因素。本章选择中国社会科学院的“中国人文社会科学引文数据库”（CHSSCD）为统计数据源，主要是因为该库收录的来源期刊样本规模合理、数据质量可靠，作为统计样本，具有比较好的代表性和合理的学科覆盖面。该库收录1999—2009年我国人文社会科学领域具有代表性的学术期刊论文和

① 全国哲学社会科学规划办公室官网公布的数据（http：//cpc. people. com. cn/GB/219457/219536/219537/14577987. html）。

引文数据，收录的来源期刊为720种左右。这些来源期刊是经过严格筛选的主流期刊，是根据我国符合统计要求的3000多种学术期刊中选出的。样本结构的确定参照了我国学科论文数量比例和学科期刊数量比例，范围确定在700种至800种之间，占3000种的23%—26%。根据文献计量学的集中分散理念，该库选出的来源期刊囊括了学术领域的权威期刊和优秀期刊，具有较高的学术质量，其产出的论文能较完整地反映出学科发展的主流趋向。① 此外，该库的基金数据经过比较细致的规范化整理，大量不统一、不规范的基金名称都已进行了勘校和规范化处理。

文中有关国家社科基金的资助金额和立项数据来自全国哲学社会科学规划办公室（现为全国哲学社会科学工作办公室）官网。

（二）数据处理的几点说明

本报告中的国家社科基金产出论文的统计，是根据国家社科基金项目类型，以国家社科基金年度项目、重大项目、西部项目、特别委托项目的产出论文为基础统计的。教育学、艺术学、军事学在国家社科基金中是单列学科。三个学科的规划、申报、评审、管理、鉴定结项等工作，分别由全国教育规划办公室（设在教育部教育科学研究所）、全国艺术规划办公室（设在文化部文化科技司）、全军哲学社会科学规划办公室（设在中国人民解放军军事科学院）办理。由于全国教育科学规划立项项目包含了国家社科基金和教育部资助项目，而多数论文作者在资助信息里标注了全国教育科学规划项目资助，并没有写明是国家社科基金项目或是教育部项目，因此，论文未计入国家社科基金论文总量，而是计入全国教育科学规划项目的论文总量。

关于学科分类问题，作为统计数据源的“中国人文社会科学数据库”，其收录的期刊论文包括基金论文数据均按《中国图书馆分类法》

---

① 姜晓辉主编：《中国人文社会科学核心期刊要览（2008年版）》，社会科学文献出版社2009年版，第3页。

(第五版)(简称《中图法》)归类。本章的数据处理以《中图法》的学科分类为基础，将统计数据按27个学科门类归属，并没有完全按国家社科基金设置的22个学科（若加上3个单列学科则是25个学科）进行分类。这27个学科大部分与国家社科基金设置的学科吻合，有若干学科如管理学、心理学、环境科学、其他学科（科技类）、人文地理学等不在国家社科基金设置的学科范畴内，这些学科的基金发文量少与此有关。统计时，国家社科基金设置的应用经济和经济理论两类合并对应《中图法》的经济学类；外国文学和中国文学合并对应《中图法》的文学类；国际问题研究类和党史·党建类合并对应《中图法》的政治学类；民族问题研究是综合性学科，涉及多学科并包含民族学。

三 资助力度与论文产出的增长情况

自改革开放以来，哲学社会科学研究对国家经济社会发展的指导和预测、对解决发展中遇到的问题、对政府决策发挥着越来越重要的作用，党和国家对社会科学研究给予高度重视，国家对哲学社会科学研究的实际投入不断增加。国家社科基金资助金额从1999年的3800万元增加到2009年的3.84亿元[①]，2009年较1999年增加了9.1倍。从基金经费增长曲线看，在总体增长趋势下，每隔三年经费便有大幅度增长，上升到一个新台阶。2002年、2005年和2009年经费增长率明显高于其前三年的增长率（见表2－1、图2－1）。

表2－1 **国家社科基金历年经费与发文量统计表**

年份	发文量（篇）	资助金额（万元）	发文量年增长率（%）	金额年增长率（%）
1999	343	3800	—	—

① 全国哲学社会科学规划办公室官网公布的“国家社会科学基金历年资助金额”数据（http：//cpc. people. com. cn/GB/219457/219536/219537/14577987. html）。

续表

年份	发文量（篇）	资助金额（万元）	发文量年增长率（%）	金额年增长率（%）
2000	502	4950	46.4	30.3
2001	708	6000	41.0	21.2
2002	721	10000	1.8	66.7
2003	1007	10000	39.7	0.0
2004	1824	12000	81.1	20.0
2005	2584	16700	41.7	39.2
2006	3763	17600	45.7	5.4
2007	5490	20700	45.9	17.6
2008	7216	23400	31.4	13.0
2009	9403	38401	30.3	64.1

（注："国家社会科学基金历年资助金额"数据来自全国哲学社会科学规划办公室官网 http://cpc.people.com.cn/GB/219457/219536/219537/14577987.html）

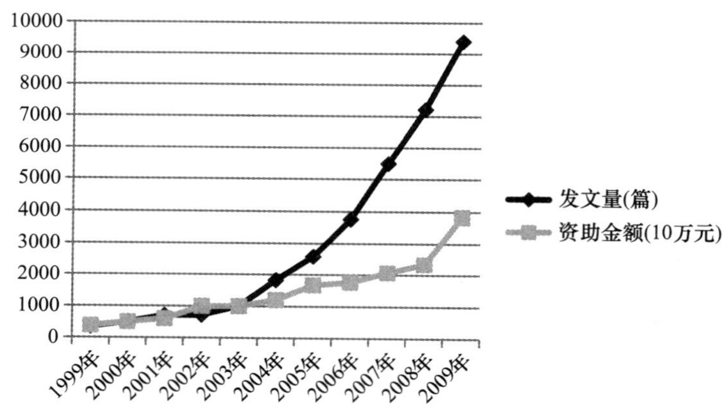

图 2－1　国家社科基金资助与发文量增长趋势

根据图 2－1 和表 2－1 数据，将基金论文量增长与国家社科基金经费增长相比较，可以得出以下结论：

经费投入与论文产出呈正相关增长趋势。从增长的倍数看，基金产出论文量的增长倍数高于资助金额的增长倍数，11 年间国家社科基金发文量从1999年的343篇，增加到2009年的9403篇，2009年论文量比1999年增长了26.4倍，而经费增长了9.1倍。从年增长率看，经费投入大幅提高后的两年，基金发文量明显增加。以经费增幅最大的2002年、2005年为例，2002年经费投入比2001年增长66.7%，两年后即2004年的基金发文量，比2003年度增长81.1%；2005年经费比前一年同期增长39.2%，两年后即2007年基金发文量年增长率达到45.9%。这一方面说明，课题在立项两年后进入了以论文为阶段性成果或最终成果发表的高峰阶段，另一方面也说明基金资助经费的提高对科研成果的增长、对科学研究的繁荣和发展起到了实际有效的推动作用，显示出国家社科基金良好的投入—产出效益和基金资助绩效。

当然，基金发文量的各年增长幅度并不总是与总经费的增长幅度相一致。对增长幅度的理解也可以考虑这样一种因素：人文科学以专著等图书形式作为主要成果类型，论文产出比例小于社会科学，如果经费的增长部分主要用于人文科学项目，那么对基金总体论文量增长的影响可能并不明显。

立项项目数量、每类项目的资助额度、科研成本、课题执行情况和管理、学科性质、课题成果形式等都会对基金论文产出量产生影响。总经费的增长受国民经济发展的影响，人均收入水平的提高、物价指数的上升、通货膨胀等因素使科研成本也随之加大，经费的增长已部分被科研成本的增长抵消。后面的章节将对各类型、各学科项目数量、项目资助额度、项目均发文量等反映和衡量资助效益的指标进行统计分析。

四　论文产出的学科分布

（一）国家社科基金论文产出的学科分布及学科优势

通过基金的学科发文量指标和学科领域基金排名位次分析，一方面可以反映国家社科基金资助的重点学科，另一方面也能从一个侧面反映基金的资助绩效和学科影响力。表2－2列出了国家社科基金各学科发文量和在各学科基金排名中的位次（注：此排名位次依据附录一的附表

2至附表28各学科基金发文量排名而得，教育部所属各基金论文未合并计算)。从表2－2可以看到，国家社会科学基金的发文涉及哲学社会科学各学科，覆盖面全，在27个学科领域的基金排名中，其发文量在多数学科中位居第一，在其余学科中也名列前茅。

就国家社科基金自身而言，在9个学科领域发文量均超过千篇，其中经济学领域发文量最多，超过万篇，约占该基金全部发文量的38%。在政治学、法学、文学、哲学、马克思主义等12个学科领域，其发文量遥遥领先于排名其后的各基金，这些学科都是国家社科基金资助力度和影响力较大的“优势学科”或“后发优势学科”。这些学科领域的研究主题关乎国家发展经济、推进政治改革、建立和谐社会、健全法制等重大问题，国家社科基金在这些学科的资助和管理通过基金论文（重要的科研成果类型）的大量发表而显现实效，这也印证了“国家社科基金工作能凝聚、团结和引导广大哲学社会科学工作者，使其关注的重点、研究的兴奋点与党和国家事业发展要求紧密结合起来”① 的事实。

从表2－2可以看到，国家社科基金发文量在各学科基金排名中的位次：20个学科位居第1位，经济学位居第2位，教育学位居第3位，其他学科（科技）位居第2位，心理学位居第4位，管理学（含科学学、人才学）、环境科学、人文地理学位居第2位。这些学科中，经济学、管理学（含科学学、人才学）、心理学、其他学科（科技）因同时具有自然科学的属性特点，因此可以申请国家自然科学基金的资助项目；教育学可以申请教育部系统的各类资金资助，这也从其他途径缓解了国家社会科学基金资助的经费压力，共同促进这些学科的繁荣发展。

表2－2　　**国家社科基金论文的学科分布与基金位次**

排序	学　科	发文量（篇）	基金位次	优势学科（*）
1	经济学	12794	2	

① 祝晓风、李春艳：《十问国家社科基金——全国社科规划办主任张国祚访谈录》，《中国社会科学院报》2008年10月9日。

续表

排序	学　科	发文量（篇）	基金位次	优势学科（*）
2	政治学	3463	1	*
3	法学	2221	1	*
4	文学	2111	1	*
5	哲学	1661	1	*
6	语言学	1341	1	
7	历史学	1278	1	
8	图书馆・情报与文献学	1275	1	*
9	体育学	1209	1	*
10	社会学	932	1	*
11	教育学	750	3	
12	其他学科（科技）	652	2	
13	新闻学与传播学	536	1	*
14	马克思主义	453	1	*
15	文化学	415	1	*
16	心理学	363	4	
17	管理学（含科学学、人才学）	324	2	
18	环境科学	292	2	
19	考古学	279	1	
20	艺术学	240	1	
21	宗教学	234	1	
22	人口学	216	1	
23	民族学	185	1	*
24	其他学科（人文社科）	185	1	
25	人文地理学	69	2	
26	统计学	49	1	*
27	军事学	34	1	

（二）国家社科基金各学科年度发文量变化概况

附录二列出了1999—2009年国家社科基金各学科的年度发文量及其年增长率变化情况。统计结果显示，各学科的发文量变化有共同之处，也各有其特点。各学科的发文量基本呈逐年上升趋势，但增长幅度不尽相同。

法学是国家社科基金重点发展的学科，资助数量增长很快，根据统计，2009 年该学科资助项目数量比 2000 年增长了 630.4%，增长幅度在国家社科基金各学科中居首位。与项目增长速度相对应，法学类发文量也快速增长，2004 年法学发文量较前一年增长了 272.7%，2004—2008 年论文增长率都保持 43% 以上，年增论文量百余篇。法学的发文量年均增长率较高。

管理学是国家自然科学基金重点资助的学科（群），2009 年以前国家社科基金并没有专门设置管理学项目，涉及管理学（含科学学、人才学）的论文量很少，1999—2009 年均发文量仅 29 篇。

环境科学是国家自然科学基金重点资助的学科，而国家社科基金并没有专门设置环境科学项目，但由于环境问题是一个跨学科、综合性学科研究的领域，因此，人文社科领域有关学科的研究项目也涉及环境问题和环境科学。1999—2006 年涉及环境科学的国家社科基金论文寥寥无几，2007—2009 年论文量则跳跃式显著增长。

表 2-3 列出了 2000 年与 2009 年国家社科基金各学科一般项目数量及其增长率。

将学科项目数量增长与学科发文量相对照，可以发现，资助项目数量多的学科，其基金论文量规模也相对大。

表 2-3　**2000 年与 2009 年国家社科基金各学科年度项目数量及其增长率**

学　科	2000 年资助项目数	2009 年资助项目数	增幅（%）	增幅排名
应用经济	116	204	75.9	22
法学	23	168	630.4	1
中国文学	35	146	317.1	8
语言学	26	124	376.9	6
哲学	50	122	144	17

续表

学 科	2000 年资助项目数	2009 年资助项目数	增幅（%）	增幅排名
经济理论	57	114	100	19
社会学	30	111	270	10
中国历史	34	89	161.8	16
政治学	17	87	411.8	3
马列主义、科学社会主义	25	83	232	13
民族问题研究	16	68	325	7
图书馆·情报与文献学	11	66	500	2
体育学	17	59	247.1	11
新闻学与传播学	10	48	380	5
党史·党建	22	41	86.4	21
宗教学	11	37	236.4	12
外国文学	9	36	300	9
国际问题研究	18	34	88.9	20
世界历史	9	25	177.8	14
统计学	5	25	400	4
人口学	7	19	171.4	15
考古学	6	14	133.3	18

（注：该表采用国家社科基金设置的学科名称）

将项目数量增长与各学科年度发文量变化相对照，可以看到：

国家社科基金各学科发文量的年度变化与这些年资助项目数量的变化有一定的关系。2000—2009 年项目数量增幅最大的前 10 个学科依次为：法学、图书馆·情报与文献学、政治、统计学、新闻学与传播学、语言学、民族问题研究、中国文学、外国文学、社会学，而这些学科的论文产出量提高幅度也较大。例如，法学资助项目数量 2000 年为 23 项，2009 年为 168 项，增加了 630.4%，增长幅度在国家社科基金各学科中居首位。与项目增长速度相对应，法学论文产出量也快速增长，年论文量 2000 年为 9 篇，2009 年为 684 篇，比 2000 年增长了 75 倍。其他学科发文量增长率也大幅提高。前几年基金论文基数较小的学科，在后 3 年论文数量增幅很大，但总量规模仍比较小。

1999—2009 年间发表的基金论文，可以说基本上反映了我国“九五”规划至“十一五”规划开局前两年期间立项项目的论文类科研成果。在这三个“五年计划”期间，国家社科基金根据学科发展战略，在各学科资助项目数量和各类项目资助额度方面进行了若干次调整，这些调整无疑对基金产出的论文数量有直接影响。

资助力度持续增长的多数学科，已成为国家社科基金具有较大发展优势、较强科研产出的重点学科。国家社科基金经济学论文产出量最多，超过万篇，约占该基金全部论文量的 38%。在政治学、法学、文学、哲学、马克思主义等 12 个学科领域，其发文量遥遥领先于排名其后的各基金。同时，一些研究基础相对薄弱、前几年基金论文基数较小的学科，以及改革开放和政治经济社会发展迫切需要深入研究的领域，在获得国家社科基金增加经费投入后，其基金论文也呈现高增长势头。如统计学、民族问题研究和宗教学等 16 个学科，自 2004 年资助经费增长后，论文量跃居学科内各基金论文量排行榜的第一名。这从一个侧面说明，国家社科基金在培育、扶持、加强各学科研究实力，培养大批国家急需的科研人才、学科带头人，推动科研繁荣发展，组织研究和解决国家面临的重大现实问题中发挥了强有力的作用。

此外，在统计中发现，2005—2009 年特别是自 2007 年以来，在社科与科技交叉领域、综合性问题研究领域包括环境问题、医疗卫生问题等方面的研究，国家社科基金论文产出总量呈跳跃式增长，五年的论文产出量占同领域 11 年论文总量的 95%。这一现象说明，今后关于跨学科研究、综合性问题研究将日益增多，成为社科界与科技界共同关注的领域，也是国家社科基金将来的重要资助方向。国家社科基金将根据社会发展和科学发展的需要，在未来的资助战略中加大新兴学科、边缘学科和交叉学科的资助力度。

五 “核心期刊论文比”统计分析

关于国家社科基金论文的期刊分布，本章主要统计分析国家社科基金论文在核心期刊发表的比例。

一般来讲，期刊的质量和影响力与其所刊发论文的质量与影响力是互为因果的，高质量文章汇聚高质量的期刊，高质量期刊选用高质量文章。那些被引用频次高、影响因子高的核心期刊是经过多年编审和刊发高质量学术论文而百炼成名的学术期刊，自然有较大学术影响力。因此，核心期刊发表的文章从整体水平看，具有较高的学术水准，整体质量高于普通学术期刊。以基金论文在核心期刊发表的比例（以下简称核心期刊论文比）作为反映整体基金论文质量和水平的指标，具有一定的说服力。

国内若干期刊评价体系中，被公认较有权威性和影响力的三大核心期刊评价体系分别是：北京大学图书馆编制的《中文核心期刊要目总览》、南京大学中国社会科学研究评价中心确定的“中文社会科学引文索引（CSSCI）来源期刊”、中国社会科学院图书馆编制的《中国人文社会科学核心期刊要览》。在这三个评价体系中，中国社会科学院认定的“中国人文社会科学核心期刊”（现已由中国社会科学评价研究院研制和发布期刊评价体系）的评选标准和入选期刊的数量最为严格和精要。

表2-4列出的“核心期刊论文”是指在中国社会科学院认定的“中国人文社会科学核心期刊”上发表的国家社科基金论文，这部分核心期刊论文数量占全部国家社科基金论文总数的比例简称为“核心期刊论文比”；“三家核心期刊论文”是指在上述三大评价体系共同认定的核心期刊上发表的国家社科基金论文，这部分三家核心期刊论文数量占全部国家社科基金论文总数的比例则简称为“三家核心期刊论文比”。

表2-4 **国家社科基金各年度“核心期刊论文比”**

年份	总发文量（篇）	核心期刊论文（篇）	三家核心期刊论文（篇）	核心期刊论文比（%）	三家核心期刊论文比（%）
1999	343	230	210	67.1	61.2
2000	502	340	304	67.7	60.6

续表

年份	总发文量（篇）	核心期刊论文（篇）	三家核心期刊论文（篇）	核心期刊论文比（%）	三家核心期刊论文比（%）
2001	708	521	477	73.6	67.4
2002	721	516	490	71.6	68.0
2003	1007	704	655	69.9	65.0
2004	1824	1249	1141	68.5	62.6
2005	2584	1769	1582	68.5	61.2
2006	3763	2516	2299	66.9	61.1
2007	5490	3515	3216	64.0	58.6
2008	7216	4698	4328	65.1	60.0
2009	9403	6143	5614	65.3	59.7
合计	33561	22201	20316	66.2	60.5

表2－4的统计数据显示，国家社科基金各年度在核心期刊发表的论文均达到较高比例，核心期刊论文比最高达到73.6%，年均达到66.2%；三家核心期刊论文比最高达到68.0%，最低的为58.6%，年均60.5%。

国家社科基金各学科核心期刊论文比例数值的拟合程度表明，国家社科基金绝大多数学科的核心期刊论文比例都比较高，半数学科的核心期刊论文比超过60%，只有一个学科（军事学）低于50%。统计学的核心期刊论文比最高。多数学科的核心期刊论文比与三家核心期刊论文比的数值都比较接近，拟合度较高，这说明三个评价体系对多数学科核心期刊的认定比较一致，认同度比较高。两种比例数值高且拟合度高的学科主要有：心理学、图书馆·情报与文献学、体育学、哲学、经济学等。拟合度低的学科依次为：人文地理、其他学科（科技）、统计学，主要表现为核心期刊论文比高，三家核心期刊论文比低，两种比值差距较大，说明三大评价体系对这几种学科的核心期刊认定存在一定差异。

以上统计分析结果表明，国家社科基金各年度、各学科的核心期刊论文比值均保持较高水平。核心期刊论文的高比例说明国家社科基金论文整体达到较高质量水平，并在各学科具有较广泛的学术影响力。各学科在两种比值上近似的多，差异的少，说明三大核心期刊评价体系对多数学科核心期刊的认定比较一致，从而也说明，以这三大评价体系为参照，统计出来的核心期刊论文比指标具有较大的可靠性、合理性和说服力，能够客观反映基金论文质量水平和影响力。

六　小结

以上数据统计与分析得出几点结论：

第一，论文产出位居榜首，基金资助效益明显。1999—2009 年间国家社科基金论文量增长倍数高于资助金额增长倍数，经费投入与论文产出增长趋势呈正相关关系。在全国各基金论文产出量排名中，国家社科基金论文产出篇数有 20 个学科位居第一，其余 7 个学科也名列各基金的前列，如经济学、管理学（含科学学、人才学）、其他学科（科技）、人文地理学、环境科学这几个学科排名第二，教育学位居第三，心理学位居第四。

第二，资助领域全面，引领学科发展。资助力度持续增长的多数学科，已成为国家社科基金具有较长发展优势、较强科研产出、较多基金论文量持续增长的重点学科。同时，一些研究基础相对薄弱学科，以及改革开放和政治经济社会发展迫切需要深入研究的领域，如环境问题研究、统计学、民族问题研究、经济理论，在获得国家社科基金增加经费投入后，其基金论文作为应用研究的主要成果类型，也呈现高增长势头。这从一个侧面说明，国家社科基金在培育、扶持、加强各学科研究实力，培养大批国家急需的科研人才、学科带头人，推动科研繁荣发展、组织研究和解决国家面临的重大现实问题中发挥了强有力的作用。

第三，发文期刊质量高，学术影响力较大。国家社科基金在各年度、各学科的核心期刊论文比值均保持较高水平。核心期刊论文的高比例说明国家社科基金论文整体达到较高质量水平，并在各学科具有较广泛的学术影响力。

综上所述，国家社科基金以其论文类成果数量规模大、覆盖学科面全、在各学科基金排名位次领先、核心期刊论文比值高而显示出较高的整体质量水平和广泛的学术影响力。其资助领域与学科建设和社会发展需要联系密切，注重突出基础研究、交叉学科研究。统计结果表明，国家社科基金在培育和加强各学科研究实力、培养大批国家急需的科研人才、推动科研繁荣发展、组织研究和解决国家面临的重大现实问题中发挥了强有力的引领和示范作用。

诚然，人文社会科学基金资助的成果类型多样，期刊论文只是其中一种形式。全面合理地衡量基金投入—产出效益、基金论文整体质量水平和影响力，还需要综合考虑被引用和被转载等各方面的指标。同时，基金资助信息的规范化、基金资助管理的信息化和公开化，也是促进文献计量方法在绩效评价等方面的应用、提高统计数据质量的基础和保障。这些都有待于基金管理部门、科研管理部门、期刊编辑部门、论文作者和文献计量研究机构等各方的共同努力。

第三章 国家社会科学基金论文分学科统计分析（2012年）

本章采用文献计量与内容分析方法，以2012年国家社科基金项目论文成果为统计样本，对论文的产出、分布特点及影响力进行统计分析，主要内容包括论文的学科项目分布、作者和机构分布、合作状况、地区分布、摘转率、被引用率、被下载率、核心期刊论文比例以及研究热点分布等，力图从一个侧面反映国家社科基金在推动社会科学研究方面所取得的成效，以及资助学科的年度研究状况。同时，从科学计量学和文献计量学角度展现基金论文单年度和分学科统计分析的框架、指标及方法。

本部分包括2012年度国家社会科学基金论文总体统计分析和6个资助学科的项目论文统计分析。这6个资助学科是马列主义、科学社会主义（以下简称马列·科社），社会学，法学，经济学，文学，图书馆·情报与文献学。

一　数据源与数据处理方法

（一）数据源与数据类型

本章的统计数据源是在采集和整合多个数据库以及纸本期刊信息的基础上构建的2012年国家社科基金论文统计数据库。

采集的数据包括5类：基金论文数据、论文被引用频次和被下载频次数据、被转载论文数据、核心期刊数据、基金项目数据。基金论文数据、论文被引用频次和被下载频次数据来源于中国知网的“中国引文数据库”“期刊全文数据库”；被转载论文数据来源于《新华文摘》《中国社会科学文摘》《高等学校文科学术文摘》、中国人民大学《复印报刊资料》四大文摘期刊的纸印本或网络版数据库；核心期刊数据来源于中国社会科学院《中国人文社会科学核心期刊要览（2008 年版）》、北京大学《中文核心期刊要目总览（2011 年版）》、南京大学《“中文社会科学引文索引”来源期刊目录》三家核心期刊评价体系公布的数据；基金项目数据来源于全国哲学社会科学规划办公室官网的“项目数据库”。

（二）数据处理方法

将采集的基金论文数据与被引用数据、被下载量数据、文摘数据、核心期刊数据、基金项目数据等进行匹配、整合，并对基金论文数据进行统计元素的提取、清洗和规范化处理，得出有关基金论文产出、分布和影响力等指标数据。

数据匹配方法是将从五类数据源采集的论文题录数据按照题名、作者、期刊名称、年、期几个字段进行关联匹配，若这几个字段相同，则确定为同一篇论文。例如：将从中国知网期刊全文数据库下载的国家社科基金论文题录数据与《新华文摘》2012 年各期所转载论文的题录数据进行匹配，两方数据中，题名、作者、来源期刊和年、期都吻合的数据，则确定为被《新华文摘》转载的基金论文，这些论文各篇被转载次数各计为 1 次。若某条基金论文数据与四大文摘期刊的数据有吻合，则确定为该篇基金论文被四大文摘共同转载，其被转载次数计为 4 次。

关于数据规范，由于各数据源的论文题录数据所采用的标点符号、期刊名称的形式等不尽相同，因此，为保证数据匹配结果的准确，在数据匹配前，分别对不同来源的数据进行题名、期刊名称的规范化处理，确保同一篇论文的题名、同一种期刊的刊名具有一致性和唯一性。例如：在中国知网期刊全文数据库、四大文摘期刊和三大核心期刊评价体系中，大学学报社会科学版的刊名表现形式不相同，至少有这三种形式：××××学报（社会科学版），××××学报.社会科学版，××××学报·社会科学版；论文的正题名与副题名之间采用破折号或冒号等不同的标点符号间隔；标点符号有的用中文状态，有的用英文状态；等等。因此，在匹配前都按统一的形式和标点符号对期刊名称和论文题名进行规范，或者删去题名、刊名中所有的标点符号。数据规范还包括对各统计要素如作者的机构、项目批准号等进行规范，建立常见机构异形名称规范文档和数据清洗的操作规则。

从基金论文数据中提取项目批准号，是数据处理过程中一项重要的工作。项目批准号是国家社科基金项目的识别代码，具有唯一性。它一般由4个要素组成：立项年、项目类型、学科、序号，采用阿拉伯数字和英文字母组合的表现形式。例如：09ASH002，此号前2位数字09表示立项年为2009年，字母A表示重点项目类型，SH表示社会学，002为顺序号。因此，我们以项目批准号为切入点，从中提取立项年、项目类型、学科等要素进行统计，并以项目批准号作为项目个体进行统计。项目类型代码参见表3－1。

关于基金论文的学科分类，则依据期刊论文标注的基金项目批准号确定论文的学科归属。本章对2012年国家社科基金论文的统计分析，没有按照传统《中国图书馆分类法》的学科分类体系，而是采用了国家社科基金立项项目的学科分类，即按照论文标注的国家社科基金项目批准号，提取相应的学科代码，学科名称与学科代码对照表如表3－2所示，共有23个学科大类（不包含教育学、艺术学、军事学三个单列学科）。至于部分综合性重大项目的论文，则根据论文论述的内容和作者的单位来确定该论文所属学科。

表3－1　**国家社科基金项目类型名称与代码对照表**

项目类型	代　码	项目类型	代　码
重点项目	A	重大项目	ZD&、&ZD、@ZH ZDA、ZDB、ZDC
一般项目	B		
青年项目	C	后期资助项目	F
西部项目	X	中华学术外译项目	W

（注：@ZH代码表示重大委托项目）

表3-2　　国家社科基金学科名称与代码对照表

学科名称	学科代码	学科名称	学科代码
法学	FX	马列·科社	KS
图书馆·情报与文献学	TQ	世界历史	SS
政治学	ZZ	人口学	RK
统计学	TJ	中国历史	ZS
新闻学与传播学	XW	哲学	ZX
语言学	YY	考古学	KG
民族问题研究	MZ	经济理论	JL
中国文学	ZW	国际问题研究	GJ
外国文学	WW	党史·党建	DJ
社会学	SH	应用经济	JY
体育学	TY	管理学	GL
宗教学	ZJ		

二　2012年国家社会科学基金论文总体分析

截至2013年1月27日，2012年国家社科基金论文总量为23582篇。为了全面客观反映2012年国家社科基金论文的产出情况与资助绩效，本章节对国家社科基金历年的立项情况、不同类型的基金项目论文表现等做多视角分析。同时，对年度基金论文的机构分布、作者分布、期刊分布、学科分布及研究热点，以及整体的学术影响力等做统计分析与客观描述。

（一）国家社科基金立项情况与投入产出分析

1. 国家社科基金的历年立项数

通过国家社科基金的历年立项情况统计，可以大致看出国家对社会科学的科研投入力度逐步增强，主要表现为：各学科、各类型项目立项数量逐年增长，增幅较大；各类项目、各学科项目数量排名比例皆比较稳定；项目投入金额也逐年增加。与投入相对应，科研产出也在同步甚至加倍增长，下文的基金论文产出情况统计分析可以从不同侧面说明这一趋势。这些统计分析反映了国家对社会科学研究的重视，也验证了国家社科基金的资助绩效。

我们从国家哲学社会科学规划办公室官方网站获取项目数据库相关统计信息（截至2013年1月20日），汇总整理出国家社科基金2008—2012年各学科的资助项目数量，以便从立项角度来反映国家社科基金对国家社会科学的科研投入情况。这5年国家社科基金各学科立项数见表3-3。

表3-3　　**国家社科基金各学科资助项目数（2008—2012年）**

单位：项

学科	立项年份				
	2008年	2009年	2010年	2011年	2012年
中国文学	159	192	289	363	399
应用经济	310	256	250	317	359
法学	172	204	267	343	358
管理学	—	—	238	313	335
哲学	150	156	218	245	313
语言学	142	157	223	265	298
中国历史	99	117	181	262	284
民族问题研究	113	134	158	215	263
社会学	129	136	145	207	228
经济理论	106	145	159	213	214
马列·科社	93	102	133	168	200
政治学	82	105	107	140	156
图书馆·情报与文献学	73	80	106	126	134
外国文学	39	42	76	107	119
新闻学与传播学	47	58	88	103	117
宗教学	41	52	67	104	108
体育学	65	63	87	95	107
国际问题研究	44	38	63	98	99

续表

学科	立项年份				
	2008 年	2009 年	2010 年	2011 年	2012 年
党史·党建	45	53	65	86	89
世界历史	33	30	45	70	76
考古学	11	24	36	37	64
人口学	21	20	37	50	60
统计学	22	29	32	41	43

从表 3－3 可以看出，2008—2012 年各学科立项数量排名比较稳定，中国文学、应用经济、法学、哲学、语言学的立项数量始终名列前茅。2010 年国家社科基金新增管理学，2012 年，管理学立项数量高居当年排名第 4 位。从增长幅度看，2008—2012 年，各学科立项数量逐年增长。5 年间，有 14 个学科的立项数量增长幅度超过 1 倍，其中，增幅最大的 6 个学科依次为考古学（481.8%）、外国文学（205.1%）、中国历史（186.9%）、人口学（185.7%）、宗教学（163.4%）、中国文学（150.9%）。

为了从项目类型角度来反映国家社科基金历年的投入情况，我们统计出这 5 年国家社科基金不同项目类型的立项数，如表 3－4 所示。

表 3－4　**国家社科基金主要资助类型项目数（2008—2012 年）**

单位：项

项目类型	立项年份				
	2008 年	2009 年	2010 年	2011 年	2012 年
重点项目	126	89	140	274	296
一般项目	1059	1006	1290	1608	1954
青年项目	481	677	855	1122	1435
西部项目	306	350	400	485	548
重大项目	55	62	216	195	248
合计	2027	2184	2901	3684	4481

续表

项目类型	立项年份				
	2008 年	2009 年	2010 年	2011 年	2012 年
合计年增长率（%）		7.7	32.8	27.0	21.6

从表 3-4 可以看出，这 5 年国家社科基金资助的 5 种主要类型项目均处于逐年增长趋势，其中 2010 年的立项数较 2009 年增长了 32.8%，增幅最大。在 5 类项目中，2010 年重大项目的立项数年度增幅最大，为 71.3%。同时，从 2010 年起新增了“中华学术外译项目”和“成果文库”两个项目类型。因其主要成果类型是著作而不是论文，故不在此统计。

2. 各学科立项数量与论文产出

从立项数量与论文产出的情况对比，也可以反映国家社科基金的投入绩效。据统计数据显示，2011 年度国家社科基金项目在 2012 年发表的期刊论文篇数最多，近 6800 篇论文，占比 30%。因此，我们对 2011 年各学科的立项数及其在 2012 年的发文数进行统计、排序，统计结果如表 3-5 所示。

表 3-5　　2011 年国家社科基金各学科立项数及其在 2012 年的论文产出

学科名称	2011 年立项个数	立项排序	2012 年发文篇数	发文排序
管理学	313	4	861	1
应用经济	317	3	848	2
理论经济	213	9	540	3
法学	343	2	531	4
马列·科社	168	11	492	5
中国文学	363	1	456	6
哲学	245	7	408	7
政治学	140	12	325	8
社会学	207	10	323	9
中国历史	262	6	291	10

续表

学科名称	2011 年立项个数	立项排序	2012 年发文篇数	发文排序
民族问题研究	215	8	245	11
图书馆·情报与文献学	118	13	235	12
语言学	265	5	229	13
新闻学与传播学	103	16	153	14
党史·党建	86	19	130	15
体育学	95	18	125	16
国际问题研究	98	17	107	17
外国文学	107	14	97	18
宗教学	104	15	85	19
统计学	41	22	67	20
人口学	50	21	66	21
世界历史	70	20	51	22
考古学	37	23	23	23

表 3－5 显示，23 个学科的立项数与发文数排序并不完全一致；有 11 个学科的发文排名高于立项数量排名，其中，马列·科社发文排名高于立项排名 6 个位次，投入产出成效突出。哲学、考古学的发文排名与立项排名一致，有的学科仅是上下位的差异，有的则差异较大，有的学科是高发文低立项，有的学科如语言学、文学、历史等人文学科是高立项低发文。值得说明的是，由于学科差异，各学科的科研成果形式及产出规律各有特点，有的学科以研究报告或著作为主要科研产出或产出周期较长，有的学科则相反。因此，仅仅以中文论文（还应包括英文论文）为国家社科基金的投入产出科研绩效来评价，只是一个主要侧面，还应结合其他类型的成果评价。

3. *历年资助金额与论文产出*

国家社科基金的资助是我国人文社会科学健康发展的助推器，资助金额则直接反映了资助力度的大小。从历年的资助金额与历年的基金论文产出变化情况，可以进行简单的投入产出绩效分析。表 3－6 统计了 2001 年至 2012 年的资助金额与论文产出量。

表3-6　　　国家社科基金历年资助金额与论文产出量对照表

年份	发文量（篇）	资助金额（10万元）	发文量年增长率（%）	资助金额年增长率（%）
2001	904	600		
2002	1422	1000	57.3	66.7
2003	1961	1000	37.9	0.0
2004	2890	1200	47.4	20.0
2005	4569	1670	58.1	39.2
2006	6250	1760	36.8	5.4
2007	7614	2070	21.8	17.6
2008	11115	2340	46.0	13.0
2009	14171	3840.1	27.5	64.1
2010	16911	5995.4	19.3	56.1
2011	20516	8000	21.3	33.4
2012	23582	12000	16.3	50.0

从表3-6可以看出，2009年之前发文量年增长率，除2002年之外，基本是高于资助金额年增长率的，反映出低投入高产出态势；自2009年之后，资助金额的年增长率远远高于发文量年增长率，反映出高投入低产出态势，基金资助论文的发展空间和潜力都很大。

4. 2012年项目论文产出的立项年度分布

按频次统计国家社科基金项目在2012年度发表论文中的被标注次数，得到总频次为23708次，标注两项国家社科基金的论文有119篇，标注三项国家社科基金的论文有8篇，有1篇论文标注了四项国家社科基金项目。这一数据反映了基金论文的重复资助问题，类似于“一女二嫁”现象，对此应该引起相关部门的重视，加以严格规范。

此外，有588篇论文因基金项目标注模糊而无法获取年度信息，其余的基金标注项涉及的项目年度范围为1998—2012年。可见，有大量的基金论文由于种种原因没有标注资助基金名称或标注不明确，导致基金论文统计的数据误差，无法全面客观地反映国家社科基金的资助绩效。因此，目前的基金产出成果分析，一般是基于现有的实际数据表现来统计，如果想获取实际项目论文表现，还需要基金资助机构从项目管理制度层面进行统一规范与顶层设计。

因一篇论文同时标注多项国家社科基金的情况较少，因此项目的标注频次在统计意义上与论文篇数相近。2012 年国家社科基金论文数量在不同年度基金项目的分布情况如图 3－1 所示，各个年份项目发文量的比例分布如图 3－2 所示。

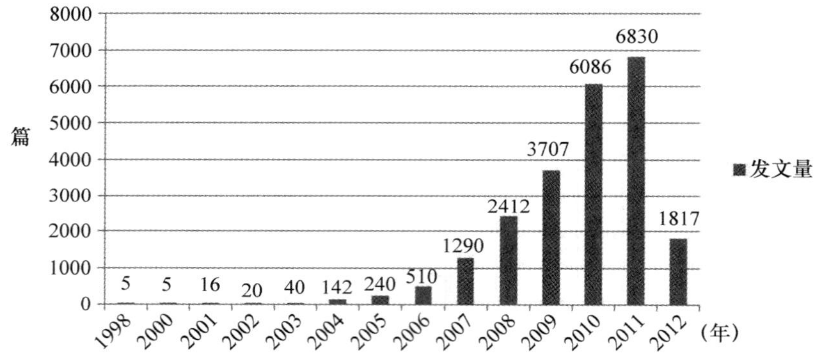

图 3－1　各年度立项项目在 2012 年期刊发文量的分布

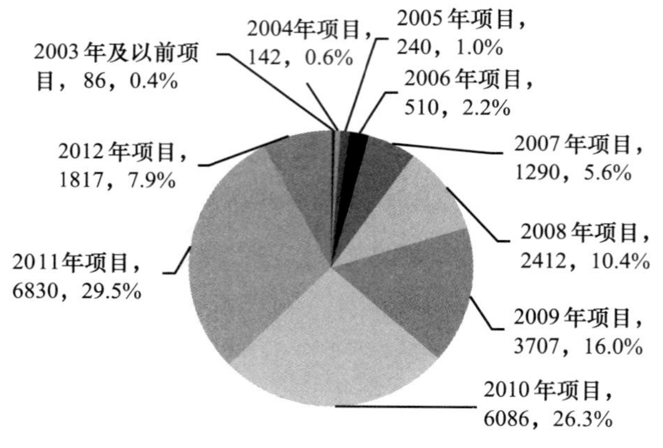

图 3－2　各年度立项项目在 2012 年期刊发文量的比例分布

从图3－2中可以看出，2011年度国家社科基金项目在2012年发表的期刊论文篇数最多，6830篇论文，占比29.5%；其次为2010年度基金项目共发表论文6086篇，占比26.3%。2010—2011年立项的基金项目在2012年发表期刊论文篇数占到总体的一半以上。此外，2009年的基金项目在2012年发表期刊论文篇数3707篇，占总体的比例也较高，为16.0%，而2012年当年立项的国家社科基金项目发表的期刊论文篇数只占到总体的7.9%。从中可以看出，国家社科基金项目的论文成果发表主要集中在项目立项后的第2—3年。因此建议，国家社科基金项目如果在结项后进行一次项目论文成果的综合绩效评价，评价时段选择在2—3年之后较为合理。

（二）国家社科基金论文的学科分布及研究热点分析

1. 各学科项目论文的篇数及比例

国家社科基金项目论文分布于26个学科中，2012年度各学科的论文篇数及比例如表3－7所示。

表3－7　**各个学科的论文篇数及比例**

学科名称	论文篇数	占比（%，总论文）
应用经济	3572	15.1
管理学	2018	8.6
法学	1809	7.7
理论经济	1664	7.1
中国文学	1646	7.0
马列·科社	1531	6.5
哲学	1439	6.1
社会学	1194	5.1
政治学	1187	5.0
语言学	1109	4.7
中国历史	911	3.8

续表

学科名称	论文篇数	占比（%，总论文）
民族问题研究	908	3.9
图书馆·情报与文献学	779	3.3
体育学	546	2.3
新闻学与传播学	545	2.3
党史·党建	422	1.8
国际问题研究	393	1.7
艺术学	337	1.4
外国文学	328	1.4
教育学	267	1.1
统计学	240	1.0
人口学	228	1.0
宗教学	224	0.9
世界历史	156	0.7
考古学	90	0.4
军事学	39	0.2

（注：应用经济、理论经济、管理学的论文篇数包含了部分跨学科重大项目的论文篇数）

从表3－7可以看出，2012年度各学科发文量差异较大。有10个学科的发文量超过千篇。发文量排名前5位的学科依次为应用经济、管理学、法学、理论经济、中国文学。应用经济、管理学项目分别以3572篇、2018篇的高发文量遥遥领先于其他学科。这两个学科还包含了跨学科和综合性问题研究项目所产出的论文，涉及环境、能源、安全、城市规划和建设、文化产业等研究领域，与现实社会生活关系密切。发文量最少的学科依次为军事学、考古学、世界历史、宗教学、人口学。

2. 各学科基金论文的影响指标

从学术论文的网络下载指标、被引指标，可以在一定程度上反映其学术影响力和网络影响力。据统计，2012年各学科国家社科基金论文的各影响力指标值如表3－8所示。

表3－8　　各学科的论文影响指标值（按篇均被引次数排序）

学科名称	论文篇数	总被引次数	篇均被引次数	总下载次数	篇均下载次数
人口学	228	49	0.2	23820	104.1
应用经济	3572	752	0.2	390749	109.4
政治学	1187	228	0.2	112858	94.8
理论经济	1664	283	0.2	181743	109.2
体育学	546	92	0.2	40918	74.8
考古学	90	15	0.2	5755	63.9
社会学	1194	199	0.2	115353	96.6
法学	1809	298	0.2	157377	86.9
图书馆·情报与文献学	779	124	0.2	68234	87.5
国际问题研究	393	56	0.1	47682	122.3
管理学	2018	281	0.1	184522	91.4
新闻学与传播学	545	75	0.1	66268	121.1
语言学	1109	149	0.1	96844	87.3
马列·科社	1531	181	0.1	125849	82.2
教育学	305	32	0.1	22749	82.7
统计学	240	23	0.1	17929	74.7
党史·党建	422	31	0.1	20654	49.1
哲学	1439	96	0.1	78470	54.5
民族问题研究	908	60	0.1	45917	50.9
艺术学	337	21	0.1	16841	51.0
外国文学	328	19	0.1	18354	55.9
中国历史	911	47	0.1	42250	46.4
军事学	39	2	0.1	1078	27.6
中国文学	1646	83	0.1	69490	42.2
世界历史	156	7	0.1	9180	58.8
宗教学	224	10	0.1	8830	39.8

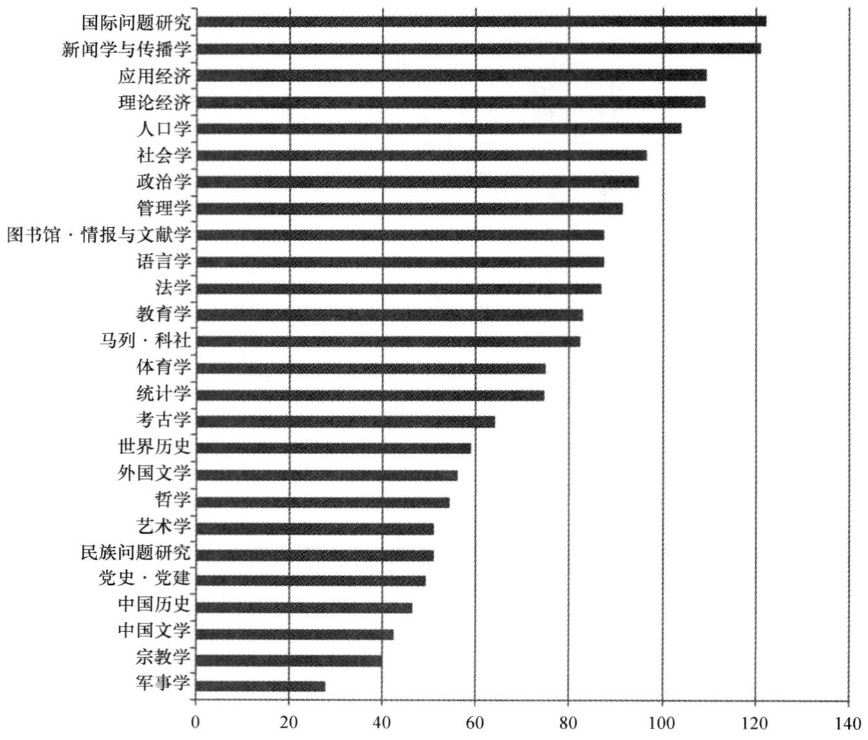

图 3－3　各学科基金论文篇均下载次数

从表 3－8、图 3－3、图 3－4 可以看出，各学科的篇均被引与篇均下载这两个影响力指标的排序并不一致，被引指标排序居于前 3 位的学科为人口学、应用经济、政治学，下载指标排序居于前 3 位的学科为国际问题研究、新闻学与传播学、应用经济。一般情况下，被引指标能反映论文的学术影响和质量，但只有在 2 年以上才具有统计意义。由于这里的被引指标是 2012 年的当年被引，因此高被引反映的一般是研究热点问题或选题较为新颖的论文。本统计结果显示，应用经济在这两个指标上表现都较为突出。

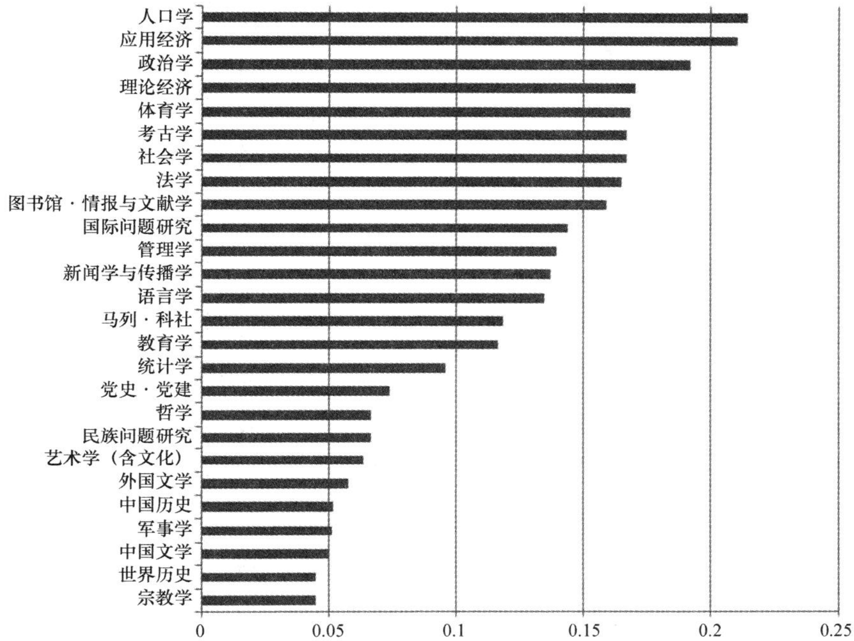

图 3－4　各学科基金论文篇均被引次数

3. 各学科基金论文的转载指标

一般认为，如果期刊论文被《新华文摘》《中国社会科学文摘》《高等学校文科学术文摘》、中国人民大学《复印报刊资料》转载（全文转载或论点摘要），则意味着该论文具有一定的学术水平与传播价值。

从表 3－9 可以看出，2012 年国家社科基金论文中，发文量与被转载篇数都最多的学科是应用经济，转载率最高的学科是世界历史，被多家文摘期刊转载论文最多的学科是中国文学。图 3－5 显示了各学科基金论文平均被转载篇数的排序。

表 3－9　　　　不同学科论文的被转载指标值

学科名称	发文量（篇）	被转载（篇）	转载率	被单刊转载（篇）	被多刊转载（篇）
世界历史	156	28	0.18	25	3

续表

学科名称	发文量（篇）	被摘转（篇）	摘转率	被单刊摘转（篇）	被多刊摘转（篇）
政治学	1187	130	0. 11	120	10
哲学	1439	157	0. 11	144	13
社会学	1194	116	0. 10	103	13
马列・科社	1531	142	0. 09	129	13
党史・党建	422	38	0. 09	32	6
中国历史	911	81	0. 09	72	9
人口学	228	20	0. 09	16	4
理论经济	1664	142	0. 09	132	10
国际问题研究	393	33	0. 08	29	4
中国文学	1646	134	0. 08	117	17
法学	1809	136	0. 08	122	14
考古学	90	6	0. 07	6	0
宗教学	224	14	0. 06	9	5
应用经济	3572	215	0. 05	199	16
体育学	546	32	0. 05	31	1
外国文学	328	18	0. 05	17	1
军事学	39	2	0. 05	2	0
新闻学与传播学	545	26	0. 04	25	1
管理学	2018	95	0. 04	88	7
图书馆・情报与文献学	779	34	0. 04	34	0
统计学	240	10	0. 04	10	0
教育学	267	11	0. 04	11	0
民族问题研究	908	26	0. 02	22	4
艺术学	337	9	0. 02	9	0
语言学	1109	26	0. 02	25	1

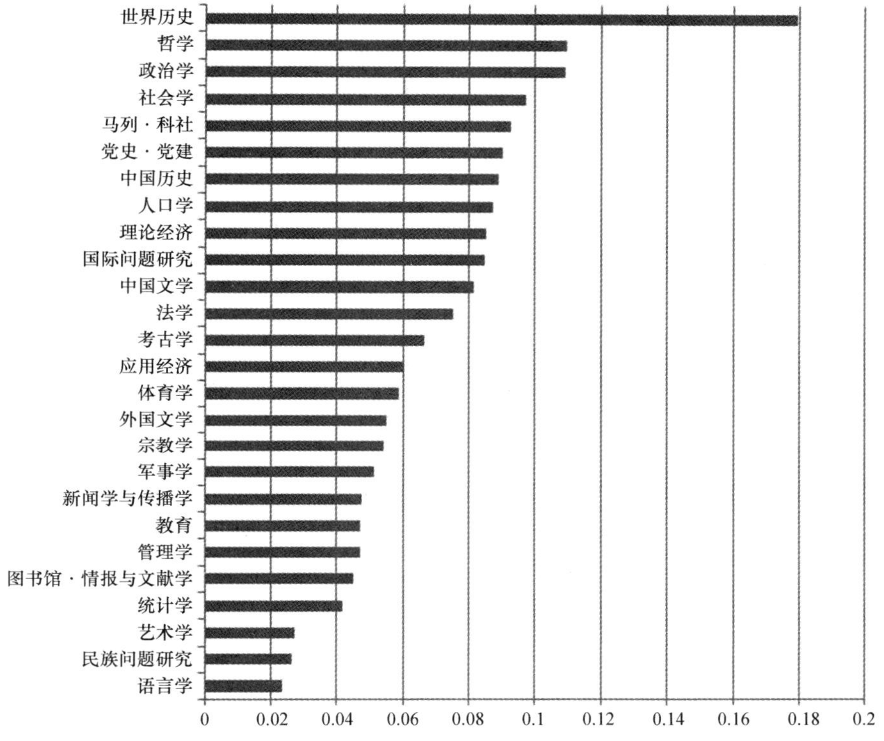

图 3-5　各学科基金论文平均被转载篇数

4. 2012 年基金论文的研究热点分析

对论文的关键词进行统计分析，可以从一个角度发现学术的研究热点。我们对每篇 2012 年国家社科基金论文的关键词进行切分与技术处理，统计得到高频关键词表，并通过高频关键词的共现情况，对高频关键词做了聚类分析。

据统计，基金项目论文共标注了 88063 个关键词，一篇论文最高关键词数为 12 个，平均每篇论文有 3. 73 个关键词。选择每篇论文前五个标注的关键词做去重处理，得到不同的关键词共 46141 个。选择出现频次高于 50 的关键词为高频关键词，去掉没有统计意义的关键词，得到高频关键词共 63 个，构建高频关键词表，如表 3-10 所示。

从表 3-10 中可以看出，经济增长问题是学者和社会都高度关注的热点问题，也是国家社科基金资助的重点。其中，对经济增长影响因素的对策研究是目前的研究热点。“中国”“对策”等也是排名较为靠前的高频词，说明国家社科基金论文非常关注中国经济增长问题及其对策研究，具有中国本土意识，体现出社会科学要“社会化”的时代强音，中国的社会科学要解决中国问题。此外，对马克思主义、中国共产党等问题的研究也是2012年的发文热点，表明国家社科基金的资助在引导主流社会意识形态方面起到了积极的作用。

表3－10　　2012年国家社科基金论文的高频关键词表（取前40）

序号	高频关键词	频次	序号	高频关键词	频次
1	经济增长	212	21	路径	78
2	影响因素	195	22	文化产业	75
3	对策	167	23	技术创新	73
4	中国	159	24	问题	72
5	马克思主义	142	25	少数民族	71
6	马克思	121	26	低碳经济	70
7	中国共产党	121	27	通货膨胀	69
8	可持续发展	120	28	产业结构	69
9	启示	102	29	民族地区	68
10	创新	101	30	思想政治教育	66
11	新疆	94	31	社会主义核心价值体系	65
12	发展	94	32	社会资本	65
13	农民工	89	33	全球化	65
14	意识形态	86	34	科学发展观	63
15	农村	86	35	价值	63
16	社会管理	86	36	影响	61
17	城市化	85	37	城镇化	60
18	大学生	85	38	知识产权	60
19	美国	81	39	地方政府	59
20	文化	79	40	公共服务	59

通过对上述高频关键词共同出现的次数进行统计分析，发现共同出现次数最多的前10组高频词如表3－11所示。从共现高频词组表可知，共现次数最多的词对是“对策”和“问题”，其次为“创新”和“社会管理”，再次为“对策”和“现状”，等等。这说明社会管理创新问题已经引起国家层面的高度关注和重视，社会科学研究越来越面向问题与对策，应用对策性研究成为国家及社会对社会科学研究的主要诉求。

表3－11　**共现频次最高的高频关键词组**

关键词1	关键词2	共现次数
对策	问题	16
创新	社会管理	13
对策	现状	13
经济增长	人力资本	9
马克思主义	意识形态	8
问题	现状	8
货币政策	通货膨胀	7
农民工	影响因素	7
经济增长	收入分配	6
美国	中国	6

(三) 国家社科基金论文的资助项目类型分布

1. 不同类型项目在2012年的发文情况

国家社科基金不同类型项目在2012年的发文情况，主要通过统计2012年发表的国家社科基金论文所标注的基金项目批准号及其所包含的项目类型、立项年等要素。据统计，2012年发表论文的国家社科基金项目共有9402项，涉及的项目年度范围为1998—2012年，涉及的项目类型有重点项目、重大项目、青年项目、西部项目、特别委托项目以及其他类项目。有127篇论文标注基金类型模糊无法判断。

各种类型项目在2012年期刊的发文量与比例分布如图3－6所示。

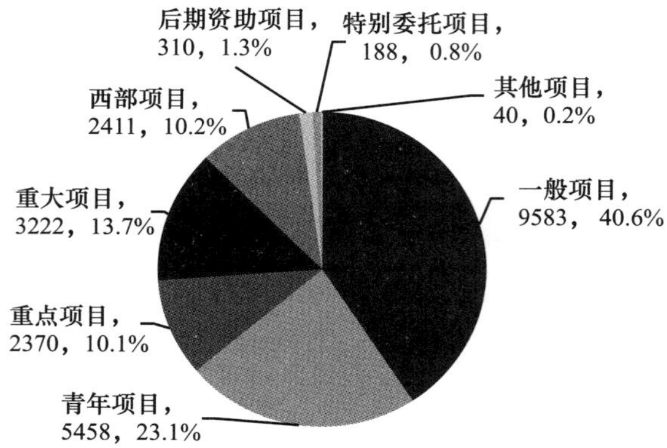

图 3－6　不同类型项目在 2012 年期刊的发文量与占比

从图 3－6 中可以看出，国家社科基金一般项目 2012 年总共发表的论文篇数最多，为 9583 篇，占到所有类型国家社科基金发表论文篇数的 40.6%；其次为青年项目，为 5458 篇，占总体的 23.1%；重大项目、重点项目与西部项目均占总体的 10% 左右。

2. 不同类型项目论文的绩效指标表现

通过统计国家社科基金论文中核心期刊论文的比例、论文的被转载情况、被引情况以及在网络文献数据库中的下载情况，可以得到国家社科基金论文的影响力表现。

基金项目发表在核心期刊的论文数量及其在全部项目论文中的占比，可以在一定程度上反映项目论文的整体质量水平。从统计结果看，如表 3－12 所示，主要类型项目的核心期刊论文比均在 70.4% 以上。发文量大的项目类型，其发表在核心期刊的论文量相对较大。总体来看，国家社科基金主要类型项目的论文整体质量水平较高。2012 年国家社科基金各类型项目发表的核心期刊论文量占全部论文量的 78.5%。

表 3－12　**不同类型项目的核心期刊论文量及占比**

项目类型	发文量（篇）	核心期刊论文量（篇）	核心期刊论文比（%）
一般项目	9583	7483	78.1

续表

项目类型	发文量（篇）	核心期刊论文量（篇）	核心期刊论文比（%）
青年项目	5458	4354	79.8
重大项目	3222	2675	83.0
重点项目	2370	1905	80.4
西部项目	2411	1697	70.4
后期资助项目	310	260	83.9
特别委托项目	188	127	67.6
其他项目	40	20	50.0
全部类型项目	23582	18521	78.5

为了分析不同类型项目论文的影响力，我们对三项绩效指标赋予不同的权重。由于是对当年论文做即时评价，被引指标的统计意义还不明显，被转载指标由于是定性评价则能显示出即时评价的优势。鉴于此，我们将论文被引频次赋权0.3，论文被下载频次赋权0.2，论文被转载篇次赋权0.5，将各指标赋权求和之后，得到各类型基金项目的论文影响指数，如表3-13所示。

表3-13　**各类型项目的论文影响指数**

项目类型	论文被引频次	论文被下载频次	论文被转载篇次	论文影响指数
一般项目	1293	730596	739	146876.6
青年项目	675	444716	437	89364.2
重大项目	615	362032	252	72716.9
重点项目	371	251801	190	50566.5
西部项目	218	135064	193	27174.7
后期资助	13	20435	20	4100.9
特别委托项目	16	13180	11	2646.3

从表3-13可以看出，在论文影响指数方面，一般项目论文的表现最好，其次是青年项目论文、重大项目论文、重点项目论文、西部项目论文，后期资助项目与特别委托项目的论文影响力最小。这一结果反映出一般项目、青年项目和重大项目、重点项目作为国家社科基金的主体

项目，确实发挥着巨大的科研产出与学术影响力作用。后期资助项目一般以人文科学成果为主，重视前期科研产出，其论文产出的即年影响力不便反映出来。特别委托项目一般面向问题与应用对策，成果形式一般以提交研究报告为主，论文的学术影响力则不占优势。

（四）国家社科基金论文的机构分布

2012 年国家社科基金项目论文共标注机构 31787 次，平均每篇论文标注了 1.348 个机构，共有 2817 个一级单位参与了论文发表。论文的机构数分布如表 3－14 所示。

表 3－14　**论文总体机构数分布**

机构数	1	2	3	4	5	6	7	8	不详
论文篇数	16655	5682	979	167	18	5	5	1	70

1. 基金论文发文量机构排名

对 2012 年国家社科基金项目论文作者共涉及 1610 个机构，按第一作者机构所在机构的排名，发文在 80 篇以上机构有 71 个，其累计发文占发文总数的一半。发文量排名前 10 位的机构见表 3－15。

表 3－15　**发文量排名前 10 位的机构**

排名	机构名称	论文篇数	百分比	累计百分比
1	南京大学	501	2.1	2.1
2	中国人民大学	476	2.0	4.1
3	吉林大学	393	1.7	5.8
4	武汉大学	370	1.6	7.4
5	复旦大学	350	1.5	8.8
6	北京大学	314	1.3	10.2
7	中国社会科学院	297	1.2	11.4
8	南开大学	288	1.2	12.6
9	华东师范大学	286	1.2	13.8
10	四川大学	284	1.2	14.9

对机构进行类型标引，将参与发表论文的机构标引为六个类型，分别是高等院校、科研院所、党校、党政机构、企业以及其他类。其中，党政机构包含司法机构和军队。各类机构的机构数、发文量如表3－16所示。

表3－16　　**各类机构的机构数、发文量**

机构类型	机构个数	百分比	发文量	百分比（论文）	平均发文篇数
高等院校	1062	65.9	21562	91.4	20.3
科研院所	227	14.1	1093	4.6	4.8
党校	101	6.3	525	2.2	5.2
党政机构	62	3.9	88	0.4	1.4
企业	35	2.2	64	0.3	1.8
其他	123	7.6	250	1.1	2.0

按第一作者所在机构进行排名，共涉及1062个高校，发文在90篇以上的机构有63个，其累计发文占发文总数的一半，发文量排名前10位的高校见表3－17。

表3－17　　**发文量排名前10位的高等院校**

排名序号	机构名称	论文篇数	百分比（高校类）	累计百分比（高校类）
1	南京大学	501	2.3	2.3
2	中国人民大学	476	2.2	4.5
3	吉林大学	393	1.8	6.4
4	武汉大学	370	1.7	8.0
5	复旦大学	350	1.6	9.7
6	北京大学	314	1.5	11.1
7	南开大学	288	1.3	12.5
8	华东师范大学	286	1.3	13.8
9	四川大学	284	1.3	15.1
10	华中师范大学	274	1.3	16.3

按第一作者所在的机构进行排名，共涉及227个研究院所，发文量前10位的机构累计发文数占全部科研院所发文总数的一半以上，见表3-18。

表3-18 **发文量排名前10位的科研院所**

排名序号	机构名称	论文篇数	百分比（研究院所）	累计百分比（研究院所）
1	中国社会科学院	297	27.2	27.2
2	上海社会科学院	85	7.8	35.0
3	中国科学院	54	4.9	39.9
4	四川省社会科学院	45	4.1	44.0
5	河南省社会科学院	27	2.5	46.5
6	中国科学技术信息研究所	24	2.2	48.7
7	中国旅游研究院	18	1.7	50.4
8	北京市社会科学院	18	1.7	52.1
9	江西省社会科学院	17	1.6	53.7
10	天津社会科学院	16	1.5	55.2

按第一作者所在的机构进行排名，共涉及101个党校，取发文量前10位的机构，其累计发文数占全部党校发文总数的45.5%，见表3-19。

表3-19 **发文量排名前10位的党校**

排名	机构名称	论文篇数	百分比（党校）	累计百分比（党校）
1	中共中央党校	41	7.8	7.8
2	中共河南省委党校	30	5.7	13.5
3	中共黑龙江省委党校	28	5.3	18.9
4	中共上海市委党校	23	4.4	23.2
5	中共河北省委党校	22	4.2	27.4
6	中共湖南省委党校	22	4.2	31.6
7	中共江苏省委党校	19	3.6	35.2
8	中共湖北省委党校	18	3.4	38.7

续表

排名	机构名称	论文篇数	百分比（党校）	累计百分比（党校）
9	中共广东省委党校	18	3.4	42.1
10	中共甘肃省委党校	18	3.4	45.5

2. 高发文量机构的论文影响综合值

我们统计每个机构发表的论文的核心期刊论文比、即年被引频次以及下载频次来表现机构发表论文产生的影响。发文量排名前10位的机构影响力指标值具体数据见表3－20。平均被下载频次以及平均被引频次分别如图3－7、图3－8所示。

表3－20　**论文篇数排名前10位的机构论文各项影响指标值**

序号	机构名称	论文篇数	核心期刊论文比（%）	下载频次	平均下载频次	被引频次	平均被引频次
1	南京大学	501	89.4	61040	121.8	82	0.16
2	中国人民大学	476	78.6	64613	135.7	92	0.19
3	吉林大学	393	92.6	38992	99.2	91	0.23
4	武汉大学	370	84.6	38248	104.7	65	0.17
5	复旦大学	350	86.3	45862	131.0	69	0.19
6	北京大学	314	84.7	45359	144.4	82	0.26
7	中国社会科学院	297	83.5	31640	111.8	52	0.18
8	南开大学	288	89.9	29220	101.4	25	0.08
9	华东师范大学	286	82.5	28219	101.1	51	0.18
10	四川大学	284	88.7	24817	88.3	41	0.14

从表3－20可以看出，吉林大学、南开大学、南京大学位居核心期刊论文比排名三甲。

从图3－7中可以看出，对外经济贸易大学、北京大学、暨南大学以及中国人民大学的论文平均下载频次较高。

从图3－8中可以看出，北京大学的论文平均被引频次较高，紧随其后的是中山大学、暨南大学、吉林大学。

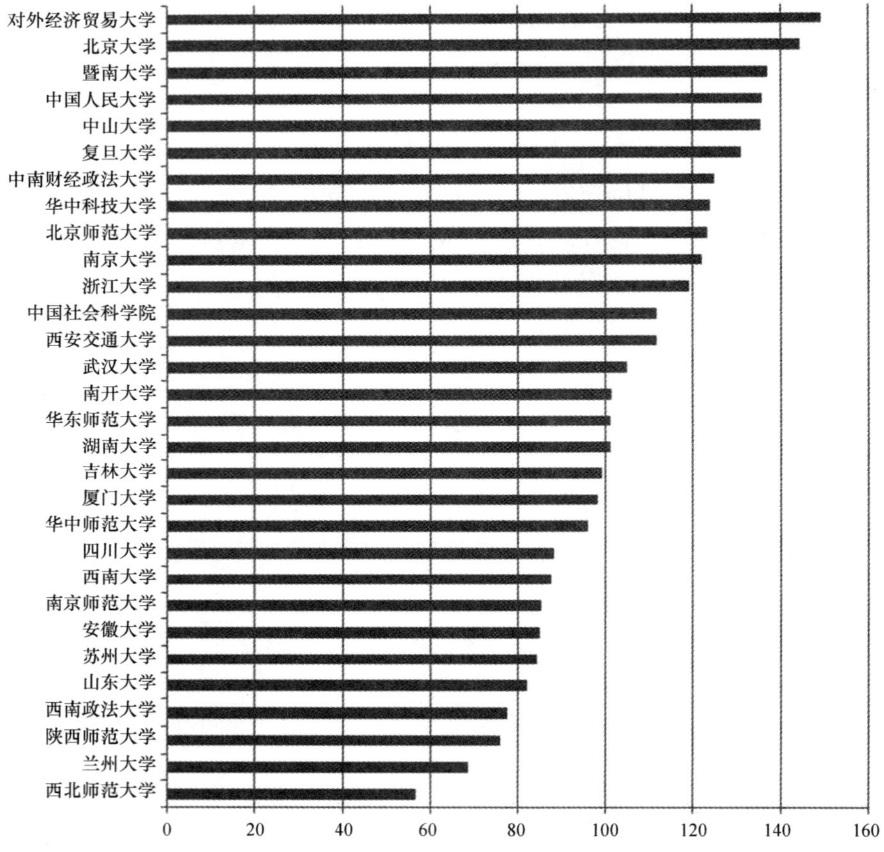

图 3－7　作为第一作者机构发表论文篇数最高的前 30 个机构论文平均下载频次

此外，还可以从论文被四大文摘转载的情况来反映论文产生的影响。四大文摘分别是《新华文摘》《中国社会科学文摘》《高等学校文科学术文摘》、中国人民大学《复印报刊资料》。假设论文同时被四大文摘转载的权值为 0.4，被其中三种文摘转载的权值为 0.3，两种为 0.2，一种为 0.1，用权值与机构发表相应的论文篇数相乘再相加，可以得到机构的转载指数。表 3－21 为转载指数排名前 20 位的机构。

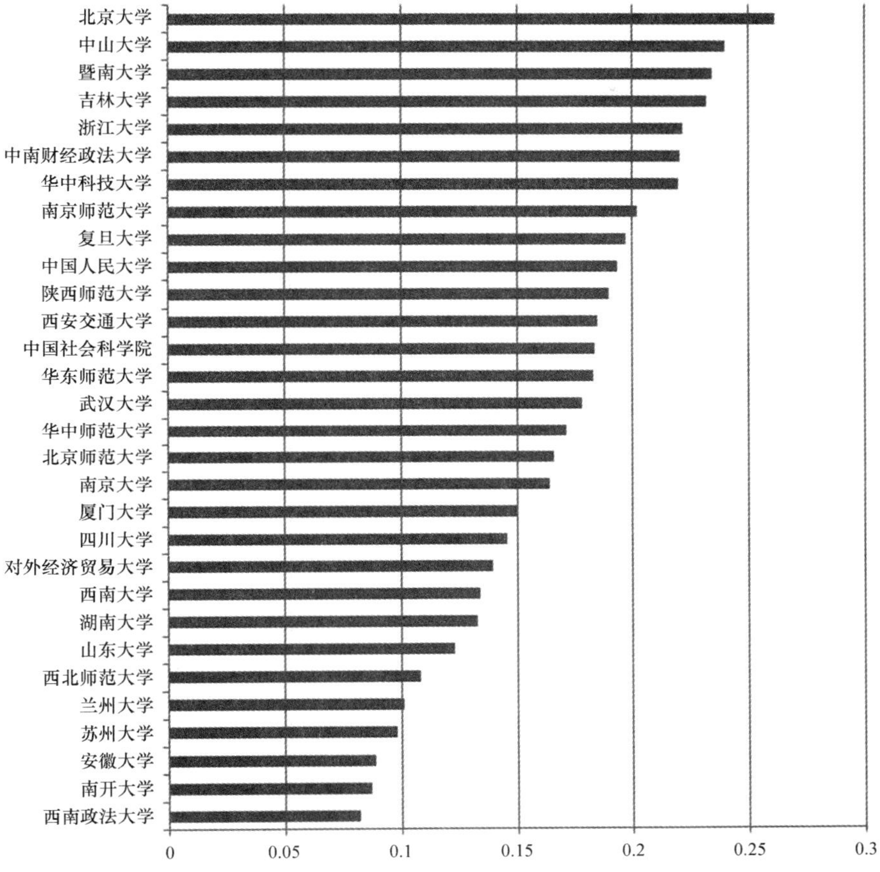

图3-8　作为第一作者机构发表论文篇数最高的前30个机构论文平均被引频次

表3-21　　**论文转载指数前20个机构的论文被转载情况**

序号	机构名称	被一种文摘转载篇数	被两种文摘转载篇数	被三种文摘转载篇数	被四种文摘转载篇数	转载指数
1	中国人民大学	65	5	2	0	8.1
2	复旦大学	41	6	2	1	6.3
3	北京大学	45	9	0	0	6.3
4	南京大学	55	3	0	0	6.1
5	中国社会科学院	36	6	0	2	5.6

续表

序号	机构名称	被一种文摘转载篇数	被两种文摘转载篇数	被三种文摘转载篇数	被四种文摘转载篇数	转载指数
6	南开大学	34	5	3	0	5.3
7	吉林大学	38	6	1	0	5.3
8	武汉大学	41	3	0	0	4.7
9	华中师范大学	28	6	1	0	4.3
10	北京师范大学	27	3	2	0	3.9
11	中山大学	33	2	0	0	3.7
12	浙江大学	29	4	0	0	3.7
13	厦门大学	21	4	0	0	2.9
14	华东师范大学	20	3	0	0	2.6
15	清华大学	19	2	1	0	2.6
16	山东大学	19	3	0	0	2.5
17	苏州大学	21	1	0	0	2.3
18	中南财经政法大学	18	2	0	0	2.2
19	四川大学	18	1	0	0	2
20	陕西师范大学	13	3	0	0	1.9

（五）国家社科基金论文的作者分布

社会科学与自然科学不同，独立性思考的成果比较多，合作成果相对较少。但随着面向问题的研究领域越来越多，需要跨学科研究的问题成为国家社科基金资助的重点，社会科学领域的合作也将是未来的发展趋势。本次统计的2012年国家社科基金论文中，每篇论文的平均作者数为1.7人，单篇论文作者最多为13人，合著论文共11159篇，占总论文数的47.3%；独著论文共12402篇，占总论文数的52.6%。具体数据如表3－22所示。

表 3－22　　合作论文的作者个数及其论文篇数分布

作者个数	1	2	3	4	5	6	7	8	9	10	12	13	不详
论文篇数	12402	7908	2450	555	162	49	22	9	1	1	1	1	21

按发文的第一作者的排名，共涉及 15248 个作者。发文在 10 篇以上的作者共 32 名，共发文 423 篇，约占总发文量的 1.7%。发文量排名居前 10 位的作者见表 3－23。

表 3－23　　发文量排名居前 10 位的作者

序号	作者	作者机构	发文数
1	王志刚	中国人民大学	32
2	丁锦希	中国药科大学	19
3	冯晓青	中国政法大学	18
4	张祖群	首都经济贸易大学	18
5	吕力	武汉工程大学	16
6	董鹏	卡莱（梅州）橡胶制品有限公司	16
7	黄韫宏	中国人民大学	15
8	陈爱东	西藏民族学院	15
9	朱富强	中山大学	15
10	胡宏伟	华北电力大学	14

从表 3－23 中，我们发现一条异常数据，在高发文前 10 位的作者排名中，署名为“董鹏”的作者排名第 6 位，其论文标注的所属机构为“卡莱（梅州）橡胶制品有限公司”，经过核查，发现该作者的大量文章是“一稿多投”，发表论文的题目主要以研究“橡胶”为主。该作者发表基金论文标注的项目批准号是 11CJY064，属于青年项目，项目名称为“热带农产品价格波动研究”，主持人是“刘锐金”，机构是“中国热带农业科学院橡胶研究所”。

这一异常现象，反映了目前国家社科基金论文存在一稿多投现象，以及一部分论文标注的资助来源不属实。因此，如果单单以作者自己标注的项目编号来统计国家社科基金的发文情况，有时并不能反映资助绩效的客观情况。有的基金论文作者为了减免版面费而故意省略标注资助项目，而有的作者为了能发表论文而故意挂上一个主题并不相关的基金项目名称。这一问题，应该引起国家规划办的高度关注，通过强化基金项目成果管理制度来逐步解决。

（六）国家社科基金论文的期刊分布

共有23582篇国家社科基金论文分别发表在2429种期刊上，其中发表超过40篇基金论文的期刊有103种，总共5914篇论文，接近发表论文总量的25%。发表国家社科基金论文数排名前20位的期刊见表3－24。

表3－24　　**发表国家社科基金论文数排名前20位的期刊**

排名	期刊名	发文篇数	百分比	累计百分比
1	统计与决策	184	0.7	0.7
2	西南民族大学学报（人文社会科学版）	122	0.5	1.3
3	经济问题探索	116	0.5	1.8
4	广西社会科学	101	0.4	2.2
5	学习与探索	100	0.4	2.6
6	科技进步与对策	91	0.4	3.0
7	求索	90	0.4	3.4
8	社会科学战线	83	0.4	3.8
9	科技管理研究	78	0.3	4.0
10	国际贸易问题	73	0.3	4.4
11	江西社会科学	73	0.3	4.7
12	情报理论与实践	73	0.3	5.0
13	软科学	72	0.3	5.3
14	中国行政管理	72	0.3	5.6
15	理论月刊	70	0.3	5.9
16	求实	69	0.3	6.2
17	生态经济	68	0.3	6.5

续表

排名	期刊名	发文篇数	百分比	累计百分比
18	兰州学刊	68	0.3	6.8
19	理论探讨	67	0.3	7.0
20	西北人口	67	0.3	7.4

（七）国家社科基金论文的地区分布

在2012年发表的国家社科基金论文中，按第一作者机构所在地区的发文量排名，除港澳台地区外，共涉及31个省市自治区和10个国家（美国、日本、德国、澳大利亚、俄罗斯、英国、越南、新西兰、法国和加拿大）。此外，还有90篇论文的机构信息标注不详，无法判断地区信息。具体见表3－25。

从地区排名表可知，北京、江苏、上海、湖北、广东、湖南六省发表的国家社科基金论文总量占2012年所有基金论文的近一半，是国家社科基金项目科研产出的大省。海南、青海、宁夏、西藏等省、区则处于国家社科基金项目资助及科研产出的边缘，实际上这些地方可以适当地资助发展区域问题研究，实现全国均衡发展。此数据表明，有10个国家参与了2012年国家社科基金项目的研究，并且以第一种作者发表期刊论文，表明国家社科基金有效促进了国际合作研究。

表3－25　**地区发文量排名（取前15名）**

排名	地区	发文篇数	百分比（总论文数）	累计百分比（总论文数）	百分比（有机构信息）	累计百分比（有机构信息）
1	北京	3224	13.6	13.6	13.7	13.7
2	江苏	2316	9.8	23.4	9.8	23.5
3	上海	1802	7.6	31.1	7.6	31.2
4	湖北	1664	7.1	38.2	7.1	38.3
5	广东	1201	5.1	43.3	5.1	43.4
6	湖南	1112	4.7	48.0	4.7	48.2
7	四川	1024	4.3	52.4	4.4	52.5

续表

排名	地区	发文篇数	百分比（总论文数）	累计百分比（总论文数）	百分比（有机构信息）	累计百分比（有机构信息）
8	陕西	941	3.9	56.3	4.0	56.5
9	重庆	912	3.9	60.2	3.9	60.4
10	河南	788	3.3	63.6	3.4	63.7
11	山东	787	3.3	66.9	3.4	67.1
12	浙江	675	2.9	69.8	2.9	69.9
13	安徽	652	2.8	72.5	2.8	72.7
14	福建	647	2.7	75.3	2.8	75.5
15	吉林	624	2.7	77.9	2.7	78.1

(八) 国家社科基金论文的综合影响指标

1. 基金论文被引指标

(1) 2008—2011 年的历年被引情况

利用中国知网的引文数据库，根据 2012 年 12 月 31 日检索结果统计，2008—2011 年国家社科基金论文的历年被引情况如表 3－26 所示。从表3－26 可以看出，历年的被引频次、被引篇数与篇均被引频次均呈递增的趋势，这说明国家社科基金资助项目的论文质量和学术影响力在不断提高。

表 3－26　　2008—2011 年国家社科基金发文的被引指标统计

年度	被引频次	被引篇数	篇均被引频次	总论文篇数	被引率（%）
2011	3466	2259	1.5	20516	11
2010	3141	2085	1.5	16911	12
2009	2513	1701	1.4	14171	12
2008	1014	770	1.3	11115	7

(2) 2012 年的即年被引情况

截至本次统计时间，2012 年的 23582 篇国家社科基金论文中，共有2265篇论文被引，被引频次共3213次，被引论文占总论文数的比例为9.6%，平均每篇论文被引用1.4次。见表3－27。

表3－27　　2012年国家社科基金发文的即年被引指标统计

被引论文总数	被引总频次	被引率（%）	篇均被引频次（总发文）	篇均被引频次（被引论文）
2265	3213	9.6	0.13	1.4

在2012年度发表并当年被引的国家社科基金论文中，被引5次以上的论文共有41篇，被引频次共282次，占总被引次数的12.4%。其中，单篇论文最高被引20次，该文是2009年资助的国家社科基金一般项目，其次是2010年资助的青年项目和2009年资助的重大项目。表3－28列出了2012年国家社科基金高被引论文前10名。

表3－28　　2012年国家社科基金即年高被引论文（取前10名）

序号	论文题目	第一作者	第一机构	来源期刊	被引次数	项目编号
1	体育学多学科交叉综合研究概述与展望	黄璐	河北理工大学	成都体育学院学报	20	09BTY039
2	产学研协同创新的理论模式	何郁冰	中国科学院	科学学研究	11	10CGL021
3	农村集体土地征收的法理反思与制度重构	陈小君	中南财经政法大学	中国法学	11	09&ZD043
4	虚假诉讼中恶意调解问题研究	李浩	南京师范大学	江海学刊	10	07BFX068
5	当下法院调解中一个值得警惕的现象——调解案件大量进入强制执行研究	李浩	南京师范大学	法学	10	07BFX068
6	现代服务业营业税改征增值税试点意义及其配套措施	夏杰长	中国社会科学院	中国流通经济	10	08&ZD041
7	中国能源消耗碳排放的影响因素分析及政策启示	许士春	中国矿业大学	资源科学	9	10CJY028
8	论美国影子银行体系的发展、运作、影响及监管	王达	吉林大学	国际金融研究	9	10ZD&054

续表

序号	论文题目	第一作者	第一机构	来源期刊	被引次数	项目编号
9	中国工业碳排放影响因素与CKC重组效应——基于STIRPAT模型的分行业动态面板数据实证研究	何小钢	暨南大学	中国工业经济	8	09&ZD021
10	新农村建设中土地流转的现实问题及其对策	韩松	西北政法大学	中国法学	8	09&ZD043

在被引5次以上的41篇高被引论文中，如表3－29所示，一般项目的论文篇数最多，该项目论文的被引次数也最多，其他依次为重大项目、青年项目、重点项目、西部项目。

表3－29　　2012年高被引论文的不同项目类型

序号	项目类型	被引次数	高被引论文数
1	一般项目	106	15
2	重大项目	97	14
3	青年项目	47	7
4	重点项目	27	5
5	西部项目	1	1

2. 基金论文下载指标

（1）2008—2011年的历年下载情况

利用中国知网的引文数据库，根据2012年12月31日检索结果统计，2008—2011年国家社科基金论文的历年下载情况如表3－30所示。从表3－30可以看出，由于下载次数是一个不稳定指标，受网络环境与时间积累影响较大，历年的国家社科基金论文下载频次与篇均下载频次均有起伏。历年的国家社科基金论文的被下载篇数逐年增长，网络影响力在不断上升，学者的成果网络传播意识逐渐增强。

表3－30　　2008—2011年国家社科基金论文下载频次

年度	下载频次	下载篇数	篇均下载频次	论文总篇数	下载率（%）
2011	3915242	20516	191	20516	100
2010	4245328	16911	251	16911	100
2009	4100809	14171	289	14171	100
2008	3190162	11115	287	11115	100

（2）2012年的即年下载情况

截至本次统计时间，2012年的23582篇国家社科基金论文中，共有22966篇论文被下载，下载次数共计1969714次，被下载论文占总论文数的比例为97.4%，平均每篇论文被下载85.7次。排除时间积累的影响因素，本年度的国家社科基金论文下载情况表现较好，发挥了较大的网络影响作用。

表3－31　　2012年国家社科基金发文的即年下载指标统计

下载总频次	被下载论文篇数	下载率（%）	篇均下载频次（总发文）	篇均下载频次（被下载论文）
1969714	22966	97.4	83.5	85.7

在2012年度被引的国家社科基金论文中，下载频次1000次以上的论文共有39篇，共下载58797次，占总下载频次的3%。其中，单篇论文最高下载3698次（被引5次），该文是2009年立项的国家社科基金重大项目，其次是2010年立项的青年项目和2010年立项的重大项目。值得一提的是中国科学院的何郁冰撰写的青年项目论文《产学研协同创新的理论模式》，该文的下载次数与被引次数都是排名第二，表现较为突出。表3－32列出了2012年国家社科基金即年高下载论文前10名。

表 3－32　　2012 年国家社科基金即年高下载论文（取前 10 名）

序号	论文题目	第一作者	第一机构	来源期刊	下载次数	项目编号
1	2011 年中国政务微博报告	高波	南京大学	经济研究	3698	09&ZD027
2	产学研协同创新的理论模式	何郁冰	中国科学院	科学学研究	3531	10CGL021
3	中国的区域关联与经济增长的空间溢出效应	潘文卿	清华大学	经济研究	3247	10ZD&007
4	中国工业化与信息化融合质量：理论与实证	谢康	中山大学	经济研究	2180	08AJY038
5	金融抑制、产业结构与收入分配	陈斌开	中央财经大学	世界经济	1999	09&ZD020
6	突发公共事件中微博意见领袖的实证研究——以“温州动车事故”为例	王平	上海交通大学	现代传播（中国传媒大学学报）	1809	09&ZD013
7	论美国影子银行体系的发展、运作、影响及监管	王达	吉林大学	国际金融研究	1729	10ZD&054
8	现代服务业营业税改征增值税试点意义及其配套措施	夏杰长	中国社会科学院	中国流通经济	1711	08&ZD041
9	新农村建设中土地流转的现实问题及其对策	韩松	西北政法大学	中国法学	1696	09&ZD043
10	信贷量经济效应的期限结构研究	范从来	南京大学	经济研究	1686	11AJL003

在这 39 篇高下载论文中，重大项目论文篇数最多，该项目论文的下载次数也最多，其他依次为青年项目、一般项目、重点项目、西部项目。如表 3－33 所示。

表 3－33　　2012 年高下载论文的不同项目类型

项目类型	下载次数	下载篇数
重大项目	26142	15
青年项目	13443	9

续表

项目类型	下载次数	下载篇数
一般项目	11790	9
重点项目	6332	4
西部项目	1090	1

3. 基金论文发表期刊指标

2012 年国家社科基金论文的发表期刊质量普遍较高，有 78.5% 的基金论文，或者发表在北京大学《中文核心期刊要目总览》（简称《总览》）认定的核心期刊，或者发表在南京大学《中国社会科学引文索引》（CSSCI）来源期刊，或者发表在中国社会科学院《中国人文社会科学核心期刊要览》（简称《要览》）认定的期刊。这些期刊尽管遴选指标与方法各异，但都是用科学方法认真评选出来的，可以从不同侧面反映出期刊论文的高质量。如果期刊能成为三家共同认定的核心期刊或来源期刊（即“三家核心期刊”），那一般就是公认的高质量期刊。2012 年的国家社科基金论文中有 33.5% 发表在三家共同认定的核心期刊上。具体如表 3－34 所示。

表 3－34　　　2012 年国家社科基金论文发表期刊统计

核心期刊类别	论文篇数	百分比
全部核心期刊	18522	78.5
三家核心期刊	7913	33.5
北京大学《总览》核心期刊	17192	72.9
CSSCI 来源期刊	16552	70.2
中国社会科学院《要览》核心期刊	8368	35.4

4. 基金论文转载指标

期刊发表的论文被文摘期刊转载，表明该文经过专家的二次筛选，具有进一步广泛传播的价值，从一个侧面反映出论文的学术质量与价值。

据统计，2012 年发表的国家社科基金论文中，共有 1681 篇论文被四大文摘转载。这四大文摘包括《新华文摘》《中国社会科学文摘》《高等学校文科学术文摘》、中国人民大学复印报刊资料（下称“复印报刊资料”）。复印报刊资料覆盖学科齐全，选文专家队伍庞大，它转载的 2012 年国家社科基金论文最多，占被转载论文的 71.9%，但是占总论文的比例仅为 5.1%。《中国社会科学文摘》是中国社会科学院主办的文摘期刊，倾向于文史哲学科的论文转载，它转载的 2012 年国家社科基金论文占被转载论文的 18.0%，占总论文的 1.3%。《高等学校文科学术文摘》是高校系统的学报论文文摘刊物，近期开始面向所有期刊筛选论文刊登文摘，它转载的 2012 年国家社科基金论文占被转载论文的 11.5%，占总论文的 0.8%。《新华文摘》属于中央级文摘刊物，它转载的论文以面向社会大众为主，重在提出并解决社会、文化等问题，2012 年发表的国家社科基金论文共有 150 篇被《新华文摘》转载，占总发文量的 0.6%。2012 年国家社科基金论文被各文摘期刊转载的具体统计数字如表 3－35 所示。各学科论文被转载情况见表 3－36。被转载 4 篇以上论文的基金项目见表 3－37。

表 3－35　　2012 年国家社科基金论文的被转载统计

文摘刊名	被转载量（篇）	百分比（被转载）	百分比（总论文）
复印报刊资料	1209	71.9	5.1
中国社会科学文摘	303	18.0	1.3
高等学校文科学术文摘	194	11.5	0.8
新华文摘	150	8.9	0.6
几家转载	152	9.0	0.6

表 3－36　　2012 年国家社科基金各学科论文的被转载统计

转载率排名	学科	被转载量（篇）	转载率（%）	单刊转载（篇）	多刊转载（篇）
1	世界历史	28	17.9	25	3
2	政治学	130	11.0	120	10

续表

转载率排名	学科	被转载量（篇）	转载率（%）	单刊转载（篇）	多刊转载（篇）
3	哲学	157	10.9	144	13
4	社会学	116	9.7	103	13
5	马列·科社	142	9.3	129	13
6	党史·党建	38	9.0	32	6
7	中国历史	81	8.9	72	9
8	人口学	20	8.8	16	4
9	理论经济	142	8.5	132	10
10	国际问题研究	33	8.4	29	4
11	中国文学	134	8.1	117	17
12	法学	136	7.5	122	14
13	考古学	6	6.7	6	0
14	宗教学	14	6.3	9	5
15	应用经济	215	6.0	199	16
16	体育学	32	5.9	31	1
17	外国文学	18	5.5	17	1
18	军事学	2	5.1	2	0
19	新闻学与传播学	26	4.8	25	1
20	管理学	95	4.7	88	7
21	图书馆·情报与文献学	34	4.4	34	0
22	统计学	10	4.2	10	0
23	教育学	11	4.1	11	0
24	民族问题研究	26	2.9	22	4
25	艺术学	9	2.7	9	0
26	语言学	26	2.3	25	1

表3－37　　**2012年被转载4篇（含）以上论文的基金项目**

项目编号	项目类型	项目名称	主持人	单位	被转载论文量（篇）
11&ZD070	重大项目	中国特色社会主义社会管理体系研究	张康之	南京大学	14

续表

项目编号	项目类型	项目名称	主持人	单位	被转载论文量（篇）
10&ZD038	重大项目	新时期中国民生保障体系建设研究	申曙光	中山大学	6
10&ZD040	重大项目	促进社会公平正义与政府治理研究	周光辉	吉林大学	6
10&ZD048	重大项目	改革开放视阈下我国社会意识变动趋向与规律研究	李萍	中山大学	6
10&ZD035	重大项目	完善国有控股金融机构公司治理研究	李维安	南开大学	5
10zd&113	重大项目	中国民间信仰研究	李向平	华东师范大学	5
11&ZD144	重大项目	大国经济发展理论研究	欧阳峣	湖南商学院	5
09&ZD058	重大项目	高校毕业生就业问题与对策研究	闵维方	北京大学	5
09ASH002	重点项目	农民的“终结”与新市民群体的角色再造——大都市郊区农民市民化问题研究	文军	华东师范大学	5
10CGJ021	青年项目	当前国际贸易保护主义对我国企业出口行为的影响及对策研究	施炳	天津财经大学	5
12CGL099	青年项目	城市公共安全的合作网络治理研究	李礼	中共湖南省委党校	5
09&ZD028	重大项目	引导产业有序转移与促进区域协调发展研究	陈耀	中国社会科学院	4
11BJY018	一般项目	银行会计制度与监管政策冲突根源及化解策略研究	于永生	浙江财经学院会计学院	4
10BKS061	一般项目	马克思主义大众化的制度建设研究	林国标	中共湖南省委党校	4
09&ZD063	重大项目	地方服务型政府建构路径与对策研究	沈荣华	苏州大学	4
10&ZD051	重大项目	全面提升旅游业发展质量研究	戴斌	中国旅游研究院	4

三 2012 年国家社会科学基金论文统计分析
——以马列·科社学科为例

多年来，全国哲学社会科学规划办公室紧密结合国家建设与社会发展的需要，加强学科建设和发展规划，通过提高项目资助金额、增加立项数目，持续加大对哲学社会科学的研究投入。2012 年是国家“十二五”规划实施的第二年，在社会需求的推动及社科基金的助力下，2012 年我国哲学社会科学取得了长足发展，同时产生了一大批有影响力的科研成果。本章节以马列·科社学科为例，从文献计量学角度，以 2012 年度国家社科基金资助的马列·科社学科基金项目产出的论文为出发点，通过统计分析这些基金论文的产出情况和学术影响力，概览目前马列·科社学科的研究现状和热点，直观反映社科基金的资助绩效。

据统计，在 2012 年产出的全部基金论文中，马列·科社学科基金项目产出的论文为 1531 篇，在国家社科基金资助的 23 个学科分类中排名第 7 位。本章节将以这 1531 篇基金论文为统计对象进行分析。另外，由于专著并未纳入本次统计分析的范围，分析结果可能会有一定的局限性。

（一）马列·科社学科项目投入

根据全国哲学社会科学规划办公室网站公布的数据显示，截至 2013 年 1 月 27 日，2003—2012 年国家社科基金资助的马列·科社学科项目共有 970 个，立项数从 2003 年的 34 项增加到 2012 年的 200 项，年均增长 19.3%，特别是 2009 年之后，立项数的年增长率超过 20%。在国家社科基金资助的 23 个学科分类中，马列·科社立项数量居第 11 位。在项目类型上，一般项目所占比例最大，并与青年项目持续稳定增加，重点项目有所减少，西部项目增长较快，2012 年达到 48 项，比 2011 年增长近一倍。立项数趋势如图 3－9 所示。

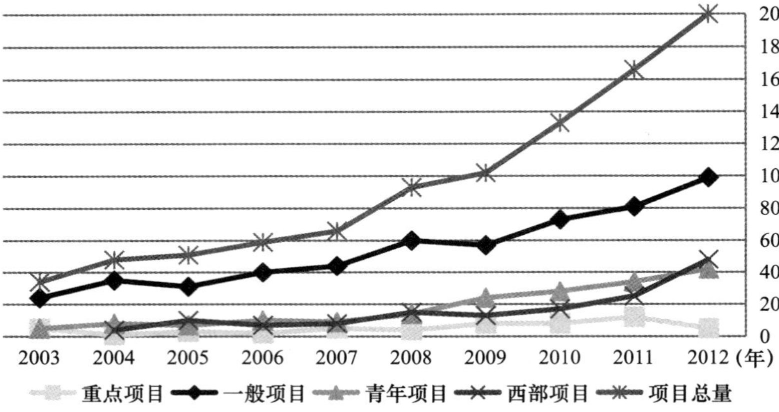

图 3－9　2003—2012 年马列·科社类立项数趋势图

（二）马列·科社项目论文产出分析

为了解 2012 年国家社科基金马列·科社学科项目产出的基金论文的详细情况，笔者对基金论文的项目分布、作者分布、机构分布、地区分布和期刊分布进行了统计分析

1. 基金论文的项目分布

1531 篇基金论文来自约 600 个基金项目，项目平均发文 2.5 篇，其核心区明显，超过 50% 的论文来自发文量排名前 106 位的基金项目，发文量 10 篇以上的有 18 个项目，共发表论文 304 篇，占全部基金论文量的 19.8%。表 3－38 列出了五种主要类型项目数量及发文量。一般项目与青年项目产出的基金论文数量约占马列·科社学科项目基金论文总量的 59.3%；重点项目的平均发文量最高，为 3.4 篇。

表 3－38　　2012 年基金项目发文数①及详细情况

	青年项目	一般项目	西部项目	重点项目	重大项目
项目个数	89	252	58	46	100

① 本章节图表中提到的发文/发文数/发文量，未作特殊说明的，均指由国家社会科学基金资助的马列·科社学科项目产出的基金论文。

续表

	青年项目	一般项目	西部项目	重点项目	重大项目
发文篇数	219	689	152	157	249
平均发文篇数	2.4	2.7	2.6	3.4	2.4
发文数百分比	14.3	45.0	9.9	10.3	16.2

基金论文产出速度总体较快，这反映出大多数项目立项前的研究和积累较为充分，有68.1%的论文出自近3年立项的项目，超过90%的论文来自近5年立项的项目，88个2012年立项项目在当年发表了144篇论文，即年产出率为9.4%（如表3－39所示）。发文最多的项目是南京大学张康之主持的“中国特色社会主义社会管理体系研究”项目（项目编号：11&ZD070），共64篇；2012年立项当年发文最多的项目是河南理工大学张富文主持的“‘以人为本’的科学内涵与实现途径研究”项目（项目编号：12CKS007），立项当年即发表论文8篇。

表3－39　　2012年有发文项目的立项年度分布

立项年份	有发文项目数	发文篇数	有发文项目百分比	有发文项目平均发文篇数
2012	88	144	9.4	1.6
2011	159	497	32.4	3.1
2010	129	402	26.2	3.1
2009	91	249	16.3	2.7
2008	58	123	8.0	2.1
2007	37	69	4.5	1.9
2006	12	17	1.1	1.4
2005	11	14	0.9	1.3
2004	5	8	0.5	1.6

2. 基金论文的作者分布

按作者统计可以发现，作者分布呈现出总人数多、论文合著率偏低的特点。基金论文作者共涉及2153人次，其中，独著论文996篇，合著论文535篇，合著率35%，低于2012年整个国家社科基金论文的作者合作率（47.3%）。与其他学科相比，马列·科社学科作者合作率偏低，这与马列·科社学科大部分以理论研究为主的学科特点相关，同时也在一定程度上反映该学科的作者独立研究能力较强。

按全部作者统计，涉及1348个作者，发文在5篇以上的作者共有31人（占总作者数的2.3%），共发文233篇（占总发文量的15.2%）；按第一作者统计，涉及950个作者，发文在5篇以上的作者共有19人（占第一作者总数的2%），共发文148篇（约占总发文量的10.9%）。按第一作者统计发文量排名前三的作者是黄韫宏（15篇，中国人民大学）、苗瑞丹（10篇，中国人民大学）、俞良早（9篇，南京师范大学）和张富文（9篇，河南理工大学）。

3. 基金论文的机构分布

按基金论文的作者机构统计可以发现，产出论文的核心机构较为集中，其中高校是马列·科社学科研究的主要研究机构，各地党校作为马列·科社学科的重要研究机构，其基金论文发文也较多。

按第一作者所在机构统计，共有机构368个，机构平均发文4.2篇，机构合作率为26%，低于2012年整个国家社科基金论文的机构合作率（29.1%）。发表论文在11篇及以上的有39个机构（占总机构数的10.60%），共发文751篇，占发文总量的49.05%，机构核心区也非常明显（如表3-40）。发文前五位的机构分别是中国人民大学（63篇，4.1%）、南京师范大学（42篇，2.7%）、南京大学（34篇，2.2%）、中国社会科学院（30篇，1.9%）和复旦大学（29篇，1.8%）。

表3-40 **机构发文情况（按第一作者统计）**

发文量区间	机构数	篇数	平均发文数
1—5	299	554	1.8
6—10	30	226	7.5
11—15	16	194	12.1
16—20	10	177	17.7

续表

发文量区间	机构数	篇数	平均发文数
21—25	8	182	22.7
26—30	2	59	29.5
>30	3	139	46.3
总计	368	1531	4.2

在这368个机构中，有294个高校发表了1318篇基金论文，占总发文量的86.1%，可见高校是马列·科社学科的主要科研单位和高产机构。其中发文在10篇及以上的有35个高校，共发文672篇，占高校发文总量的50.9%。在高校中发文前5位的机构分别是中国人民大学（63篇，4.8%）、南京师范大学（42篇，2.7%）、南京大学（34篇，2.6%）、复旦大学（29篇，2.2%）和苏州大学（24篇，1.8%）①。

在这368个机构中，有29个党校发表了109篇基金论文，占总发文量的7.1%，党校发文仅次于高校，这反映出党校不仅承担了许多马列·科社学科基金项目，其研究成果也颇丰。发文在3篇以上的有10个党校，共发文82篇，占党校发文总量的75.2%。在党校中发文前三位的机构分别是中共中央党校（20篇，18.3%）、中共湖南省委党校（16篇，14.7%）和中共河南省委党校（12篇，11%）②。

4. 基金论文的地区分布

按基金论文作者机构所在地区统计可以发现，马列·科社学科的基金论文核心产出区集中在经济发达地区，与国外机构合作的论文很少。基金论文的第一作者分布在29个省（自治区、直辖市），和两个国家（美国和德国）。宁夏和西藏无发文。发文量排名前5位的地区分别是北京、江苏、湖北、上海和河南，这5个省（直辖市）共发文720篇，约占发文总量的47%。具体统计数字如表3－41所示。

① 此处百分比是某高校发文总量与1318（高校类机构发文总量）之比。
② 此处百分比是某党校发文总量与109（党校类机构发文总量）之比。

表 3－41　2012 年各省（自治区、直辖市）及海外发文统计

排名	地区	数量	百分比	累计百分比	排名	地区	数量	百分比	累计百分比
1	北京	245	16.0	16.0	17	浙江	31	2.0	87.
2	江苏	195	12.7	28.7	18	福建	27	1.7	88.8
3	湖北	110	7.1	35.9	19	辽宁	27	1.7	90.5
4	上海	86	5.6	41.5	20	江西	22	1.4	92.0
5	河南	84	5.4	47.0	21	新疆	22	1.4	93.4
6	湖南	71	4.6	51.6	22	河北	21	1.3	94.8
7	四川	69	4.5	56.1	23	贵州	18	1.1	96.0
8	广西	67	4.3	60.5	24	云南	17	1.1	97.1
9	广东	63	4.1	64.6	25	黑龙江	15	0.9	98.1
10	山东	62	4.0	68.7	26	山西	15	0.9	99.0
11	安徽	55	3.5	72.3	27	内蒙古	4	0.2	99.3
12	重庆	46	3.0	75.3	28	青海	4	0.2	99.6
13	天津	41	2.6	77.9	29	美国	3	0.2	99.8
14	陕西	38	2.4	80.4	30	海南	2	0.1	99.9
15	吉林	37	2.4	82.8	31	德国	1	0.1	100.0
16	甘肃	33	2.1	85.0					

若将省（自治区、直辖市）按照中东西部区域划分，东部发文量超过一半（855 篇，56%），西部在国家专项政策的倾斜和扶持下，科研成果产出增长明显，发文量达到 25%（389 篇），中部约占发文总量的 19%（283 篇）。

5. 基金论文的期刊分布

这 1531 篇基金论文分布于 552 种期刊上，发表 5 篇以上论文的期刊共有 80 种（占期刊总数的 14.4%），共发文 748 篇，占发文总量的 48.8%，可以看出刊载马列·科社学科基金论文的期刊较为分散。发文量排名前 5 位的期刊分别是《学习论坛》《理论学刊》《马克思主义研究》《求实》和《社会主义研究》。如表 3－42 所示。

表3－42　　2012年发文在15篇论文以上期刊

排名	期刊	数量	百分比	累计百分比
1	学习论坛	20	1.3	1.3
2	理论学刊	19	1.2	2.5
2	马克思主义研究	19	1.2	3.7
2	求实	19	1.2	5.0
2	社会主义研究	19	1.2	6.2
6	理论探讨	18	1.1	7.4
6	毛泽东邓小平理论研究	18	1.1	8.6
6	学校党建与思想教育	18	1.1	9.8
9	当代世界与社会主义	17	1.1	10.9
10	广西社会科学	16	1.0	11.9
10	马克思主义与现实	16	1.0	13.0
12	高校理论战线	15	0.9	13.9
12	毛泽东思想研究	15	0.9	14.9
12	思想理论教育	15	0.9	15.9

（三）马列·科社项目论文影响力指标统计与分析

随着国家社科基金扶持力度逐年增强，每年立项的基金项目稳定增长，基金论文的数量也持续增长，而论文数量只是反映社科基金资助效率的一个方面，更重要的是即时客观地评估这些基金论文以及基金项目的影响力，本章节通过即年下载、即年被引、核心期刊论文比和转摘情况等指标客观分析2012年国家社科基金资助的马列·科社类基金论文及项目的影响力。

1. 即年被引和即年下载

2012年产出的全部基金论文中，共有131篇（8.6%）论文有被引，共被引181次，篇均被引为0.1次，按有被引论文统计，篇均被引为1.4次，最高单篇被引6次（见表3－43）。虽然只有不到10%的论文有即年被引，但是有被引的论文的篇均即年被引超过一次，可以在一定程度上反映出这部分基金论文的学术影响力较高。

表 3 - 43　　2012 年基金论文即年被引情况

被引论文总数	被引/未被引论文比	被引率（%）	篇均被引频次（总发文）	篇均被引频次（被引论文）
131	131/1400	8.6	0.1	1.4

2012 年产出的全部基金论文中，共有 1496 篇（97.7%）论文有下载，共下载 125849 次，篇均下载量为 82.2 次，按有下载论文计算，篇均下载量为 84.1 次，最高单篇下载 3247 次（见表 3 - 44）。基金论文的下载率和下载频次均较高，可以看出基金论文整体被关注程度较高，具有较高的学术影响力。

表 3 - 44　　2012 年基金论文即年下载情况

有下载论文总数	下载/无下载论文比	下载率（%）	篇均下载频次（总发文）	篇均下载频次（有下载）
1496	1496/35	97.7	82.2	84.1

2. 核心期刊论文比

在这 1531 篇基金论文中，有 1249 篇论文发表在了国内三大核心期刊评价体系收录的核心期刊上（北京大学《中文核心期刊要目总览》、南京大学《中文社会科学引文索引（CSSCI）来源期刊》和中国社会科学院《中国人文社会科学核心期刊要览》），其中，有 1159 篇（75.7%）论文发表在北京大学认定的核心期刊上，1084 篇（70.8%）论文发表在南京大学认定的核心期刊上，有 1127 篇（73.6%）论文发表在中国社会科学院认定的核心期刊上。有 436 篇论文发表在三家体系共同认定的核心期刊上。

3. 转载情况

在这 1531 篇基金论文中，有 155 篇（10.1%）论文被《新华文摘》《中国社会科学文摘》《高等学校文科学术文摘》或中国人民大学《复印报刊资料》转载，其中，有 29 篇（1.8%）论文被《中国社会科学文摘》转载，11 篇（0.7%）论文被《新华文摘》转载，10 篇（0.6%）论文被《高等学校文科学术文摘》转载，105 篇（6.8%）论文被中国人民大学《复印报刊资料》转载。有 10 篇论文同时被两家或以上文摘转载。

其中，项目主持人复旦大学当代国外马克思主义研究中心王凤才的《20 世纪 90 年代以来德国马克思主义研究动向》一文分别被《新华文摘》《中国社会科学文摘》《高等学校文科学术文摘》和中国人民大学《复印报刊资料》转载。复旦大学当代国外马克思主义研究中心陈学明的《20 世纪初西方三大马克思主义思潮的先后问世与相互角逐》一文分别被《新华文摘》《中国社会科学文摘》和中国人民大学《复印报刊资料》转载，等等。

从核心期刊论文比和转载情况不难看出，2012 年基金论文大多发表在核心期刊，同时，超过 10% 的论文被重要文摘或中国人民大学《复印报刊资料》转载，可以从侧面反映出 2012 年的基金论文整体科研水平和学术质量较高。

（四）马列·科社项目论文研究热点分析

根据对这 1531 篇基金论文关键词的词频统计，结果显示，高频词主要集中在马克思主义、社会主义核心价值体系、中国特色社会主义、思想政治教育、马克思、意识形态、中国共产党、科学发展观、马克思主义大众化、马克思主义中国化、大学生、社会主义、邓小平、列宁、毛泽东、创新、以人为本、生态文明等。

这 1531 篇基金论文在选题上体现了国家社科基金“十一五”至“十二五”规划的选题取向和近年社会关注的热点问题。许多项目在马克思主义、社会主义核心价值、中国特色社会主义、思想政治教育、科学发展观、马克思主义中国化、大学生相关问题等诸多有关中国发展和建设的现实问题上开展了系统研究。

关于马克思主义中国化、时代化、大众化的研究多年来一直是我国理论界马克思主义理论研究的热点和重点。2012 年国家社科基金仍有较多的论文围绕这些主题进行探讨，此外，关于培养青年马克思主义者，对青少年进行深入马克思主义思想政治教育的论文也为数不少。安徽师范大学李廷宪主持的项目（项目编号：09BKS054）以高校为主体，通过18篇论文对建立长效培养青年马克思主义者的机制进行了深入探讨和研究，认为“青年马克思主义者培养工程”是推进马克思主义大众化持续、健康发展的重要保证，而合格的青年马克思主义者应该具有卓越的创造性力量、理性力量、德性力量和审美性力量。西南财经大学蒋南平主持的项目（项目编号：10AKS002）通过24篇论文对马克思主义经济学中国化的理论成果和实践成果进行了总结，同时对中国市场模式的建立、中国化马克思主义经济学的民族化、当代化和普适化等问题展开了研究和思考。吉首大学陈德祥主持的项目（项目编号：10BKS063）则通过9篇论文对马克思主义中国化、时代化、大众化之间的三维辩证、统一关系进行了深入研究。中国人民大学陶文昭主持的项目（项目编号：11BKS014）通过29篇论文专门探讨了马克思主义时代化的相关问题。河南大学王浩斌主持的项目（项目编号：11BKS017）通过10篇论文还原了马克思主义中国化学说的发展史。中共湖南省委党校林国标主持的项目（项目编号：10BKS061）通过5篇论文着重讨论了马克思主义大众化的制度建设。

社会主义核心价值体系是社会主义意识形态的本质体现。自党的十六届六中全会第一次提出建设社会主义核心价值体系以来，关于社会主义核心价值体系的理论研究和实践探索持续成为研究热点。在2012年发表的国家社科基金论文中，共有51篇论文从社会主义核心价值体系的各个方面进行了探讨和研究。大学生作为一个特殊群体，代表着中国的未来和希望，有关大学生群体的研究也一直是马列·科社学科项目研究的重点，10BKS057、10BKS058和10CKS019等项目共发表了近十篇论文，对社会主义核心价值体系在大学生中的教育、认同、实践等问题开展了一系列的研究，通过问卷调查，一部分项目认为大学生对社会主义核心价值体系内容和意义持高度认同态度，大部分项目认为应该长期坚持对大学生进行社会主义核心价值体系的思想政治教育，优化教学方式，注重实践，最终需要将个体的科学思想理论体系转化为日常生活的意识、观念与语言。

（五）小结

以上统计分析表明，2012 年国家社科基金资助的马列·科社学科项目产出的基金论文不仅在数量上有较大增长，同时也取得了较好的学术影响力，主要表现为：（1）基金论文产出较多且大多发表于核心期刊上，这说明论文质量较高；（2）论文产出速度较快，充分表明大多数项目立项之前前期研究和积累较为充分；（3）西部项目在国家社科基金扶持下立项数大幅增长，其发文量和项目平均发文数均表现良好；（4）论文研究的问题能紧密结合当前社会热点问题；（5）主要文献计量学指标（即年被引、即年下载、核心期刊论文比和转摘）均良好，反映出基金论文质量较高、学术影响力较好。

与此同时，也凸显出一定的问题：（1）马列·科社学科项目的基金论文机构和作者合作率均较低，这表明作者和机构间合作偏少；（2）核心作者、核心发文机构、核心发文地区都较明显，虽然表明一部分作者、机构和地区的科研能力较强，但同时也表明马列·科社学科的科研力量分布不均。

总之，近年来，我国对哲学社会科学研究的重视在不断增加，同时，通过国家社科基金以及其他基金和方式，逐年增加对哲学社会科学研究的投入，有效地推动了我国哲学社会科学科研成果的产出以及学科发展。客观有效地评价各个基金项目产出的基金论文，能正确评估国家社科基金的科研产出和绩效，帮助国家社科基金高效准确地进行基金项目管理和考核，更好地通过基金资助的方式推动我国哲学社会科学的发展。

四　2012 年国家社会科学基金论文统计分析
——以社会学为例

随着经济快速增长，社会环境和社会结构发生了很大变化，新老社会问题交织凸显，我国正处在急剧转型期和改革攻坚阶段，创新社会管理、加强社会工作的任务更加迫切。如何维护社会公正公平，改善民生，建立社会保障制度和体系，综合研究与解决复杂化社会问题，使经济社会稳定、协调、可持续地发展，成为我国社会学以及多学科研究的重要课题。近年来，国家社科基金根据社会发展和学科建设的需要，通过提高项目资助金额、增加立项项目，加强学科发展规划，继续加大对社会学研究的投入。在社会需求的推动以及国家社科基金的助力下，2012 年社会学研究取得了进一步发展。从文献计量学角度，对国家社会科学基金社会学项目 2012 年度论文产出数量、分布特点、研究热点和影响力指标进行统计分析，可以从论文成果这一侧面反映社会学项目年度研究状况，以及国家社科基金在推动社会学基础理论与应用研究的发展方面所取得的成效。

（一）社会学项目投入

2012 年是国家社科“十二五”规划的第二年，根据对全国哲学社会科学规划办公室官网项目数据库的数据统计，国家社科基金 2011 年大幅提高资助金额和增加项目数量后，2012 年又继续加大投入，5 种主要项目类型立项数量依次为：青年项目 98 项、一般项目 81 项、西部项目 22 项、重点项目 9 项、重大项目 4 项。当年资助社会学项目共计 228 项，比“十一五”规划末年即 2010 年增长了 57%。在国家社科基金资助的 26 个学科（含 3 个单列学科）中，社会学立项数量名列第 9 位。

在项目类型上，2008—2012 年这 5 年来，国家社科基金特别加大了对青年项目的投入，从资助金额到立项数量都向青年项目倾斜，单项资助金额增至 15 万元，青年项目从 2008 年的 33 项增加到 2012 年的 98 项，增长了两倍。一般项目数量也有所增长。2010 年国家社科基金还新增了后期资助项目、成果文库项目、中华学术外译项目，但由于这 3 类新增项目主要资助图书类成果，因此，在统计分析基金论文时忽略不计。近年各类项目数量的增长如图 3 - 10 所示。

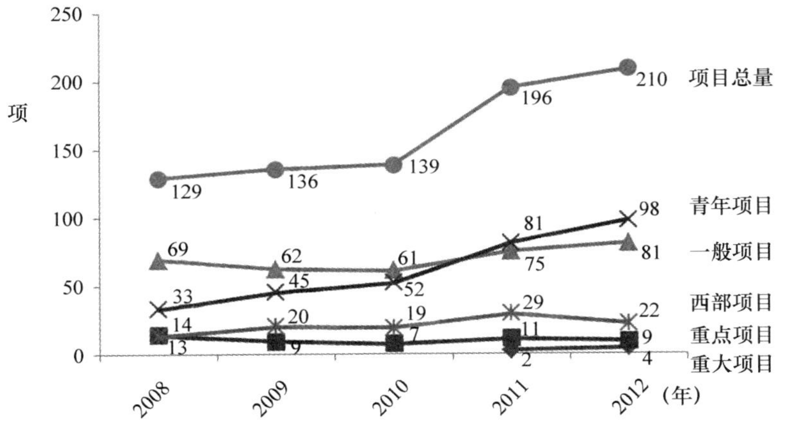

图3－10　2008—2012年国家社科基金社会学项目增长折线图

（二）社会学项目论文产出分析

项目数量的增加，推动了项目成果的产出。根据对中国知网“中国引文数据库”数据以及纸本期刊论文的统计，截至2013年1月27日，2012年学术期刊发表的国家社科基金论文为23582篇。在23582篇国家社科基金论文中，社会学项目的论文产出为1194篇，占总数的5%，在国家社科基金各学科论文产出量排名中名列第8位，比其在立项数量的排名位次略高。

1. 论文产出的项目分布分析

2012年发表的国家社科基金论文（社会学）1194篇，分别出自544个社会学项目，项目均发文量为2.2篇。通过统计，可以看到2012年社会学国家社科基金论文的项目分布情况与特点。

（1）各项目类型的论文产出量与其项目数量规模基本对应。从表3－45可以看到，一般项目数量最多，其次是青年项目，这两类项目数量达348个，约占项目总量的63.9%，与此相对应，其论文产出量也较大，共786篇，占社会学论文总量的65.9%。

但各类型项目均发文量的高低位次略有差别。重点项目的均发文量最高，为2.7篇，一般项目均发文量位居其次，为2.4篇。5种主要项

表 3－45　　2012 年各项目类型发文量与项目数量对照表

项目类型	发文量（篇）	发文占比（%）	项目量（项）	项目占比（%）	项目均发文量（篇）
一般项目	470	39.4	197	36.0	2.4
青年项目	316	26.5	151	27.9	2.1
重点项目	163	13.7	60	11.1	2.7
西部项目	125	10.5	54	10.0	2.3
重大项目	115	9.6	77	14.2	1.5
后期资助	2	0.2	2	0.2	1.0
委托项目	2	0.2	2	0.4	1.0
类型不祥	1	0.1	1	0.2	1.0
总计	1194	1.0	544	1.0	2.2

目类型按项目均发文量排序，依次为：重点项目、一般项目、西部项目、青年项目、重大项目。

（2）多数项目的论文产出速度较快。如表 3－46 所示，2011 年立项项目的发文量最多。2009—2011 年 3 年间立项项目的发文量占论文总量的 66.8%，并且，这些发表论文的项目数量占立项当年项目总量的 70% 以上，这说明，多数项目在立项后 1—3 年间进入发表论文成果的高峰期。图 3－11 比较直观地显示了 2012 年论文量在各年度项目的分布。

表 3－46　　2012 年发文量与比例、发文项目数量与比例

项目立项年份	发文量（篇）	发文占比（%）	发文项目量（项）	当年立项总量（项）	发文项目占当年立项总量的比例（%）
2012	74	6.2	49	210	23.3
2011	325	27.2	140	196	71.4
2010	260	21.8	99	139	71.2
2009	213	17.8	95	136	69.9
2008	151	12.6	67	129	51.9

续表

项目立项年份	发文量（篇）	发文占比（%）	发文项目量（项）	当年立项总量（项）	发文项目占当年立项总量的比例（%）
2007	95	8.0	47	116	40.5
2006	38	3.2	17	100	17.0
2005	21	1.8	15	102	14.7
2004	9	0.7	7	—	—
2000	1	0.7	1	—	—
不详	7		7	—	—
合计	1194	100	544	—	—

（注：“当年立项总量”指统计年度立项的重点项目、一般项目、青年项目、重大项目、西部项目的总数量，不包含后期资助项目、成果文库项目、中华学术外译项目。）

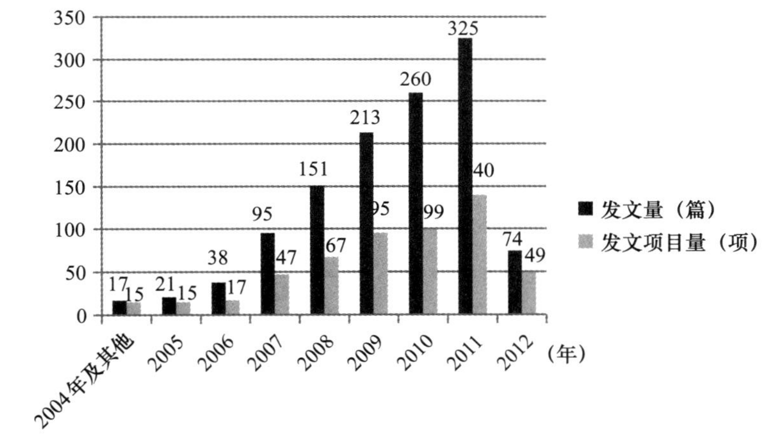

图3-11 2012年国家社科基金社会学论文产出在各年资助项目的分布图

有49个2012年立项项目在当年发表论文74篇，即年项目论文率为6.2%，这些产出速度快的项目多数是青年项目。论文成果产出速度快，从一定程度上反映项目前期研究基础做得较好，效率高。应用研究、对策研究需要快速产出成果，有利于及早为社会政策决策提供智力支持。

（3）从单项项目分布统计，高发文项目数量少，所产出的论文数量所占比例较大；低于项目平均发文量的项目占多数，但其论文产出却占比较小。从表3－47可以看到，单项项目的论文产出量在1—20篇之间。发文10篇（含）以上的项目只有13个，占项目总数的2.4%，其发文量共171篇，占社会学基金论文总量的14.3%。发文量在2篇及以下的项目有409个，约占项目总量的75.2%，而这些项目的发文量却只占总发文量的43.5%。

表3－47　　2012年单项项目发文量及其项目数量

不同发文量的项目	项目量（项）	发文量（篇）
发文10—20篇的项目	13	171
发文5—9篇的项目	40	228
发文4篇的项目	30	120
发文3篇的项目	52	156
发文2篇的项目	110	220
发文1篇的项目	299	299
合计	544	1194

高产项目中，以重点项目和一般项目居多。在发文5篇以上项目中，一般项目数量最多，为22个。在发文10篇以上的高产项目中，重点项目占5个，数量最多。2012年发表10篇（含）以上论文的高产项目如表3－48所示。

表3－48　　2012年发表10篇（含）以上论文的高产项目

序号	项目编号	项目名称	发文量（篇）
1	10BSH038	高校课程结构调整与大学生就业问题研究	20
2	08ASH009	保障农民权益对策研究	18
3	11BSH024	城市化背景下村庄变迁及其区域差异研究	18

续表

序号	项目编号	项目名称	发文量（篇）
4	07ASH011	推进以改善民生为重点的社会体制改革研究	14
5	09ASH002	农民的“终结”与新市民群体的角色再造	14
6	10BSH060	中国特色医务社会工作实务模式研究	14
7	10BSH017	农业现代化进程中的村落变迁研究	12
8	10ASH006	中国本土社会工作的制度构建和创新发展研究	11
9	07ASH010	征地拆迁移民社会稳定与社会管理的机制研究	10
10	08XSH009	区域文化心理差异与和谐社会建设研究	10
11	09XSH011	城乡社会统筹视野下促进西部城乡义务教育均衡发展对策研究	10
12	10CSH051	我国第一代独生子女社会保障问题抽样调查研究	10
13	11CSH067	新型农村社会养老保险制度的可持续性评估研究	10

2. 论文产出的作者与机构分布分析

根据统计，1194 篇社会学国家社科基金论文作者共 1352 人，2014 人次，篇均作者 1.7 人。其中，第一作者 854 人，第一作者均发文量 1.4 篇。论文标注机构 1648 个次，篇均机构数量为 1.4 个。将相同机构的名称归并，并按上级机构统计，实际机构共 294 个（3 篇论文作者机构不详），机构均发文量约 4 篇。社会学基金论文产出的作者与机构分布有以下特点：

（1）作者人数较多，但多数作者发文量低于总体均发文量。2012 年发文 1 篇的作者有 655 人，占第一作者总数的 76.7%，占比较大，而高发文作者为数不多。北京大学刘继同发文 13 篇，位居发文量榜首。发文量 5 篇（含）以上的作者见表 3－49。

表 3－49　　**2012 年发文 5 篇（含）以上作者**

第一作者	作者单位	发文量（篇）
刘继同	北京大学卫生政策与管理系	13
薛惠元	武汉大学社会保障研究中心	9

续表

第一作者	作者单位	发文量（篇）
文军	华东师范大学中国现代城市研究中心暨社会发展学院社会学系	8
童潇	华东政法大学社会发展学院	7
杨涛	南京大学政府管理学院	6
周纪昌	中原工学院经济管理学院	6
黄家亮	北京科技大学社会学系	6
李乐平	玉林师范学院法商学院	6
邓泽军	成都大学学前教育学院	5
冯元	南京大学社会学院	5
孟祥远	南京林业大学人文社会科学学院社会工作系	5
苗元江	南昌大学教育学院	5
吴春梅	华中农业大学文法学院	5
江永众	成都理工大学管理科学学院	5
年晓萍	安徽农业大学外国语学院	5
贾先文	湖南文理学院经管学院	5
王安全	宁夏大学教育学院	5
余建华	重庆工商大学社会与公共管理学院	5
张侃侃	西北大学城市与环境学院	5
史兴民	陕西师范大学旅游与环境学院	5

（2）在作者机构分布上，高校机构数量与论文产出量占绝对多数。将第一作者所在机构的类型分为高等院校、科研院所、党校、党政机构、文化机构、企业六类，按大学和科学院层级对第一作者机构类型、机构数量和发文量进行统计，结果如表3－50所示。

表3－50　**各类型机构发文量与机构数量、机构均发文量统计表**

机构类型	发文量（篇）	发文占比（%）	机构数量（个）	机构均发文量（篇）
高等院校	1092	91	236	4.6
科研院所	60	5	25	2.4

续表

机构类型	发文量（篇）	发文占比（%）	机构数量（个）	机构均发文量（篇）
党校	28	2	18	1.6
其他	14	1	15	0.9
合计	1194	100	294	4.1

（注：由于政府部门、文化机构、企业各类发文不足5篇，故合并计入“其他”类。）

机构类型按发文量多少排序，依次为：高等院校、科研院所、党校、其他（含政府部门、文化机构、企业）。高等院校作者发文量高达1092篇，占论文总量的绝对多数（91.5%），其机构均发文量达4.6篇，高于其他机构类型均发文量1—2倍，说明高校是社会学研究的主要力量。表3－51为2012年发文15篇（含）以上的机构。从表3－51可以看到，高校几乎垄断了高发文机构排行榜。高发文量最多的非高校类机构是中国社会科学院。党校、党政机构、文化机构和企业类的单个机构发文均在5篇以下。

表3－51　　2012年发文15篇（含）以上的机构

机构	发文量（篇）	机构	发文量（篇）	机构	发文量（篇）
南京大学	46	华中农业大学	24	武汉大学	19
华中师范大学	34	中国人民大学	22	河海大学	17
北京大学	29	华东师范大学	21	中国社会科学院	16
华中科技大学	29	华东理工大学	19	北京师范大学	15

（3）在论文合作方面，呈现论文合著率较高的特点。这里统计的跨机构合作包括同一大学不同院系、同一科学院不同研究所的作者合作。统计结果如表3－52所示，1194篇社会学基金论文中，合著论文602篇，合著率50.4%，单篇论文合著人数最多的达到6人。跨机构合作论文为389篇，跨机构合作率为32.6%。在合著论文中，2人合著以及2个机构合作的论文占较大比例。从合作机构的名称和所属专业发

现，许多社会学论文是由不同学科的作者合作撰写的。与其他学科相比，社会学论文合著率较高，这反映了该学科研究注重广泛的社会调查和多学科交叉研究，合作研究是该学科研究的重要方式。实质性的合作研究有利于优势互补，高效利用研究资源，达到快出成果以及提高成果质量的效果。但统计数据还显示，社会学中外机构合作的论文很少，仅2篇，这说明中国社会学研究还应加强与国际的交流合作。

表3－52　　2012年国家社科基金社会学论文作者与机构合作情况

	独著	合著				
作者数/篇	1	2	3	4	5	6
论文篇数	592	448	104	40	7	3
百分比（%）	49.6%	50.4%				
机构数/篇	1	2	3	4	5	6
论文篇数	805	331	51	5	1	1
百分比（%）	67.4%	32.6%				

3. 论文产出的地区分布分析

按第一作者机构所在地区统计，2012年社会学国家社科基金论文主要分布于大陆地区31个省市，香港地区论文产出1篇，台湾、澳门地区未有基金论文产出，国外作者发表的基金论文有2篇。如图3－12所示，北京、湖北、江苏、上海的论文产出在104—161篇之间，均超百篇，远高于其他地区，居发文量前4位。这4个地区聚集了研究实力最强、论文产出最多的高校和研究机构。位居第5名的广东省发文58篇，与前4名的发文量有较大落差。

除前5名外，发文量在30—58篇之间的省份有9个，在11—29篇之间的省份有12个，在1—10篇之间的地区有6个。发文量前6名的省市，其发文数量占总发文量的52%强，为高发文地区。东部地区11个省市的发文量589篇，中部地区8个省市的发文量318篇，西部地区12个省区的发文量281篇。总体上看，东部地区科研产出能力较强，

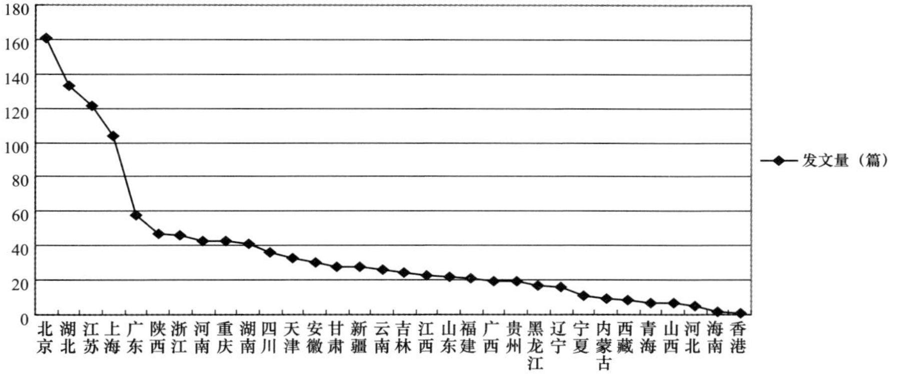

图 3－12　2012 年国家社科基金社会学论文的地区分布图

西部地区较弱。但值得注意的是，西部地区的重庆跻身发文量前 10 名，成绩显著。近年，国家社科基金加大了对边境地区和民族地区社会问题研究的资助，一些西部省区如甘肃、新疆、云南通过特别委托项目和西部项目加强了研究力量，社会学研究相对活跃，发文量均在 30 篇左右，高于一些中东部地区。中东部地区的黑龙江、辽宁、山西、河北、海南的发文量较低。统计结果表明，社会学基金论文的地区分布不均衡，社会学研究力量在各地区差别较大。

（三）社会学项目论文影响力指标统计与分析

基金论文作为资助项目的重要成果，其产出规模固然是体现其影响力的一个方面，但更有说服力的是反映论文成果被传播、利用程度的指标。基金论文被转载、被引用和被下载的数量、在核心期刊发表的比例，可反映论文被利用的程度、社会认可程度和重视程度，间接反映论文选题和观点的前沿性、重要性、创新度，是评价论文影响力和论文质量的常用间接指标，也是人们遴选优秀论文，了解研究前沿的重要参考依据。

1. 被转载指标分析

《新华文摘》《中国社会科学文摘》《高等学校文科学术文摘》和中

国人民大学《复印报刊资料》是国内最具影响力的文摘刊物，2012 年发表的社会学国家社科基金论文在当年被这 4 家文摘转载的篇数分别为 12 篇、17 篇、10 篇、91 篇，被摘转论文共计 116 篇，130 篇次，摘转率约为 11%，高于国家社科基金论文平均转载率 3 个百分点，在各学科排名中位居第 4 位。有 13 篇论文被上述 2 种以上文摘共同转载（见表 3－53），其中单篇论文被摘转次数最多的是新疆师范大学国际文化交流学院李建军发表在《新疆师范大学学报》（哲学社会科学版）上的《新疆现代文化发展战略的实现途径》一文，被三大文摘共同转载。

表 3－53　　2012 年被《新华文摘》及 2 种以上文摘转载的论文

项目编号	题名	作者	刊名	期	文摘简称
11XSH014	新疆现代文化发展战略的实现途径	李建军	新疆师范大学学报（哲学社会科学版）	01	新华/社科/复印
09BSH021	教育现代化的中国之路：路向、路径和路基	阮成武	徐州工程学院学报（社会科学版）	01	新华/复印
09ASH002	个体化社会的来临与包容性社会政策的建构	文军	社会科学	01	新华/复印
04BSH033	论促进农村土地流转的政策选择	陈成文	湖南社会科学	02	新华/复印
11BSH004	当代中国的消费主义现象：消费革命抑或过度消费?	莫少群	南京师大学报（社会科学版）	04	新华/复印
08&ZD045	中国城镇化“推进模式”研究	李强；陈宇琳；刘精明	中国社会科学	07	新华/复印
08ASH006	公共生产力的界定、分析框架及改进	胡税根；盛禹正；胡旭	浙江大学学报（人文社会科学版）	02	新华/社科
11ASH005	村庄前景系乎国家愿景	毛丹	人文杂志	01	新华/社科
10ASH001	“生活型社会”的构建——中国为什么不能选择西方“消费社会”的发展模式	王雅林	哈尔滨工业大学学报（社会科学版）	01	社科/复印
08BSH019	城市社会管理网格化模式的定位及其未来	田毅鹏	学习与探索	02	社科/复印

续表

项目编号	题名	作者	刊名	期	文摘简称
11BSH024	家产制与中国家庭法律的社会适应——一种“实践的法律社会学”分析	林辉煌	法制与社会发展	04	社科/复印
10ASH006	艾滋病流行风险的分配结构和衍化机制	郑杭生；雷茜	华中师范大学学报（人文社会科学版）	03	社科/高校
09ASH002	“被市民化”及其问题——对城郊农民市民化的再反思	文军	华东师范大学学报（哲学社会科学版）	04	高校/复印
10ASH001	国内马克思主义生活哲学研究与进展	唐魁玉	学习论坛	01	新华
07CSH007	镇管社区：社区管理模式的一种新探索——以上海浦东S镇为例	杨发祥；施丹	福建论坛（人文社会科学版）	07	新华
11BSH065	中国社会保障制度整合与体系完善纵论	丁建定	学习与实践	08	新华
08XSH002	非公有制企业中党组织的缺位与建设	吕庆春；李军良	理论探讨	05	新华

从项目被转载情况统计，有91个项目的论文被转载，项目转载率为16.9%。华东师范大学中国现代城市研究中心文军负责的项目“农民的‘终结’与新市民群体的角色再造”产出论文14篇，5篇被转载7篇次，成为社会学被转载次数最多的项目，文军也成为2012年度被转载次数最多的社会学项目论文作者。

2. 被引用和网络下载指标分析

在被引量与下载量指标方面，根据中国知网期刊全文库的检索结果显示，截至2013年1月31日，国家社科基金社会学项目2012年发表的论文有138篇被引用，即年被引率为11.6%，被引频次共计199次；有1177篇被下载，即年下载率约99%，下载频次共计115353次。单篇论文的被引用频次最高为5次，下载频次最高达1533次。即年被引频次最高的论文是华中师范大学社会学院向德平发表的《包容性发展理念对中国社会政策建构的启示》以及武汉大学社会保障研究中心薛惠元发表的《对我国新型农村社会养老保险制度的反思》论文。下载量最高的论文是清华大学社会学系李强、陈宇琳撰写的《中国城镇化“推进模式”研究》一文，发表在《中国社会科学》2012 年第 7 期。该文还被《新华文摘》等 2 种文摘期刊共同转载。此外，一些论文的综合影响力较高。统计发现，下载频次 400 次以上的论文有 27 篇，其中，被摘转的论文 14 篇，被引用论文 16 篇。北京大学社会学系刘爱玉在《中国行政管理》上发表的《城市化过程中的农民工市民化问题》一文，即年被引 3 次且下载频次 950 次（第 3 名）；王鑫强、张大均发表在《心理发展与教育》上的论文《初中生生活满意度的发展趋势及心理韧性的影响：2 年追踪研究》即年被引 4 次，被下载 856 次（第 7 名）；谢金林发表在《中国青年研究》上的《网络舆论社会管理新课题——培育良好的网络社会心态》一文即年被引 4 次，下载 512 次；文军发表在《社会科学》上的《个体化社会的来临与包容性社会政策的建构》一文被《新华文摘》等摘转 2 次，即年被引用 3 次。

3. 核心期刊论文指标分析

多年来，国家社科基金论文在优秀期刊、核心期刊发表的数量及比例一直保持较高水平，社会学项目 2012 年论文成果分布在《中国社会科学》《社会学研究》《中国青年研究》等 563 种期刊上，其中，91 种期刊是国家社科基金 2012 年精选资助期刊，384 种分别为三大期刊评价体系确认的核心期刊，核心期刊比为 68%；在核心期刊发表的论文 912 篇，核心期刊论文比达到 76%。2012 年刊发社会学国家社科基金论文最多的期刊是《中国青年研究》，发文 18 篇。发文量 10 篇以上的期刊还有：《学习与实践》《社会工作》《社会科学》《社会主义研究》《社会学研究》。刊发 7 篇以上社会学国家社科基金论文的期刊见表 3－54。

表 3－54　　2012 年刊发国家社科基金论文 7 篇以上的期刊

序号	发文期刊	论文量（篇）
1	中国青年研究	18
2	学习与实践	16

续表

序号	发文期刊	论文量（篇）
3	社会工作	14
4	社会科学	12
5	社会主义研究	11
6	社会学研究	10
7	兰州学刊	9
8	心理科学	9
9	福建论坛（人文社会科学版）	9
10	华东理工大学学报（社会科学版）	9
11	心理科学进展	9
12	西北师大学报（社会科学版）	8
13	理论导刊	8
14	成都理工大学学报（社会科学版）	8
15	人文杂志	8
16	中国人口·资源与环境	7
17	中国特殊教育	7
18	西北人口	7
19	中国农村观察	7

以上各项指标显示，2012 年国家社科基金社会学论文整体质量水平和学术影响力表现良好。

（四）社会学项目论文关键词统计与内容分析

国家社科基金社会学项目 2012 年发表的论文，在选题上体现了国家社科“十一五”至“十二五”规划的选题取向，广中有重，研究内容基本覆盖社会学各专业领域，同时，把研究重点放在与社会经济稳定关系密切的重要现实问题和近年社会关注的热点问题，如：社会保障制度（包括养老保险、医疗保险等）、社会建设中出现的结构性问题、社会管理创新等。对 1194 篇社会学论文的关键词统计结果显示，论文涉及的关键词 3692 个，分布的领域比较广泛。词频最高的 15 个关键词依次为：社会管理、新型农村社会养老保险（简称新农保）、新生代农民工（农民工）、社会工作、大学生、城市化、农民、社区、市民化、社会建设、社会政策、艾滋病、老年人、流动人口、养老保险。这些高频词反映了2012年社会学的研究热点和论文高产领域，说明社会学研究在这些主题领域比较活跃。

前面提到的被摘转、被引用和下载的高影响力论文，其研究主题也多涉及这些高频词。两篇以上高影响力论文共同涉及的主题有：城镇化（城市化）相关问题如推进模式、农民工市民化，社会管理相关问题如城市社会管理的网格管理模式、网络舆论的社会管理，包容性社会政策，教育的社会问题如学生的生活满意度、学习观以及大学生就业问题，养老保险，住房问题如住房分层与社会保障等。高影响力论文的研究主题反映了社会学研究的前沿和社会关注的热点，论文的观点和研究方法具有一定的创新成分。

一些项目对某一主题进行系统研究，发表多篇论文。北京大学刘继同主持的项目（项目批准号10BSH060）发表13篇论文，系统阐述改革开放30年以来中国医务社会工作的历史、现状与未来发展，探索中国特色社会福利制度的框架建设，从宏观到微观，从美英发达国家的经验到中国特色的社会工作，进行了多层次系统研究和多方位比较研究。武汉大学薛惠元负责的青年项目（项目批准号11CSH067）发表论文9篇，采用问卷调查方法，从政策效果、操作风险评估、个人筹资能力、财政保障能力等多方面研究解决新型农村社会养老保险制度的关键问题。华东政法大学童潇主持的项目（项目批准号11BSH068）则关注城乡一体化建设中的城乡人口流动、人口管理问题，发表论文7篇，探讨了“大人口”体制、“后户籍制度”以及“镇管社区”管理模式等社会管理创新思路。

经济收入增长后民众对生活品质的要求提升，对幸福的感受和生活意义的理解更深。幸福感、幸福指数成为社会热议的话题，进入了社会学研究的视野。南昌大学教育学院苗元江主持的项目（项目批准号12BSH050），系统研究了中国公民幸福指数测评方法体系及其应用，立项当年发表论文6篇，成为即年发文最多的项目。

在社会问题研究方面，与社会结构性紧张相关的一系列社会问题如贫困问题、群体性事件继续受到关注。在代际问题、社会群体研究方面，关于新生代农民工、“80后”“90后”大学生、流浪儿童、弱势群体的论文相对较多。城镇化、农村劳动力转移，使大批农村青年从农村进入城市就业，形成了新生代农民工这一特殊群体。关于新生代农民工的研究，多数论文从社会心理学角度分析农民工市民化社会融入、城市文化心理融入的代际差异，以及社会交往和文化参与。大学生就业也是多年来社会关注的热点。南京大学教育研究院汪霞负责的“高校课程结构调整与大学生就业问题研究”项目（项目批准号10BSH038）发文量高达20篇，研究高校课程如何适应社会需要，使大学生学有所长，学有所用，切实解决学生就业难问题。

生态环境保护、信息社会学等新兴研究领域也有不少新作。有的对我国长江沿岸城市的低碳化发展进行评价，有的研究碳排放量的预测、高碳生活方式向低碳生活方式的转变，等等。碳会计、碳金融等新概念出现在论文标题中。

在国际经验研究与国际比较方面，较多论文以日本、欧美的社会保障、养老政策和养老方式为借鉴，思考国外实践对我国的启示。

社会学与金融、财政、法律、人口、教育、心理学等学科交叉研究较多，热点问题多数是综合性现实问题、多学科关注的主题，如养老保险、城市化。许多社会学论文是由不同学科的作者合作撰写的，并且发表在非社会学专业的期刊上，这些都是学科相融、交叉研究的表现。

通过对关键词分布、高发文项目和高影响力论文研究主题的统计分析，可以看到，国家社科基金社会学项目的研究与中国经济社会的发展紧密相连，立足现实的需要，从中国国情出发，以世界趋势为参照，对经济社会转型出现的重大现实问题给出理论解释和政策建议，政策性研究成果显著，对现实问题的关注进一步带动了相关理论研究的发展。

（五）小结

2012年社会学国家社科基金论文产出取得一定成效，在各学科排名中，发文量排名位次高于资助项目数量的排名位次，项目产出规模与项目资助规模基本对应，重点项目和一般项目均发文量高，成果突出；青年项目产出速度较快，整体来看，社会学项目立项后1—3年内为项目论文产出高峰期。论文产出的作者与机构分布概况从一个侧面表明，国家社科基金的资助促进了人才培养，加强了机构科研实力，促进了跨机构研究资源的流动与合作，一批大学和研究机构在社会学领域成果丰硕，人才迭出，形成了较强的学科优势。同时，通过西部项目，在扶持和培育西部地区研究力量，推动西部研究的发展方面发挥了重要作用。

对社会学项目论文的研究主题特别是高频词的统计结果表明，国家社科基金围绕国家经济社会发展的重大理论和现实问题，通过资助学科理论研究以及重大现实问题对策研究，使研究立足国情，服务于社会，为社会健康发展提供了理论支持和决策参考。政策性应用研究成果尤为显著，论文成果备受社会重视，产生了一批高产出和高影响力的项目、作者和机构，论文的各项影响力指标统计结果均表明，国家社科基金论文成果整体质量水平较高，产生了一定的社会影响力和良好的社会效益。

当然，国家社科基金社会学论文还存在一些值得注意的问题。一是部分论文的基金资助信息标注不祥、标注失实或资助来源过多；二是少部分项目论文产出时滞过长，结项过晚；三是部分地区社会学论文产出偏低。此外，国际合作的论文也很少。这些问题应引起基金管理部门的重视。

五　2012年国家社会科学基金论文统计分析
——以法学为例

本部分选择中国知网的中国引文数据库作为数据源，利用该数据库检索2012年国家社科基金资助的论文情况，检索时间截至2013年1月27日。在处理数据字段名称时，考虑到人文社科数据普遍存在的不规范，进行了比较细致的数据清洗。

中国知网的中国引文数据库（Chinese Citation Database）是“中国学术文献网络出版总库”中的子数据库，收录了中国学术期刊（光盘版）电子杂志社出版的所有源数据库产品的参考文献，涉及期刊类型引文、学位论文类型引文、会议论文类型引文、图书类型引文、专利类型引文、标准类型引文、报纸类型引文等。该库通过后期研发的《中国学术文献评价参考系统》揭示了各种类型文献之间的相互引证关系，不仅可以为科学研究提供新的交流模式，同时也可以作为一种有效的科学管理及评价工具。本部分的研究从国家社科基金的论文产出和影响力等方面进行综合分析，旨在用定量研究方法观测这些论文的学术影响。

（一）法学项目立项投入

2008—2012 年期间，国家社科基金法学项目立项数逐年显著增加，如图 3－13 所示，2008 年为 172 项，2012 年增长至 358 项，年平均增长率高达 27%，2012 年国家社科基金资助法学项目比“十一五”规划末年即 2010 年增长了 34%。在项目类型上，2012 年重大项目 5 项，重点项目 19 项，一般项目 144 项，青年项目 111 项。各类型项目数量见图 3－14。在国家社科基金资助的 23 个学科中，法学立项数量位居第 3 位。

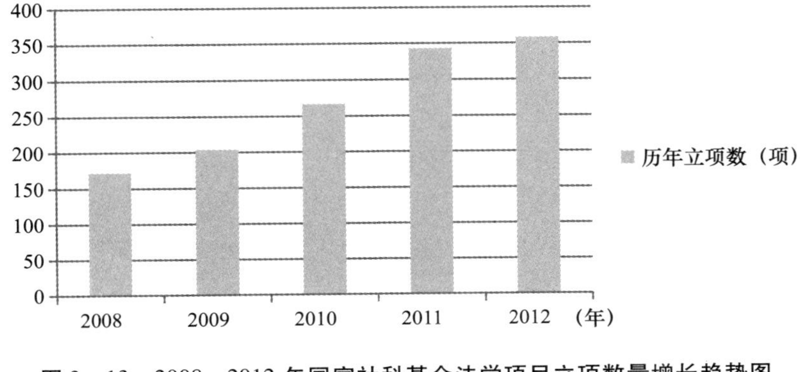

图 3－13　2008—2012 年国家社科基金法学项目立项数量增长趋势图

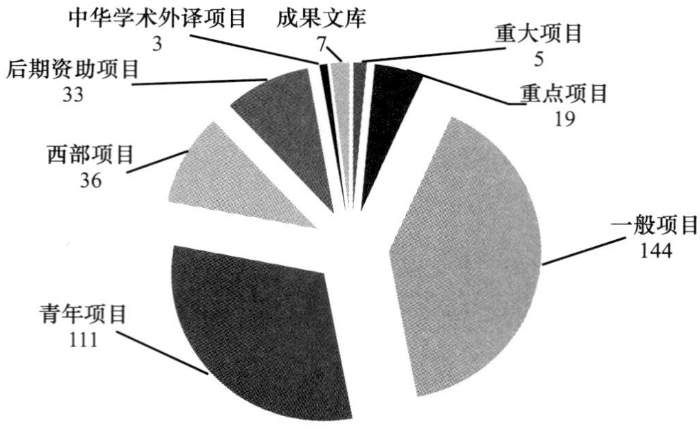

图 3-14　2012 年国家社科基金法学各类型项目数量分布图

（二）法学项目论文产出分析

根据对中国知网数据的统计，截至 2013 年 1 月 27 日，2012 年学术期刊发表的国家社科基金论文为 23582 篇。

在 23582 篇国家社科基金论文中，法学项目的论文产出为 1809 篇，占论文总数的 7.7%，论文数量在国家社科基金各学科排名中位居第 3 位。通过统计，国家社科基金法学项目 2012 年论文产出的分布情况如下：

（1）在项目分布上，1809 篇论文分别出自 369 个法学项目，项目均发文 4.9 篇。各类项目的论文产出与项目累计数量呈显著正比关系，同时，一般项目与青年项目较多，其论文产出量也较大，占法学论文总量的 71.16%；西部项目的论文产出占 9.5%；重点项目的论文产出占 10.4%。

（2）将立项年度与发文情况进行对照，64.6% 的论文出自近 3 年的立项项目，其中，33 个 2012 年立项项目在当年发表论文 90 篇。青年项目的发文速度最为明显，其选题更倾向于对策研究。

（3）在作者分布上，论文作者共 2249 人次，合著论文 542 篇，合著率 30%；在作者机构分布上，论文作者机构共 1575 个，其中第一作者机构 904 个，第一作者机构平均发文 2 篇。发文量最多的机构是西南政法大学，发文 139 篇。高校机构发文 1569 篇，占法学发文总量的

86.7%，成为法学研究的主要力量。

（4）出现一批高产项目和作者。发文最多的是西南政法大学教授付子堂主持的重点项目“马克思主义法学理论中国化、时代化、大众化研究”（10AFX001），发文42篇；2012年立项项目即年发文最多的是中国社会科学院法学研究所（又任职河南工业大学法学院）谭波主持的青年项目“央地财权事权匹配的宪政保障机制研究”（12CFX021），发文7篇。表3－55、表3－56分别列出了2012年发文量前5名的法学项目、2012年发文量前3名的作者。

表3－55 2012年发文量前5名的法学项目

项目编号	项目名称	论文篇数
10AFX001	马克思主义法学理论中国化、时代化、大众化研究	42
09&ZD043	我国农村集体经济有效实现的法律制度研究	20
10CFX055	创新药物研发科技投入与激励法律制度研究	19
11CFX002	社会矛盾化解的法律适用方法研究	17
09AFX004	危机后改革国际金融体系的法律路径	16

表3－56 2012年法学发文量前3名的作者

作者	项目名称与项目批准号	论文篇数
丁锦希	创新药物研发科技投入与激励法律制度研究（项目编号：10CFX055）	19
冯晓青	国家知识产权文献及信息资料库建设研究（项目编号：10&ZD133）9篇；我国企业技术创新与知识产权战略融合的法律运行机制研究（项目编号：08BFX071）9篇	18
韩成军	宪法学视野下行政权的检察监督（项目编号：11BFX087）	14

（三）法学项目论文影响力指标分析

论文被转载、被引用和被下载的数量以及在核心期刊发表的比例，可反映论文在学界的学术认可程度和重视程度，间接反映论文选题和观点的前沿性和创新度，是评价论文学术影响力和质量的常用指标。统计结果如下：

（1）在被转载指标统计方面，2012年发表的法学项目论文被当年《新华文摘》《中国社会科学文摘》《高等学校文科学术文摘》和中国人民大学《复印报刊资料》这4家国内最具影响力的文摘刊物转载的篇数达136篇，被摘转率为7.52%，同时被上述2种以上文摘共同转载的论文有14篇。

有118个项目的论文被转载。被转载最多的论文是清华大学法学院劳东燕发表在《比较法研究》上的《刑事政策与刑法体系关系之考察》一文（11CFX061项目阶段性成果）和中国人民大学法学院尤陈俊发表在《法商研究》上的《清代简约型司法体制下的“健讼”问题研究——从财政制约的角度切入》（11CFX009项目成果之一），均被三大文摘期刊共同转载。被转载论文最多的项目是中国政法大学知识产权法研究所冯晓青主持的重大项目“国家知识产权文献及信息资料库建设研究”（10&ZD133），5篇论文被转载6次。冯晓青也是被转载论文最多的作者，7篇论文被转载8次。

（2）在被引量与被下载量指标统计方面，根据中国知网期刊全文数据库的检索结果显示，截至2013年1月31日，国家社科基金法学项目2012年发表的论文即年被引用181篇，被引频次共计298次，有1763篇论文被下载，下载频次共计157377次，论文被下载率为97.4%。单篇论文被引用频次最高为11次，下载频次最高达1696次。2012年国家社科基金法学项目高影响力论文有：西北政法大学韩松所著《新农村建设中土地流转的现实问题及其对策》，位居被下载量第1名、被引量第4名，即年被下载1696次，被引8次；中南财经政法大学陈小君所著《农村集体土地征收的法理反思与制度重构》，被下载1568次，被引11次，位居下载量第2名，被引量第1名，两篇论文皆发表在核心期刊《法学研究》2012年第1期。

（3）在“核心期刊论文比”指标方面，法学项目2012年论文成果分别发表在《法学研究》《中国法学》等288种期刊上，其中，141种为三大期刊评价体系确认的核心期刊，核心期刊比为49%；在核心期刊发表的论文692篇，核心期刊论文比为38.3%。

(四) 法学项目论文关键词统计与内容分析

根据统计，法学论文涉及的关键词共5349个，词频共6772次。

出现频次最高的前15个关键词依次为：知识产权、法治、立法、食品安全、法律、宪法、法律制度、土地承包经营权、中国、人权、司法改革、合法性、风险社会、完善、彝族，其词频在9次至33次之间。实际上，标题包含这些关键词的论文数量和相关关键词数量要高于这些关键词词频。例如，标题含“知识产权”的论文达到60篇，包含该词的相关关键词总频次为63次，比“知识产权”这一关键词的33次词频高出近一倍。这些高频词反映了国家社科基金资助的法学研究的热点和重点，是法学研究相对活跃的领域。

表3-57　　2012年法学论文标注频次最多的15个关键词

关键词	词频（次）
知识产权	33
法治	19
立法	17
食品安全	16
法律	16
宪法	16
法律制度	14
土地承包经营权	13
中国	13
人权	12
司法改革	12
合法性	12
风险社会	10
完善	9
彝族	9

有关知识产权问题研究涉及的方面较广，主要有：对知识产权与反垄断关系的反思、美国与欧盟知识产权研究、知识产权保护、知识产权融资、知识产权的制度风险与法律控制、医药与科技领域知识产权、知识产权审判机构和司法人才、文献综述等。冯晓青、黄海玲发表在《南都学刊》的《我国知识产权的审判机构与人才状况》，吴汉东发表在《法学研究》的《知识产权的制度风险与法律控制》，分别被《新华文摘》和《中国社会科学文摘》转载。

食品安全是社会高度关注的问题。这一专题研究的重点集中在食品安全法、规制、标准、风险评估、监管体制、安全治理、风险预防、产业链管理、监督过失责任、信息公开、公众参与、发达国家的相关法案研究与经验借鉴等，把食品安全提升到国家安全的高度。有关食品安全主题的论文出自“我国食品安全风险评估制度的改革”（10CFX040）、“我国食品安全多元规制模式研究”（11CFX047）、“食品安全监管法律制度研究”（08BFX052）、“供应链视角下食品药品安全监管制度创新研究”（11&ZD052）等项目。中南财经政法大学杨小敏发表在《浙江学刊》的《我国食品安全风险评估模式之改革》一文被两大文摘期刊转载。

法治、司法改革、法律制度、法律、完善这几个高频词是指向比较宽泛的上位概念，反映了法学研究注重国家法治、司法改革等宏观层面，并且国家法治建设和研究的重点已经从建立法律法规拓展到法律法规的执行、改革和完善。

农村土地承包经营权以及宪法、人权是多年来持续关注和研究的热点，是众多具体法律问题中比较突出的问题。2012 年仍有不少国家社科基金论文对这些问题进行探讨。

通过以上数据指标统计，可以大致看出国家社科基金对法学研究起到了重要的推动和引领作用，其基金资助论文的产出力与学术影响力较大。国家社科基金为法学学科建设的创新发展、学术资源的优化配置提供了重要保障，对促进具有中国特色的法学理论和方法体系的形成具有重要的意义。

六　2012 年国家社会科学基金论文统计分析
——以经济学为例

(一) 经济学学科的投入产出成效较明显

1. 基金资助项目数量增加

2012 年在国家社科基金资助的 23 个学科中，经济学（分为应用经济与理论经济两个学科）立项数量位居第 1 位，共获得国家社科基金资助 472 项，比“十一五”规划末年即 2010 年增长了 45.6%，其中应用经济与理论经济在 2012 年分别获得 299 项与 173 项资助，比 2010 年分别增长 47.2% 和 42.9%。在项目类型上，经济学学科 2012 年立项重点项目 22 项，一般项目 256 项，青年项目 194 项，各类型项目数量均有增加，青年项目增加较快。

2. 科研产出量较大，产出速度较快

根据对中国知网引文数据库以及纸本期刊论文的统计，截至 2013 年 1 月 27 日，2012 年学术期刊发表的国家社科基金论文为 23582 篇，其中经济学项目的论文产出为 5167 篇（应用经济 3517 篇，理论经济 1650 篇，未含 69 篇跨学科项目产出的相关领域论文量），论文数量在国家社科基金各学科排名位居第 1 位。在项目分布上，这 5167 篇论文分别出自 1864 个经济学项目，应用经济与理论经济项目的平均发文量大致相同，项目平均发文 2.7 篇。重大项目平均发文量最高，为 4.7 篇，重点项目、一般项目和青年项目的平均发文量都是 3 篇，西部项目、中华学术外译项目和后期资助项目的平均发文量相对较低。

2012 年经济学项目产出的论文中，50.4% 的论文出自近 3 年立项的项目，而 43.6% 的当年立项项目有即年产出，其中重点项目的产出速度最快，50% 的重点项目有即年产出，38.6% 和 36.7% 的青年项目和一般项目有即年产出。

表 3－58　**国家社科基金经济学项目立项年份及其对应发文数量**

立项年份	发文篇数	百分比（%）
2012	342	6.6
2011	1397	27.0
2010	1210	23.4
2009	901	17.4
2008	759	14.6
其他	558	11.8
合计	5167	100

3. 立项数量与科研产出数量呈正相关关系

从项目类型看，一般项目立项数最多，发文数量也最多，共计 1963 篇，占该学科项目论文数的 37.9%；青年项目立项数位居第二，发文数量也位列第二，共计 1052 篇，占该学科基金论文数的 20.3%；重大项目发文 896 篇，位列第三，占该学科项目论文数的 17.34%；重点项目发文 732 篇，占该学科项目论文数的 14.1%；西部项目、后期资助项目、中华学术外译项目发文分别占该学科项目论文数的 9.3%、0.7% 和 0.02%。详见表 3－59。

表 3－59　**国家社科基金经济学项目类型及其对应发文数量**

项目类型	发文篇数	占比（%）
一般项目	1963	37.9
青年项目	1052	20.3
重大项目	896	17.3
重点项目	732	14.1
西部项目	483	9.3
后期资助	40	0.7
中华学术外译项目	1	0.02
合计	5167	100

4. 作者合作、机构合作率较高，促进了学术交流

从作者合作情况看，2012 年经济学项目论文的作者合作率为 69.2%，高于整个国家社科基金论文的作者合作率（47.3%）。其中，重点项目合作率最高，达 73.3%；青年项目的合作率最低，为 64.7%；一般项目、重大项目、西部项目的合作率分别为 70.3%、69.9%和66.6%。从机构合作情况看，经济学基金论文的机构合作率为 36.4%，亦高于整个国家社科基金论文的机构合作率（29.1%）。详见表 3－60。

表 3－60　　**国家社科基金经济学项目论文合著情况**

合著统计类型	合作率（%）	发文篇数
重点项目	73.3	537
重大项目	69.9	627
一般项目	70.3	1380
西部项目	66.6	322
青年项目	64.7	681
经济学合著率	69.2	
整体合作率	47.3	
经济学机构合作率	36.4	
整体机构合作率	29.1	

5. 涌现一批高产项目、作者和机构

2012 年经济学发表论文在 10 篇以上的项目有 70 个，发文量最高的是对外经济贸易大学桑百川主持的重大项目“我国新一轮对外开放的战略布局、主要目标与政策选择研究”（11&ZD007），发文 31 篇；2012 年立项项目即年发表论文最多的是首都经济贸易大学张祖群主持的青年项目“遗产地铭刻时代痕迹与旅游发展研究”（12CJY088），发文 18 篇。

表 3－61　　国家社科基金经济学高发文项目

项目编号	发文篇数
11&ZD007	31
10ZD&010	27
10ZD&035	22
08AJY020	20
11&ZD144	20
11BJY125	20
11AJY007	19
08AJY029	18
11CJY064	18
12CJY088	18

发文 5 篇及以上的高产作者有 256 人（未排除同名情况），发文最多的是西藏民族学院的陈爱东，发文 20 篇。详见表 3－62。

表 3－62　　国家社科基金经济学项目高发文作者（发文篇数 >10）

序号	作者	发文篇数
1	陈爱东	20
2	张祖群	16
3	董鹏	16
4	张鹏	15
5	王志刚	15
6	高波	15
7	王慧敏	14
8	冉光和	13
9	李国平	13
10	王桂芬	12
11	欧阳峣	12
12	姜涛	12
13	朱金鹤	11

续表

序号	作者	发文篇数
14	郑江淮	11
15	张向前	11
16	王雅莉	11
17	刘思峰	11
18	刘金全	11
19	李泉	11
20	李建军	11

发文最多的机构是高等院校，其中以中国人民大学为最，发文188篇；社会科学院系统发文位列第二，中国社会科学院最多，发文100篇。发文100篇（含）以上机构见表3－63。

表3－63　**国家社科基金经济学项目高发文机构（发文篇数≥100）**

机构	发文篇数
总计数	6273
中国人民大学	188
南京大学	155
吉林大学	151
南开大学	137
中南财经政法大学	124
对外经济贸易大学	117
湖南大学	117
东北财经大学	116
重庆大学	115
复旦大学	104
中国社会科学院	100

（二）经济学学科的科研产出具一定影响力

1. 论文利用速度较快，影响力较大

从论文被引方面看，根据中国知网期刊全文数据库的检索结果显示，截至2013年1月31日，国家社科基金经济学项目2012年发表的论文有703篇被引用，即年被引率为13.6%，被引频次共计1026次；有5083篇被下载，即年下载率约98.3%，下载频次超过56万次。即年被引频次最高的项目是吉林大学李晓主持的重大项目“中国积极参与国际货币体系改革进程研究”（10&ZD054），被引用18次。即年被引用频次最高的论文是中国社会科学院夏杰长发表在《中国流通经济》上的《现代服务业营业税改征增值税试点意义及其配套措施》一文，被引用10次；夏杰长也是即年被引频次最高的作者，共被引用14次。

2. 论文产出载体多样，涉及面广

经济学项目2012年论文成果分别发表在1029种期刊上，相对其他学科而言期刊种类多样，涉及面广。从核心期刊角度看，其中有199种为三大期刊评价体系确认的核心期刊，核心期刊比为19.3%；从单篇论文看，在核心期刊发表的论文共1711篇，核心期刊论文比是33.1%。发表经济学项目论文较多的期刊见表3－64。

表3－64　**发表国家社科基金经济学项目论文较多的期刊（发文篇数>30）**

刊名	发文篇数
统计与决策	95
经济问题探索	82
国际贸易问题	56
中国工业经济	49
科技进步与对策	40

续表

刊名	发文篇数
财经研究	39
经济学家	37
经济地理	35
经济问题	35
经济学动态	35
软科学	34
中国人口·资源与环境	34
财经问题研究	32
财贸经济	32
经济体制改革	32
农村经济	32
生态经济	32

3. 论文转载率相对较低，与论文发表量基数有关

2012 年发表的经济学项目论文被当年《新华文摘》《中国社会科学文摘》《高等学校文科学术文摘》和中国人民大学《复印报刊资料》这 4 家国内最具影响力的文摘刊物摘录和全文转载的篇数达 355 篇，共 391 篇次，转载率为 6.8%，被上述 3 种及以上文摘共同转载的论文仅有 29 篇，较其他学科而言偏低，这可能受到论文发表基数的影响，因为整个经济学论文的发表量较大。当然，受统计时间限制，预计还会有一部分 2012 年度论文在上述文摘期刊 2013 年上半年各期被摘录和转载。

2012 年被转载最多的项目是中国社会科学院李扬主持的重大委托项目“中国发展道路”（10&ZH013）和南开大学李维安主持的重大项目“完善国有控股金融机构公司治理研究”（10&ZD035），均被转载 8 次，并列第一；湖南商学院欧阳峣主持的重大项目“大国经济发展理论研究”（11&ZD144）和对外经济贸易大学王亚柯主持的青年项目“初

次分配和再分配中的效率与公平问题研究”（08CJY006）并列第三，均被转载6次。2012年即年被转载最多的论文是中国社会科学院李扬发表在《经济研究》上的《中国主权资产负债表及其风险评估》（上、下），被4家文摘同时转载。另外，被转载次数最多的作者是湖南商学院的欧阳峣，其发表的5篇论文被转载6次。

（三）经济学学科研究注意点面结合

1. 经济增长等是关注热点

对5167篇经济学论文的关键词统计结果显示，论文涉及的关键词共11005个，出现频次最多的15个关键词依次为：经济增长、影响因素、通货膨胀、对策、可持续发展、产业结构、低碳经济、货币政策、全要素生产率、技术创新、技术进步、产业转移、外商直接投资、战略性新兴产业和城镇化。这些高频词反映了2012年经济学的研究热点，说明经济学研究在这些主题领域比较活跃。需要注意的是，有些热点已经持续了数十年，比如“经济增长”从2000年开始就是经济学领域的研究热点，与之相应的“产业结构、产业集聚、货币政策”也一直比较热。详见表3－65。

利用SPSS软件进行知识地图分析（图3－15）和聚类分析可知，国家社科基金资助的经济学研究热点有五个：一是经济增长问题研究，主要包括“金融发展、VAR模型、居民消费、对外直接投资”等关键词，在进行此类研究时利用的主要是面板数据；二是产业结构问题研究，主要包括“产业集聚、产业转移、产业升级、区域经济”等关键词，对产业结构影响因素分析较多，如对服务业在产业结构中的作用进行了较深入的分析；三是企业问题研究，主要包括“制造业、制度创新、自主创新、技术创新”等关键词，中小企业是重点研究对象；四是城镇化问题研究，主要包括“新农村建设、房价、财政政策、金融支持”等关键词，对西部地区的城镇化问题讨论较多；五是通货膨胀问题研究，主要包括“外汇储备、人民币汇率、出口”等关键词，重点讨论美国对我国通货膨胀的影响。

表3－65　　国家社科基金经济学论文关键词共词矩阵

	经济增长	影响因素	通货膨胀	对策	可持续发展	产业结构	低碳经济	货币政策	全要素生产率	技术创新	技术进步	产业转移	外商直接投资	战略性新兴产业	城镇化	收入分配	城市化	制造业	产业集群	面板数据	农户	VAR模型	中国	区域经济	经济发展	新疆	自主创新	人力资本	中小企业	产业集聚	工业化	区域差异	碳排放	DEA	服务业	技术效率	农业现代化	收入差距	文化产业	效率	FDI	产业升级	城乡收入差距	金融发展	路径	人民币汇率	商业银行	循环经济	因子分析	国有企业	就业	社会资本	比较优势	层次分析法	出口贸易	竞争力	实证研究	西部地区	溢出效应	制度
经济增长	125	0	9	2	0	6	0	0	6	0	6	0	0	0	1	7	0	0	0	9	0	6	0	5	0	2	3	10	0	0	4	4	3	0	2	0	0	1	0	0	1	1	0	5	0	2	0	0	0	0	3	0	0	0	2	2	4	1	2	2
影响因素	0	69	0	2	0	0	0	0	2	0	0	1	0	0	0	0	0	0	0	4	2	0	2	0	0	1	0	0	0	0	0	0	0	2	1	0	0	0	0	0	0	0	0	0	0	0	0	0	2	1	0	0	0	0	0	2	2	0	0	0
通货膨胀	9	0	39	0	0	0	0	11	0	0	0	0	0	0	0	0	0	0	0	0	0	4	0	0	1	0	0	0	0	0	0	0	0	0	0	0	0	3	0	2	0	0	0	0	0	0	0	0	0	0	0	0	0	0	2	0	0	0	0	0
对策	2	2	0	51	0	0	0	0	0	0	0	0	0	0	0	0	1	0	0	0	1	0	1	0	0	0	0	0	0	0	0	0	0	0	0	0	0	0	0	0	0	0	0	0	0	0	0	0	0	0	0	0	0	0	0	2	0	0	0	0
可持续发展	0	0	0	0	48	2	5	0	0	0	0	0	0	0	2	0	0	0	1	0	0	0	0	2	0	2	0	0	0	0	2	0	0	2	0	0	2	0	1	0	0	0	0	0	0	0	0	4	0	0	0	0	0	2	0	0	0	2	0	0
产业结构	6	0	0	0	2	36	4	0	0	0	7	1	1	2	0	0	3	0	2	0	0	0	0	3	0	5	0	0	0	0	2	2	0	0	4	2	0	0	0	0	1	4	0	0	0	1	0	0	0	0	0	0	0	0	1	0	3	1	2	0
低碳经济	0	0	0	0	5	4	20	0	0	0	0	0	1	0	0	0	0	0	0	0	0	0	0	0	0	0	0	0	0	0	1	0	4	2	0	0	0	0	0	0	2	0	0	0	2	0	0	0	0	0	0	0	0	0	0	0	0	1	0	0
货币政策	0	0	11	0	0	0	0	21	0	0	0	0	0	0	0	0	0	0	0	0	0	3	0	0	0	0	0	0	0	0	0	0	0	0	0	0	0	0	0	0	0	0	0	0	0	1	0	0	0	0	0	0	0	0	0	0	0	0	0	0
全要素生产率	6	2	0	0	0	0	0	0	31	0	14	0	0	0	0	0	0	2	0	0	0	0	2	0	0	0	2	1	0	0	0	0	0	1	2	7	0	0	1	0	0	0	0	0	0	0	0	0	0	1	0	0	0	0	0	0	0	0	0	0
技术创新	0	0	0	0	0	0	0	0	0	30	0	0	0	1	0	0	0	0	1	0	0	0	0	0	0	0	2	2	0	0	0	0	0	0	0	0	0	0	0	0	2	0	0	0	0	0	0	4	0	0	0	0	0	0	1	0	0	0	2	0
技术进步	6	0	0	0	0	7	0	0	14	0	31	0	0	0	0	0	0	0	0	2	0	0	0	0	0	0	1	0	0	0	0	0	0	0	2	12	0	0	0	0	0	0	0	0	0	0	0	0	0	1	0	0	0	0	0	0	0	0	0	0
产业转移	0	1	0	0	0	1	0	0	0	0	0	22	1	0	0	0	0	0	1	0	0	0	0	0	3	1	0	0	0	3	2	0	0	1	0	0	0	0	0	0	0	3	0	0	0	0	0	0	0	0	0	0	3	0	0	0	0	0	0	0
外商直接投资	0	0	0	0	0	1	1	0	0	0	0	1	16	0	0	0	0	2	0	1	0	0	0	0	0	0	0	3	0	0	0	0	3	0	0	0	0	0	0	0	0	0	0	0	0	2	0	0	0	0	0	0	0	0	1	0	1	0	0	2
战略性新兴产业	0	0	0	0	0	2	0	0	0	1	0	0	0	13	0	0	0	0	0	0	0	0	0	0	0	0	2	0	0	0	0	0	0	0	0	0	0	0	0	0	0	3	0	0	1	0	0	0	0	2	0	0	0	0	0	0	0	0	0	0
城镇化	1	0	0	0	2	0	0	0	0	0	0	0	0	0	22	0	0	0	0	1	0	2	0	0	0	2	0	0	0	1	21	0	0	0	0	0	15	0	0	0	0	0	1	0	2	0	0	0	0	0	0	0	0	0	0	0	0	2	0	0
收入分配	7	0	0	0	0	0	0	0	0	0	0	0	0	0	0	30	0	1	0	0	0	0	1	0	0	0	2	1	0	0	0	2	0	0	0	0	0	2	0	0	0	0	0	1	0	0	0	0	0	0	0	0	0	0	0	0	1	0	0	0
城市化	0	0	0	1	0	3	0	0	0	0	0	0	0	0	0	0	17	0	0	1	0	0	0	0	1	0	0	1	0	0	4	0	0	0	1	0	2	1	0	0	0	1	2	1	0	0	0	0	0	0	0	0	0	0	0	0	1	0	0	0
制造业	0	0	0	0	0	0	0	0	2	0	0	0	2	0	0	1	0	23	1	2	0	1	1	0	0	0	1	0	0	1	0	0	1	0	0	0	0	2	0	0	1	1	0	0	0	0	0	0	0	0	0	0	0	0	2	2	0	0	2	2
产业集群	0	0	0	0	1	2	0	0	0	1	0	1	0	0	0	0	0	1	16	0	0	0	0	1	0	1	1	0	0	2	0	0	0	0	0	0	0	0	0	0	0	0	0	0	0	0	0	2	0	0	0	0	0	0	0	0	0	0	0	0
面板数据	9	4	0	0	0	0	0	0	0	0	2	0	1	0	1	0	1	2	0	32	0	0	0	0	0	2	1	2	0	1	0	0	1	0	0	1	0	2	0	0	0	0	0	3	0	0	0	0	0	0	0	0	0	0	1	0	0	0	0	0
农户	0	2	0	1	0	0	0	0	0	0	0	0	0	0	0	0	0	0	0	0	17	0	0	0	0	4	0	0	0	0	0	0	0	0	0	0	0	0	0	0	0	0	0	0	0	0	0	0	0	0	0	0	0	0	0	0	0	0	0	0

续表

	经济增长	影响因素	通货膨胀	对策	可持续发展	产业结构	低碳经济	货币政策	全要素生产率	技术创新	技术进步	产业转移	外商直接投资	战略性新兴产业	城镇化	收入分配	城市化	制造业	产业集群	面板数据	农户	VAR模型	中国	区域经济	经济发展	新疆	自主创新	人力资本	中小企业	产业集聚	工业化	区域差异	碳排放	DEA	服务业	技术效率	农业现代化	收入差距	文化产业	效率	FDI	产业升级	城乡收入差距	金融发展	路径	人民币汇率	商业银行	循环经济	因子分析	国有企业	就业	社会资本	比较优势	层次分析法	出口贸易	竞争力	实证研究	西部地区	溢出效应	制度
VAR模型	6	0	4	0	0	0	0	3	0	0	0	0	0	0	2	0	0	1	0	0	0	30	0	0	2	0	0	0	2	0	2	0	0	0	2	0	1	0	0	0	0	0	0	1	0	0	0	0	2	0	0	0	0	0	0	0	0	0	0	0
中国	0	2	0	1	0	0	0	0	2	0	0	0	0	0	0	1	0	1	0	0	0	0	16	0	2	0	0	0	0	0	0	4	2	0	0	0	0	0	0	0	0	0	0	2	0	0	0	2	0	0	1	0	1	0	1	0	0	0	0	0
区域经济	5	0	0	0	2	3	0	0	0	0	0	0	0	0	0	0	0	0	1	0	0	0	0	20	0	0	0	0	0	2	0	0	0	2	0	0	0	0	0	0	0	0	0	0	0	0	0	0	0	0	0	0	0	0	0	2	0	0	1	0
经济发展	0	0	1	0	0	0	0	0	0	0	0	3	0	0	0	0	1	0	0	0	0	2	2	0	20	1	0	0	0	0	0	0	0	0	0	0	0	0	0	0	0	0	1	1	0	0	0	0	0	0	0	0	0	0	0	0	0	0	0	0
新疆	2	1	0	0	2	5	0	0	0	0	0	1	0	0	2	0	0	0	1	2	4	0	0	0	1	17	0	0	0	0	0	0	0	0	0	0	0	0	0	0	0	0	0	0	0	0	0	1	2	0	0	0	0	0	0	0	0	0	0	0
自主创新	3	0	0	0	0	0	0	0	2	2	1	0	0	2	0	2	0	1	1	1	0	0	0	0	0	0	23	1	0	0	0	0	0	0	0	0	0	1	0	0	0	0	0	0	0	0	0	0	0	3	0	0	0	0	0	0	0	0	0	0
人力资本	10	0	0	0	0	0	0	0	1	2	0	0	3	0	0	1	1	0	0	2	0	0	0	0	0	0	1	19	0	0	0	0	0	0	0	0	0	1	0	2	0	0	0	0	0	0	0	0	0	0	0	3	0	0	0	0	0	0	0	0
中小企业	0	0	0	0	0	0	0	0	0	0	0	0	0	0	0	0	0	0	0	0	0	2	0	0	0	0	0	0	12	0	0	0	0	0	0	0	0	0	0	0	0	0	0	0	0	0	0	0	0	0	0	0	0	0	0	0	0	0	0	0
产业集聚	0	0	0	0	0	0	0	0	0	0	0	3	0	0	1	0	0	1	2	1	0	0	0	2	0	0	0	0	0	15	0	1	1	0	3	0	0	2	0	0	0	0	0	0	0	0	0	0	0	0	0	0	0	0	0	0	0	0	0	1
工业化	4	0	0	0	2	2	1	0	0	0	0	2	0	0	21	0	4	0	0	0	0	2	0	0	0	0	0	0	0	0	20	0	0	0	1	0	14	0	0	0	0	0	2	1	0	0	0	0	0	0	0	0	0	0	0	0	0	0	0	0
区域差异	4	0	0	0	0	2	0	0	0	0	0	0	0	0	0	2	0	0	0	0	0	0	4	0	0	0	0	0	0	1	0	25	0	2	0	2	0	0	1	0	0	0	2	1	0	1	0	0	0	0	0	0	2	0	0	0	0	0	0	0
碳排放	3	0	0	0	0	0	4	0	0	0	0	0	3	0	0	0	0	1	0	1	0	0	2	0	0	0	0	0	0	1	0	0	20	0	0	0	0	0	0	0	0	0	0	1	0	0	0	0	0	0	0	0	0	0	1	0	0	0	0	0
DEA	0	2	0	0	2	0	2	0	1	0	0	1	0	0	0	0	0	0	0	0	0	0	0	2	0	0	0	0	0	0	0	2	0	19	0	6	0	0	0	0	0	0	0	0	0	0	0	0	0	0	0	0	0	0	0	2	0	0	0	0
服务业	2	1	0	0	0	4	0	0	2	0	2	0	0	0	0	0	1	0	0	0	0	2	0	0	0	0	0	0	0	3	1	0	0	0	11	2	0	0	0	0	1	0	0	0	0	0	0	0	0	0	0	0	0	0	1	1	0	0	2	0
技术效率	0	0	0	0	0	2	0	0	7	0	12	0	0	0	0	0	0	0	0	1	0	0	0	0	0	0	0	0	0	0	0	2	0	6	2	23	0	0	0	0	0	0	0	0	0	0	0	0	0	2	0	0	0	0	0	0	0	0	0	0
农业现代化	0	0	0	0	2	0	0	0	0	0	0	0	0	0	15	0	2	0	0	0	0	1	0	0	0	0	0	0	0	0	14	0	0	0	0	0	15	0	0	0	0	0	0	1	0	0	0	0	1	0	0	0	0	0	0	0	0	0	1	2
收入差距	1	0	3	0	0	0	0	0	0	0	0	0	0	0	0	2	1	2	0	2	0	0	0	0	0	0	1	1	0	2	0	0	0	0	0	0	0	15	0	0	0	0	0	0	0	0	0	0	0	0	0	0	0	0	0	0	0	2	0	2
文化产业	0	0	0	0	1	0	0	0	1	0	0	0	0	0	0	0	0	0	0	0	0	0	0	0	0	0	0	0	0	0	0	1	0	0	0	0	0	0	12	0	0	1	0	0	0	0	0	0	0	0	0	0	0	0	0	1	0	0	0	0
效率	0	0	2	0	0	0	0	0	0	0	0	0	0	0	0	0	0	0	0	0	0	0	0	0	0	0	0	2	0	0	0	0	0	0	0	0	0	0	0	22	0	0	0	0	0	0	0	0	0	0	0	0	0	0	0	0	0	0	0	0
FDI	1	0	0	0	0	1	2	0	0	2	0	0	0	0	0	0	0	1	0	0	0	0	0	0	0	0	0	0	0	0	0	0	0	0	1	0	0	0	0	0	9	0	0	0	0	0	0	0	0	0	0	0	0	0	0	0	0	0	4	0
产业升级	1	0	0	0	0	4	0	0	0	0	0	3	0	3	0	0	1	1	0	0	0	0	0	0	0	0	0	0	0	0	0	0	0	0	0	0	0	0	1	0	0	19	0	0	0	0	0	0	0	0	0	0	0	0	0	0	2	2	0	0
城乡收入差距	0	0	0	0	0	0	0	0	0	0	0	0	0	0	1	0	2	0	0	0	0	0	0	0	1	0	0	0	0	0	2	2	0	0	0	0	0	0	0	0	0	0	14	1	0	0	0	0	0	0	2	0	0	0	0	0	0	0	1	0

续表

	经济增长	影响因素	通货膨胀	对策	可持续发展	产业结构	低碳经济	货币政策	全要素生产率	技术创新	技术进步	产业转移	外商直接投资	战略性新兴产业	城镇化	收入分配	城市化	制造业	产业集群	面板数据	农户	VAR模型	中国	区域经济	经济发展	新疆	自主创新	人力资本	中小企业	产业集聚	工业化	区域差异	碳排放	DEA	服务业	技术效率	农业现代化	收入差距	文化产业	效率	FDI	产业升级	城乡收入差距	金融发展	路径	人民币汇率	商业银行	循环经济	因子分析	国有企业	就业	社会资本	比较优势	层次分析法	出口贸易	竞争力	实证研究	西部地区	溢出效应	制度
金融发展	5	0	0	0	0	0	0	0	0	0	0	0	0	0	0	1	1	0	0	3	0	1	2	0	1	0	0	0	0	0	1	1	1	0	0	0	1	0	0	0	0	0	1	7	0	0	0	0	0	0	0	0	0	0	0	0	1	0	0	0
路径	0	0	0	0	0	0	2	0	0	0	0	0	0	1	2	0	0	0	0	0	0	0	0	0	0	0	0	0	0	0	0	0	0	0	0	0	0	0	0	0	0	0	0	0	22	0	0	0	0	0	0	0	0	0	0	0	0	0	0	0
人民币汇率	2	0	0	0	0	1	0	1	0	0	0	0	2	0	0	0	0	0	0	0	0	0	0	0	0	0	0	0	0	0	0	1	0	0	0	0	0	0	0	0	0	0	0	0	0	7	0	0	0	0	0	0	0	0	0	0	1	0	0	0
商业银行	0	0	0	0	0	0	0	0	0	0	0	0	0	0	0	0	0	0	0	0	0	0	0	0	0	0	0	0	0	0	0	0	0	0	0	0	0	0	0	0	0	0	0	0	0	0	10	0	0	0	0	0	0	0	0	0	0	0	0	0
循环经济	0	0	0	0	4	0	0	0	0	4	0	0	0	0	0	0	0	0	2	0	0	0	2	0	0	1	0	0	0	0	0	0	0	0	0	0	0	0	0	0	0	0	0	0	0	0	0	15	0	0	0	0	0	3	0	0	0	0	0	0
因子分析	0	2	0	0	0	0	0	0	0	0	0	0	0	0	0	0	0	0	0	0	0	2	0	0	0	2	0	0	0	0	0	0	0	0	0	0	1	0	0	0	0	0	0	0	0	0	0	0	21	0	0	0	0	0	0	3	0	0	0	0
国有企业	0	1	0	0	0	0	0	0	1	0	1	0	0	2	0	0	0	0	0	0	0	0	0	0	0	0	3	0	0	0	0	0	0	0	0	2	0	0	0	0	0	0	0	0	0	0	0	0	0	9	0	0	0	0	0	0	0	0	0	0
就业	3	0	0	0	0	0	0	0	0	0	0	0	0	0	0	0	0	0	0	0	0	0	1	0	0	0	0	0	0	0	0	0	0	0	0	0	0	0	0	0	0	0	2	0	0	0	0	0	0	0	20	0	0	0	1	0	0	0	0	0
社会资本	0	0	0	0	0	0	0	0	0	0	0	0	0	0	0	0	0	0	0	0	0	0	0	0	0	0	0	3	0	0	0	0	0	0	0	0	0	0	0	0	0	0	0	0	0	0	0	0	0	0	0	11	0	0	0	0	0	0	0	0
比较优势	0	0	0	0	0	0	0	0	0	0	0	3	0	0	0	0	0	0	0	0	0	0	1	0	0	0	0	0	0	0	0	2	0	0	0	0	0	0	0	0	0	0	0	0	0	0	0	0	0	0	0	0	17	0	0	0	0	0	0	0
层次分析法	0	0	0	0	2	0	0	0	0	0	0	0	0	0	0	0	0	0	0	0	0	0	0	0	0	0	0	0	0	0	0	0	0	0	0	0	0	0	0	0	0	0	0	0	0	0	0	3	0	0	0	0	0	19	0	0	0	0	0	0
出口贸易	2	0	2	0	0	1	0	0	0	1	0	0	1	0	0	0	0	2	0	1	0	0	1	0	0	0	0	0	0	0	0	0	1	0	1	0	0	0	0	0	0	0	0	0	0	0	0	0	0	0	1	0	0	0	8	0	0	0	0	0
竞争力	2	2	0	2	0	0	0	0	0	0	0	0	0	0	0	0	0	2	0	0	0	0	0	2	0	0	0	0	0	0	0	0	0	2	1	0	0	0	1	0	0	0	0	0	0	0	0	0	3	0	0	0	0	0	0	19	2	0	0	0
实证研究	4	2	0	0	0	3	0	0	0	0	0	0	1	0	0	1	1	0	0	0	0	0	0	0	0	0	0	0	0	0	0	0	0	0	0	0	0	0	0	0	0	2	0	1	0	1	0	0	0	0	0	0	0	0	0	2	20	0	0	0
西部地区	1	0	0	0	2	1	1	0	0	0	0	0	0	0	2	0	0	0	0	0	0	0	0	0	0	0	0	0	0	0	0	0	0	0	0	0	0	2	0	0	0	2	0	0	0	0	0	0	0	0	0	0	0	0	0	0	0	8	0	0
溢出效应	2	0	0	0	0	2	0	0	0	2	0	0	0	0	0	0	0	2	0	0	0	0	0	1	0	0	0	0	0	0	0	0	0	0	2	0	1	0	0	0	4	0	1	0	0	0	0	0	0	0	0	0	0	0	0	0	0	0	20	0
制度	2	0	0	0	0	0	0	0	0	0	0	0	2	0	0	0	0	2	0	0	0	0	0	0	0	0	0	0	0	1	0	0	0	0	0	0	2	2	0	0	0	0	0	0	0	0	0	0	0	0	0	0	0	0	0	0	0	0	0	19

注：表中对角线上的数字为该关键词出现的次数，其他数字为两个关键词共同出现在一篇文章中的次数，并且区分出现的先后。

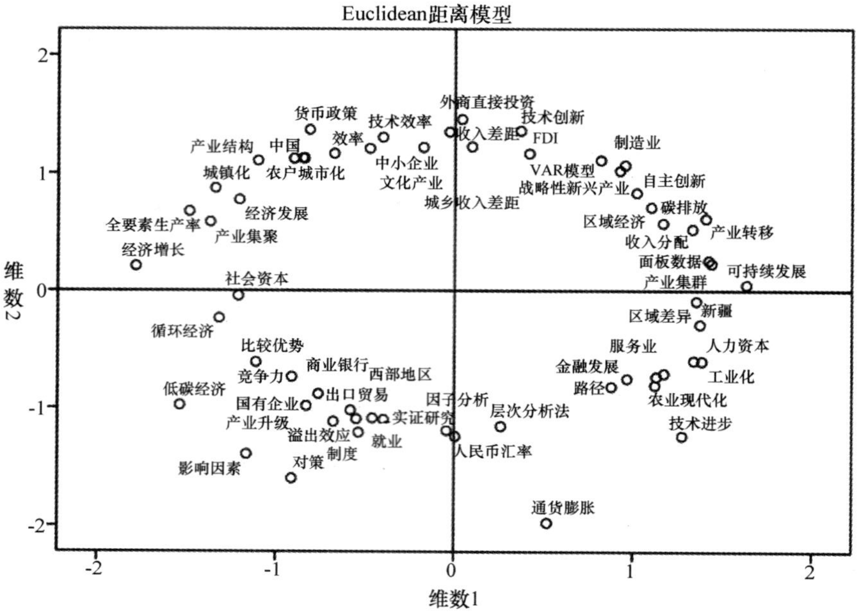

图 3－15　国家社科基金经济学论文研究内容知识地图

2. 研究内容比较宽泛

建立经济学关键词共词矩阵后，利用 SPSS 软件进行因子分析可以发现，很难用少量关键词来描述整个经济学的研究内容。这说明，国家社科基金支持的经济学研究不仅关注现实热点问题，而且更关注经济社会中的方方面面，研究内容比较宽泛。

七　2012 年国家社会科学基金论文统计分析
——以文学为例

（一）文学类项目的投入与产出分析

1. 历年立项数

文学类学科（中国文学、外国文学）2008—2012 年国家社科基金立项数见表 3－66。两个学科的国家社科基金立项数同国家社科基金支持的其他学科一样都在不断增多。其中中国文学 2008 年为 159 项，2012 年增长至 399 项，年平均增长率达到 25.8%，在国家社科基金支持的所有学科中位居第六，立项数排位也从第三跃至第一。外国文学五年来的国家社科基金立项数的年均增长达到 32.1%，居基金支持所有学科的第二位，立项数排位也从 18 位上升至 14 位。两个学科立项数增长趋势明显（图 3－16）。

表 3－66　**国家社科基金文学类 2008—2012 年资助项目数**

学科	立项年份									
	2008		2009		2010		2011		2012	
	项目数	立项排序	项目数	立项排序	项目数	立项排序	项目数	立项排序	项目数	立项排序
中国文学	159	3	192	3	289	1	363	1	399	1
外国文学	39	18	42	17	76	16	107	14	119	14

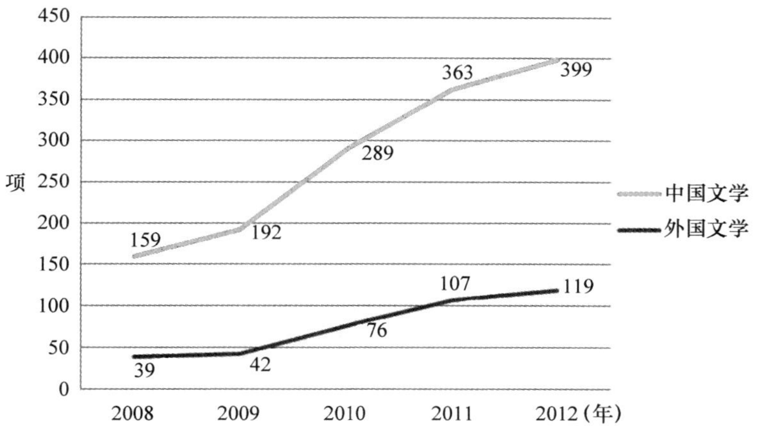

图 3－16　国家社科基金文学类 2008—2012 年资助项目数趋势分布

2. 2012 年论文产出

2012 年，国家社科基金支持的文学类项目在国内共发表论文 1974 篇，占所有基金支持学科总论文数的 8.37%。其中中国文学项目论文为 1646 篇，占总数的 6.9%，在所有学科中位居第五；外国文学项目论文为328篇，占总数的1.3%，在所有学科中位居第19名。文学两个学科的论文篇数及学科排位情况见表3－67。

表3－67　　　**文学类学科的论文篇数及学科排位情况**

学科名称	论文篇数	百分比（总论文）	学科排位（论文篇数）
中国文学	1646	6.9	5
外国文学	328	1.3	19

从立项数量与论文产出的情况对比，也可以反映国家社科基金的投入绩效。据统计数据显示，2011年度国家社科基金项目在2012年发表的期刊论文中篇数最多，近6800篇论文，占30%。因此，我们对2011年各学科的立项数及其在2012年的发文数进行统计、排序，其中文学类两个学科的统计结果如表3－68所示。

表3－68　　　**2011年国家社科基金文学类各学科立项数及其在2012年的论文产出**

学科	2011年立项数	立项排序	2012年发文数	发文排序
中国文学	363	1	456	6
外国文学	107	14	97	18

从表3－68可以看出，两个学科立项数与发文数的排位差异较大，属于高立项低发文，其中中国文学这种现象表现的相对明显。从学科差异和学科特性来分析，由于论文在某种程度上所能包含的研究结论有限，两个学科的项目研究成果往往不局限于论文形式，研究报告、著作等也是科研产出的重要形式，项目研究的周期也相对较长。因此，针对具有此种特性的学科项目的投入产出科研绩效评价中文论文表现是重要的一方面，但其他类型的成果评价也不可或缺。

（二）文学类项目论文分布情况

1. 年度基金论文的项目分布

2012 年文学类基金论文共涉及基金项目 929 个，占年度所有基金论文涉及项目数的 9.8%。其中中国文学项目 757 个，外国文学项目 172 个。

按照论文中被标注的第一个国家社科基金项目进行统计，可以得到 2012 年项目论文产出的立项年度分布，如表 3 – 69 所示，分布趋势见图 3 – 17。其中有 20 篇论文因基金项目编号标注不详而无法纳入统计。

表 3 – 69 **文学类学科不同年度国家社科基金项目在 2012 年发表论文篇数**

立项年份	中国文学			外国文学		
	论文数	百分比（学科）	累计百分比（学科）	论文数	百分比（学科）	累计百分比（学科）
2011	456	27.7	27.7	97	29.5	29.5
2010	405	24.6	52.3	75	22.8	52.4
2009	210	12.8	65.0	62	18.9	71.3
2008	176	10.6	75.7	15	4.5	75.9
2012	130	7.9	83.6	26	7.9	83.8
2007	115	6.9	90.6	20	6.1	89.9
2006	59	3.5	94.2	7	2.1	92.0
2005	42	2.5	96.7	4	1.2	93.2
2004	22	1.3	98.1	6	1.8	95.1
2003	7	0.4	98.5	1	0.3	95.4
2002	6	0.3	98.9	5	1.5	96.9
2001	3	0.2	99.0	3	0.9	97
1998	1	0.1	99.1	0	0.0	97.8
2000	0	0.0	99.1	1	0.3	98.1

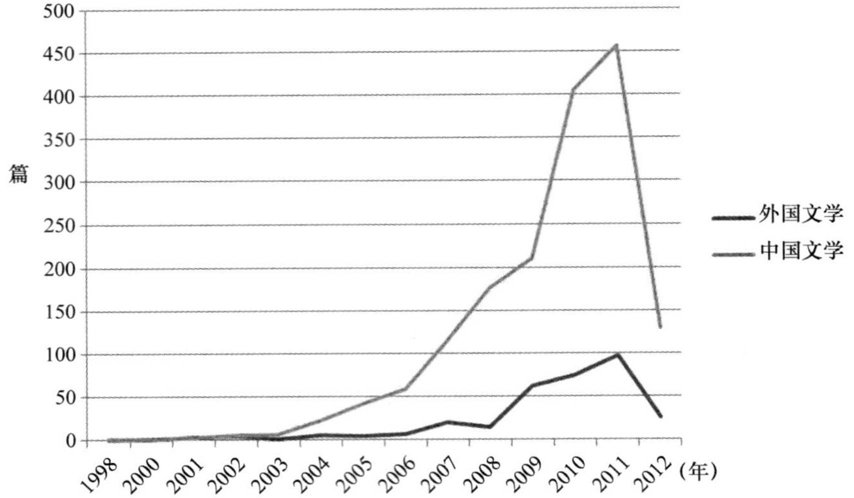

图 3-17　文学类学科不同年度国家社科基金项目在 2012 年发表论文数分布

从图表中可以看出，立项年份为 2011 年和 2010 年的项目在 2012 年发表的论文数最多，两个学科这两年的论文数累计百分比都达到了 50% 以上，而 2012 年当年立项的项目论文数只占到了 7.9%，与整体的分布情况较为吻合。这说明，两个学科的项目立项后的 2—3 年为项目成果论文发表的高峰期。

按基金项目的类型进行统计，基金项目可分为重大项目、重点项目、一般项目、青年项目、西部项目、后期资助项目和委托项目等。图 3-18 为两个学科各类型的 2012 年论文产出分布图。其中一般项目发表的论文最多，为 925 篇，所占比例为 47%。

表 3-70 为两个学科各个基金项目类型的项目数与论文数，从表中可以看出，两个学科虽然都是一般项目的发文总数最多，但其项均论文数却不是最多。中国文学重大项目的项均论文数最高，平均每项有 3.8 篇论文产出，其次为重点项目的 3 篇。外国文学中重大项目与西部项目的项均论文产出相对突出。

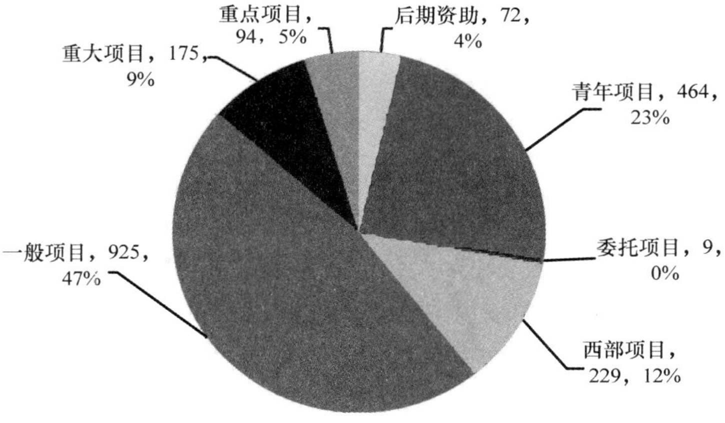

图 3－18　文学类基金论文项目类型分布图

表 3－70　　各种基金项目类型发表论文篇数

基金类型	中国文学			外国文学		
	项目数	论文数	项均论文数	项目数	论文数	项均论文数
重大项目	36	139	3.8	13	36	2.7
重点项目	29	87	3.0	4	7	1.7
一般项目	352	774	2.2	89	151	1.7
青年项目	198	383	1.9	46	81	1.7
西部项目	99	190	1.9	14	39	2.7
委托项目	5	5	1.0	1	4	4.0
后期资助	38	62	1.6	5	10	2.0

按项目编号进行统计，可以得到高发文项目列表。在中国文学项目中选取发文8篇及以上的项目共18个，其基本情况如表3－71所示。其中一般项目为9个，占到50%，2011年立项项目为8个，占到44%。

表 3 - 71　　**中国文学高发文基金项目列表**

序号	论文篇数	项目批准号	项目类别	项目名称	项目负责人	工作单位
1	14	10CZW058	青年项目	中国左翼文学研究	陈红旗	嘉应学院
2	10	12AZW010	重点项目	民国社会历史与中国现代文学的研究框架	李怡	北京师范大学
3	10	11&ZD112	重大项目	中国现当代文学制度史	丁帆	南京大学
4	10	11&ZD113	重大项目	延安文艺与二十世纪中国文学研究	赵学勇	陕西师范大学
5	10	10BZW096	一般项目	国家文化产业化政策背景下的当代文学创作转型研究	范钦林	南通大学文学院
6	10	06BZW022	一般项目	排律文献研究	沈文凡	吉林大学文学院
7	10	06BZW060	一般项目	社会大转型期北京作家群的形成、发展与分化	张志忠	首都师范大学
8	9	11AZD066	重点项目	鲁迅与二十世纪中国研究	陈国恩	武汉大学
9	9	11BZW127	一般项目	当代少数民族小说对文化身份的认同、建构与审美转化研究	朱斌	西北师范大学
10	9	11CZW017	青年项目	“后学”语境与马克思主义美学中国化	张弓	华东政法大学人文学院
11	9	10BZW102	一般项目	近二十年中国商界小说的文化阐释研究	杨虹	湖南商学院
12	9	10CZW007	青年项目	齐美尔与法兰克福学派文艺理论的关联研究	杨向荣	湖南省湘潭大学
13	9	09BZW064	一般项目	世界华文微型小说综合研究	龙钢华	邵阳学院中文系
14	9	08XZW014	西部项目	租界文化语境下的中国现代文学	李永东	西南大学
15	8	11BZW016	一般项目	产业化进程中文艺创作的美学规制研究	黄柏青	长沙理工大学文法学院
16	8	11BZW098	一般项目	中国现代散文文体观念与文体演变研究	陈剑晖	华南师范大学文学院
17	8	11CZW013	青年项目	先秦两汉怪诞文学艺术研究	宋雄华	中南民族大学文学与新闻传播学院
18	8	05BZW032	一般项目	20世纪发现戏曲文献及其整理研究论著综录	李占鹏	西北师范大学

在外国文学项目中选取发文4篇及以上的项目共13个，其基本情况如表3－72所示。其中一般项目为7个，占到54%，2011年立项项目为6个，占到46%。

表3－72　　外国文学高发文基金项目列表

序号	论文篇数	项目批准号	项目名称	项目负责人	工作单位
1	12	11XWW001	一般叙述的符号学研究	赵毅衡	四川大学文学与新闻学院
2	6	11BWW010	英国文学中的西藏书写研究	韩小梅	青海民族大学
3	6	10BWW007	新时期比较神话学的反思与开拓研究	叶舒宪	中国社会科学院文学研究所
4	6	10CWW010	库切小说诗学研究	黄晖	温州大学人文学院
5	5	11BWW054	当代美国印第安文学研究	邹惠玲	徐州师范大学外国语学院
6	5	11BWW057	美国黑人小说中的城市书写研究	姚佩芝	湖南师范大学外国语学院
7	5	11CWW004	美国后现代诗歌与中国第三代诗歌比较研究	尚婷	太原师范学院外语系
8	5	09CWW002	近代来华传教士与中国文学研究	刘丽霞	济南大学文学院
9	4	11BWW044	美国文学的精神创伤学研究	薛玉凤	河南大学
10	4	10BWW008	中英文学关系史料学研究	葛桂录	福建师范大学文学院
11	4	09XWW001	斯图亚特·霍尔的文化理论研究	邹威华	电子科技大学外国语学院
12	4	09BWW003	中国文学作品在海外的传播及影响	张晓希	天津外国语学院
13	4	09FWW002	日本古典文论选译（译著）	王向远	北京师范大学

2. 年度基金论文的作者分布

本次统计的2012年文学类国家社科基金论文中，每篇论文的平均作者数为1.2人，低于总体基金论文1.7人的平均值，最大作者数为5人，合著论文共329篇，占总论文数的16.6%，独著论文共1645篇，占总论文数的83.3%，远高于基金论文总体的52.6%。可以看出，文学学科领域独立性思考的成果比较多，合作成果相对较少。具体数据如表3－73所示。

表3－73　　**论文的作者人数及其论文篇数分布**

作者数	1	2	3	5
发文篇数	1645	312	16	1

按发文的第一作者的排名，共涉及1242个作者。取发文在6篇（含）以上的作者共20名，共发文139篇，约占总发文量的7.0%。具体如表3－74。

表3－74　　**发文在6篇（含）以上的作者**

序号	作者	作者机构	发文篇数
1	李占鹏	西北师范大学	10
2	刘成才	南通大学	9
3	宋雄华	中南民族大学	8
4	黄发有	南京大学	8
5	刘忠	上海师范大学	8
6	杨俏凡	嘉应学院	7
7	张川平	河北省社会科学院	7
8	杨向荣	湘潭大学	7
9	李永东	西南大学	7
10	陈红旗	嘉应学院	7
11	沈文凡	吉林大学	7
12	张春	湖南工业大学	6
13	张晓兰	兰州交通大学	6
14	韩小梅	青海民族大学	6
15	黄晖	扬州大学	6
16	马大康	温州大学	6
17	吴翔宇	浙江师范大学	6

续表

序号	作者	作者机构	发文篇数
18	李圣华	浙江师范大学	6
19	杨朝蕾	山东师范大学	6
20	权雅宁	宝鸡文理学院	6

3. 年度基金论文的机构分布

2012 年文学类国家社科基金项目论文共标注机构 2301 次，占所有学科机构标注次数的 7.2%，平均每篇论文标注了 1.2 个机构，低于所有学科基金论文的 1.3 个。论文的机构数分布如表 3－75 所示。

表 3－75　　**文学类论文机构数分布**

机构数	1	2	3	4	不详
发文篇数	1652	291	21	1	9

按第一作者所在机构的排名，共涉及 348 个机构，取发文在 15 篇（含）以上机构有 40 个，其累计发文占发文总数的 47%，见表 3－76。

表 3－76　　**发文 15 篇（含）以上机构列表**

排名序号	机构名称	发文篇数	百分比	累计百分比
1	南京大学	47	2.3	2.3
2	四川大学	43	2.1	4.5
3	西北师范大学	38	1.9	6.4
4	复旦大学	35	1.7	8.2
5	山东大学	34	1.7	9.9
6	北京师范大学	34	1.7	11.7
7	陕西师范大学	32	1.6	13.3
8	西南大学	32	1.6	14.9
9	华中师范大学	30	1.5	16.4
10	河南大学	27	1.3	17.8

续表

排名序号	机构名称	发文篇数	百分比	累计百分比
11	中国社会科学院	27	1.3	19.2
12	山东师范大学	26	1.3	20.5
13	苏州大学	26	1.3	21.8
14	华东师范大学	25	1.2	23.1
15	中山大学	24	1.2	24.3
16	南京师范大学	23	1.1	25.4
17	上海师范大学	22	1.1	26.6
18	武汉大学	22	1.1	27.7
19	吉林大学	21	1.0	28.7
20	湖南师范大学	20	1.0	29.7
21	浙江大学	20	1.0	30.8
22	安徽师范大学	20	1.0	31.8
23	浙江师范大学	20	1.0	32.8
24	福建师范大学	20	1.0	33.8
25	东北师范大学	19	0.9	34.8
26	北京大学	18	0.9	35.7
27	江苏师范大学	18	0.9	36.6
28	中国人民大学	18	0.9	37.5
29	扬州大学	17	0.8	38.4
30	广西师范大学	16	0.8	39.2
31	湘潭大学	16	0.8	40.0
32	华南师范大学	16	0.8	40.8
33	广州大学	16	0.8	41.6
34	首都师范大学	16	0.8	42.4
35	上海大学	16	0.8	43.2
36	江南大学	15	0.7	44.0
37	嘉应学院	15	0.7	44.7
38	安徽大学	15	0.7	45.5
39	济南大学	15	0.7	46.3
40	上海交通大学	15	0.7	47.0

对机构进行类型标引，将参与发表论文的机构标引为六个类型，分别是高校、科研院所、党政机构、党校、企业以及其他类。各类机构的机构数、发文量如表3－77所示。

表3－77　　**各类机构的机构数、发文量**

机构类型	机构个数	百分比（机构）	发文量	百分比（论文）	发文平均值
高校	314	90.2	1883	95.1	6.0
科研院所	21	6.0	62	3.1	2.9
党政机构	3	0.8	4	0.2	1.3
党校	1	0.2	1	0.1	1.0
企业	0	0	0	0	0
其他	9	2.5	24	1.2	2.6

按第一作者所在机构的排名，共涉及314个高校，取发文在15篇以上机构有39个，其累计发文占发文总数的47.9%。表3－79中除去中国社会科学院即为高校类排名。

按第一作者所在机构的排名，共涉及21个研究院所，取发文量前10位机构，其累计发文占科研院所发文总数的82.2%，见表3－78。

表3－78　　**发文量前10位的研究院所**

排名序号	机构名称	发文篇数	百分比（科研院所）	累计百分比（科研院所）
1	中国社会科学院	27	43.5	43.5
2	河北省社会科学院	7	11.2	54.8
3	河南省社会科学院	5	8.0	62.9
4	安徽省社会科学院	3	4.8	67.7
5	江西省社会科学院	2	3.2	70.9
6	湖南省社会科学院	2	3.2	74.1
7	江苏省社会科学院	2	3.2	77.4
8	上海社会科学院	1	1.6	79.0
9	中国旅游研究院	1	1.6	80.6
10	四川省社会科学院	1	1.6	82.2

还可以统计每个机构发表的论文的即年被引数以及下载量来表现机构发表论文产生的影响。取发文篇数不小于20篇的机构可以得到发文量排名前24位的机构列表，其指标值具体数据见表3－79。平均下载次数与平均被引次数分别如图3－19、图3－20所示。

表3－79　**发文数20篇（含）以上机构的论文各项影响指标值**

序号	机构名称	论文篇数	下载总数	平均下载次数	被引次数	平均被引次数
1	南京大学	47	3154	67.1	4	0.1
2	四川大学	43	2233	51.9	7	0.2
3	西北师范大学	38	1280	33.6	4	0.1
4	复旦大学	35	1634	46.6	0	0.0
5	山东大学	34	1536	45.1	2	0.1
6	北京师范大学	34	2705	79.5	2	0.1
7	陕西师范大学	32	1884	58.8	4	0.1
8	西南大学	32	1613	50.4	2	0.1
9	华中师范大学	30	1775	59.1	3	0.1
10	河南大学	27	1187	43.9	2	0.1
11	中国社会科学院	27	1554	57.5	6	0.2
12	山东师范大学	26	1068	41.0	0	0.0
13	苏州大学	26	1894	72.8	3	0.1
14	华东师范大学	25	989	39.5	0	0.0
15	中山大学	24	2070	86.2	2	0.1
16	南京师范大学	23	846	36.7	0	0.0
17	上海师范大学	22	751	34.1	2	0.1
18	武汉大学	22	1549	70.4	0	0.0
19	吉林大学	21	707	33.6	2	0.1
20	湖南师范大学	20	724	36.2	0	0.0
21	浙江大学	20	866	43.3	1	0.1
22	安徽师范大学	20	648	32.0	1	0.1
23	浙江师范大学	20	839	41.9	2	0.1

续表

序号	机构名称	论文篇数	下载总数	平均下载次数	被引次数	平均被引次数
24	福建师范大学	20	680	34.0	0	0.0

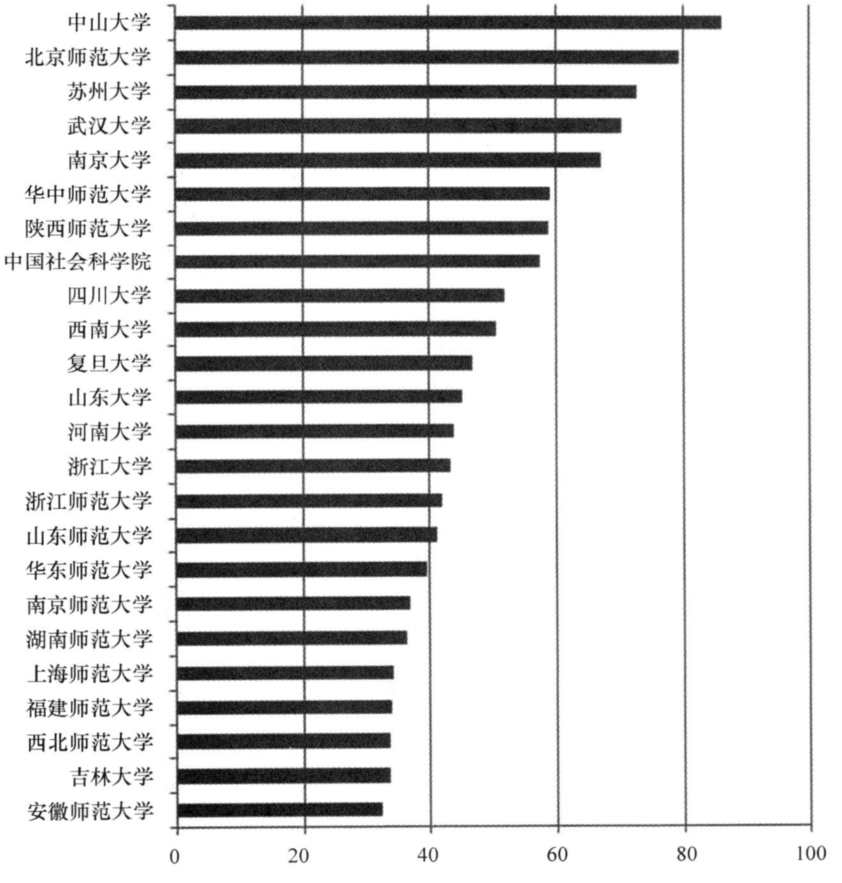

图 3－19　发文数 20 篇（含）以上机构的论文平均下载次数

从图 3－19 可以看出，中山大学、北京师范大学和苏州大学的论文平均下载次数较高。

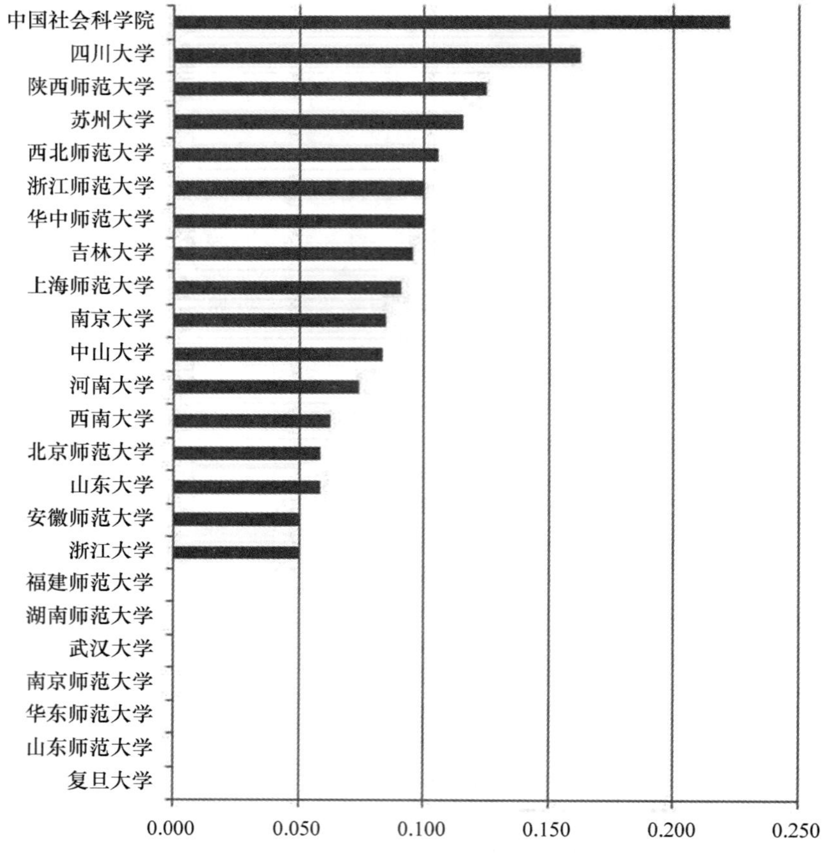

图 3－20　发文数 20 篇（含）以上机构的论文平均被引次数

从图 3－20 可以看出，中国社会科学院、四川大学与陕西师范大学的平均被引次数相对较高。

此外，还可以从论文被四大文摘转载的情况来反映论文产生的影响。四大文摘分别是中国人民大学《复印报刊资料》《中国社会科学文摘》《高等学校文科学术文摘》《新华文摘》。假设论文同时被四大文摘转载的权值为 0.4，被其中三个文摘转载的权值为 0.3，两个为 0.2，一个为 0.1，用权值与机构发表相应的论文篇数相乘再相加，可以得到机构的转载指数。

表3－80为转载指数排名前20位的机构。

表3－80 **论文转载指数前20位机构的论文被转载情况**

序号	机构名称	被一个文摘转载篇数	被两个文摘转载篇数	被三个文摘转载篇数	被四个文摘转载篇数	转载指数
1	南京大学	6	2	0	0	1.0
2	北京师范大学	5	1	1	0	1.0
3	华中师范大学	4	1	1	0	0.9
4	中山大学	7	0	0	0	0.7
5	浙江师范大学	3	2	0	0	0.7
6	南开大学	1	1	1	0	0.6
7	上海师范大学	3	1	0	0	0.5
8	四川大学	4	0	0	0	0.4
9	复旦大学	2	1	0	0	0.4
10	陕西师范大学	2	1	0	0	0.4
11	华东师范大学	4	0	0	0	0.4
12	扬州大学	2	1	0	0	0.4
13	首都师范大学	1	0	1	0	0.4
14	苏州大学	3	0	0	0	0.3
15	北京大学	3	0	0	0	0.3
16	中国人民大学	3	0	0	0	0.3
17	上海大学	3	0	0	0	0.3
18	中南民族大学	3	0	0	0	0.3
19	黑龙江大学	1	1	0	0	0.3
20	西北大学	0	0	1	0	0.3

4. 年度基金论文的地区分布

在2012年的文学类国家社科基金发文中，按第一作者机构所在地区的发文量排名，除港澳台地区外，共涉及30个省、直辖市（海南省没有发文），和2个国家（美国和俄罗斯）。此外，还有9篇论文的机构信息标注不详无法判断地区信息。具体见表3－81。

表3－81 **地区发文量排名**

排名	地区	发文篇数	百分比（总论文数）	累计百分比（总论文数）
1	江苏	210	10.6	10.6
2	北京	174	8.8	19.5
3	上海	138	7.0	26.5
4	山东	121	6.1	32.7
5	广东	114	5.8	38.5
6	湖南	114	5.8	44.3
7	湖北	108	5.5	49.8
8	四川	102	5.1	55.0
9	浙江	90	4.5	59.5
10	陕西	87	4.4	64.0
11	安徽	78	3.9	67.9
12	甘肃	71	3.6	71.6
13	河南	66	3.3	74.9
14	福建	55	2.8	77.7
15	吉林	53	2.7	80.4
16	江西	50	2.5	83.0
17	重庆	45	2.2	85.2
18	广西	38	1.9	87.2
19	黑龙江	33	1.6	88.9
20	天津	33	1.6	90.5
21	贵州	28	1.4	92.0
22	河北	24	1.2	93.2
23	辽宁	24	1.2	94.4
24	内蒙古	24	1.2	95.6
25	云南	24	1.2	96.9
26	山西	20	1.0	97.9
27	新疆	19	0.9	98.8
28	青海	8	0.4	99.2
29	西藏	5	0.2	99.5
30	宁夏	4	0.2	99.7

续表

排名	地区	发文篇数	百分比（总论文数）	累计百分比（总论文数）
31	美国	2	0.1	99.8
32	中国澳门	1	0.1	99.9
33	俄罗斯	1	0.1	99.9
34	中国香港	1	0.1	100.0

从表3－81可以看出，江苏位于文学类发文量排名的第一位，北京位居第二，上海仍为第三位。前三位与山东、广东、湖南及湖北省的发文量之和占到了文学类基金论文数的近一半。

近年来国家社科基金逐步加大了对西部项目的资助，本次统计结果中，文学类西部项目有113项，占项目总数的12.1%，共发表论文229篇，占论文总篇数的11.6%。但是从发文量的地区分布中我们看到，海南、宁夏、西藏、青海和新疆等仍居文学类基金论文产出的边缘。

（三）文学类项目论文的影响力指标分析

被引用和被转载的数量指标反映论文被利用的程度和社会认可度，是衡量论文质量和影响力的常规指标，此外，“核心期刊论文比”也可以从某种程度上体现论文发表期刊的好坏从而反映论文的质量。

2012年度文学类国家社科基金论文影响指标值及学科排位情况见表3－82。学科的论文被转载指标值及学科排位见表3－83。

表3－82　**文学类学科的论文影响指标值**

学科名称	总下载数	平均下载次数	学科排位（平均下载）	总被引次数	平均被引次数	学科排位（平均被引）
中国文学	69490	42.2	24	83	0.1	24
外国文学	18354	55.9	18	19	0.1	21

从表3－82可以看出，外国文学的平均下载、平均被引的学科排位跟论文数排位基本持平，但是中国文学的这两个指标排位都非常靠后，论文的影响程度相对较低。这也许跟中国文学特殊的学科性质有关。

表3－83 **文学类论文转摘指标值及学科排位**

学科名称	被摘转（篇）	平均被摘转篇数	学科排位（平均转摘）	被单刊摘转（篇）	被多刊摘转（篇）
中国文学	134	0.08	11	117	17
外国文学	18	0.05	16	17	1

从表3－83可以看出，外国文学的平均被摘转排位有所提升，中国文学相对于论文影响的学科排位上升了许多，但仍低于论文篇数的学科排位。

1. 年度基金论文即年被引情况

截至本次统计时间，2012年的1974篇文学类国家社科基金论文中，共有89篇论文有被引，被引率为4.5%，有被引论文数占总体基金论文有被引篇数的3.9%，被引次数共有102次，占总体基金论文被引次数的3.2%，平均每篇论文被引用1.15次，被引与未被引的论文比为0.05。详见表3－84。

表3－84 **文学类论文的即年被引指标统计**

被引论文总数	被引总次数	被引与未被引论文比	被引率（%）	篇均被引频次（总发文）	篇均被引频次（有被引发文）
89	102	0.05	4.5	0.05	1.15

在本年度有被引的文学类国家社科基金论文中，被引次数1次以上的论文共有11篇，被引用共24次，占总被引次数的23.5%。其中，单篇论文最高被引3次，该文是2009年资助的国家社科基金重大项目，

同一项目的另一篇论文被引2次。详见表3－85。

表3－85　　文学类即年高被引论文

序号	论文题目	第一作者	第一机构	来源期刊	被引次数	项目编号
1	新中国六十年奥斯丁小说研究之考察与分析	黄梅	中国社会科学院	浙江大学学报（人文社会科学版）	3	09&ZD071
2	新中国六十年新批评研究	赵毅衡	四川大学	浙江大学学报（人文社会科学版）	2	09&ZD071
3	论中国文章学正式成立的时限：南宋孝宗朝	祝尚书	四川大学	文学遗产	2	08BZW037
4	批点本的内部流通与桐城派的发展	徐雁平	南京大学	文学遗产	2	10&ZD130
5	基层写作：明清地域性文学社团考察	罗时进	苏州大学	苏州大学学报（哲学社会科学版）	2	10BZW056
6	中国美学：主义的喧嚣与缺位——百年中国美学批判	王建疆	西北师范大学	探索与争鸣	3	11xzw01
7	从符号学角度讨论植入广告的本质	饶广祥	四川大学	四川大学学报（哲学社会科学版）	2	11XWW001
8	理论之后：文学理论的知识图景与知识生产	李西建	陕西师范大学	陕西师范大学学报（哲学社会科学版）	2	11ZD113
9	论“寂”之美——日本古典文艺美学关键词“寂”的内涵与构造	王向远	北京师范大学	清华大学学报（哲学社会科学版）	2	09FWW002
10	文化强国语境下文化立国的逻辑、现实与战略	卢衍鹏	枣庄学院	湖南社会科学	2	08BZW060
11	器道相谐的书写与超越——聂鑫森小小说论	张春	湖南工业大学	西华大学学报（哲学社会科学版）	2	09BZW064

在即年被引的论文中，一般项目的论文篇数最多，该项目论文的被引次数也最多，其他依次为项目项目、重大项目、青年项目、重点项目和后期资助项目。如表3－86所示。

表 3 – 86　　　　即年被引论文的不同项目类型

序号	项目类型	被引论文数	被引次数
1	一般项目	46	50
2	西部项目	15	18
3	重大项目	11	16
4	青年项目	11	11
5	重点项目	5	5
6	后期资助项目	1	2

2. 年度基金论文即年下载情况

截至本次统计时间，2012 年的 1974 篇文学类国家社科基金论文中，共有 1894 篇论文有下载量，下载次数共有 87844 次，有下载与无下载的论文比为 23. 6，有下载论文占总论文数的比率为 95. 9%，平均每篇论文被下载 46. 4 次。表 3 – 87 的数据表明，本年度的国家社科基金论文下载情况表现较好，发挥了较大的网络影响作用。

表 3 – 87　　　　文学类论文的即年下载指标统计

下载总次数	有下载量论文总数	有下载与无下载论文比	下载率（%）	篇均下载频次（总发文）	篇均下载频次（有下载发文）
87844	1894	23. 6	96. 0	44. 5	46. 4

在本年度有被引的文学类国家社科基金发文中，下载次数 200 次以上的论文共有 38 篇（见表 3 – 88），共下载 10382 次，占总下载次数的 11. 8%。其中，单篇最高下载 591 次（被引 1 次），该文是 2010 年资助的国家社科基金一般项目，其次是 2007 年资助的一般项目和 2010 年资助的青年项目。38 篇高下载论文中有 13 篇论文有即年被引，比例占 34. 2%，高下载的论文被引的几率较大，但也有 65. 8% 的高下载论文没有引用。

表3-88　　**文学类高下载论文（下载次数≥200次）**

序号	论文题目	第一作者	第一机构	来源期刊	下载次数	项目编号
1	文化生产与非物质文化遗产生产性保护	宋俊华	中山大学	文化遗产	591	10BZW070
2	寻找上海——解读王安忆的《长恨歌》	崔志远	河北师范大学	河北师范大学学报（哲学社会科学版）	407	07BZW053
3	谁该赎罪何以赎罪——《赎罪》的伦理经纬	宋艳芳	苏州大学	外国文学研究	383	10CWW019
4	文学理论范式：现代和后现代的转换	周宪	南京大学	南京社会科学	365	06AZW001
5	“从解释到发现”的认知诗学分析方法——以Theagle为例	熊沐清	四川外语学院	外语教学与研究	354	11XWW003
6	审美形式、文学虚构与人的存在	马大康	温州大学	文学评论	345	10BZW003
7	佛教思想与文学性灵说	普慧	西北大学	文学评论	307	04BZW008
8	中国现代文学的副文本	金宏宇	武汉大学	中国社会科学	305	08BZW054
9	面对现代性的焦虑——霍桑作品中的城市意象	蒙雪琴	四川师范大学	外国文学	299	01XWW008
10	孔子学院可持续发展动因探析	蔡慧清	湖南大学	西南民族大学学报（人文社会科学版）	294	09czw044
11	从中西方女性审美探讨“眉/brow”的语义转移	赵学德	浙江理工大学	中国校外教育	294	10CWW004
12	论福柯理论视野中身体、知识与权力之关系	欧阳灿灿	广西师范大学	学术论坛	292	10XWW001
13	社会转型期道德冷漠背景下高校道德教育探析——基于社会工作的视角	鞠鑫	广东商学院	思想教育研究	288	08BZW071
14	肉体话语、身体美学、身体的审美化——晚近对于经典美学的三次挑战及其学术意义	姚文放	扬州大学	江海学刊	285	11AZW001
15	论“语体”及文体的前“文体”状态	胡大雷	广西师范大学	文学遗产	272	10&ZD102

续表

序号	论文题目	第一作者	第一机构	来源期刊	下载次数	项目编号
16	“并未言明之事”：同性恋批评视角下的凯瑟研究	孙宏	中国人民大学	外国文学研究	266	05BWW018
17	去历史化的大叙事——20世纪90年代以来“精神中国”的文学建构	陈晓明	石河子大学	文艺研究	262	10&ZD098
18	古希腊神话研究综述	贡觉	北京师范大学	西藏大学学报（社会科学版）	259	08XWW002
19	论《古今图书集成》的文学与文体观念——以《文学典》为中心	吴承学	中山大学	文学评论	259	x
20	大众文化的概念之旅、演变轨迹和研究走向	赵勇	北京师范大学	山西大学学报（哲学社会科学版）	251	11&ZD022
21	《傲慢与偏见》所折射的认识论	耿力平	北京外国语大学	外国文学研究	249	07BWW011
22	从符号学角度讨论植入广告的本质	饶广祥	四川大学	四川大学学报（哲学社会科学版）	248	11XWW001
23	偷窃癖患者的创伤与自我——以《恶棍来访》中的萨莎为例	薛玉凤	河南大学	外国文学	238	11BWW044
24	“双性气质”的性别魅力与现代困境——女性主义视角下的《名利场》女性形象利蓓加探析	傅守祥	华东政法大学	淮阴师范学院学报（哲学社会科学版）	237	10&ZD135
25	“文人”身份的历史生成及其对文论观念之影响	李春青	北京师范大学	文学评论	232	10BZW014
26	斯图亚特·霍尔的“接合理论”研究	邹威华	电子科技大学	当代外国文学	230	09XWW001
27	文化身份、民族认同的含混与危机——论郭沫若五四时期的创作	李永东	西南大学	文学评论	230	08XZW014
28	批点本的内部流通与桐城派的发展	徐雁平	南京大学	文学遗产	229	10&ZD130
29	渎神的诗性：《受戒》作为1980年代的文化寓言	王本朝	西南大学	当代文坛	228	07XZW011

续表

序号	论文题目	第一作者	第一机构	来源期刊	下载次数	项目编号
30	论先秦两汉时期《诗》本事	曹建国	武汉大学	文学遗产	220	05CZW010
31	论中国文章学正式成立的时限：南宋孝宗朝	祝尚书	四川大学	文学遗产	218	08BZW037
32	路遥苦难叙事的限度	白浩	四川师范大学	中国现代文学研究丛刊	218	08XZW016
33	在“异托邦”里建构“个人另类选择”幻象空间——网络文学的意识形态功能之一种	邵燕君	北京大学	文艺研究	210	09BZW067
34	新中国六十年福克纳研究之考察与分析	陶洁	北京大学	浙江大学学报（人文社会科学版）	206	09&ZD071
35	《瓦尔登湖》与中国当代生态散文	赵树勤	湖南师范大学	湘潭大学学报（哲学社会科学版）	205	06BZW056
36	晚清词坛的自我经典化	张宏生	香港浸会大学	文艺研究	205	11&ZD105
37	从川端康成到卡夫卡——余华小说创作的转型与新时期小说审美范式的变化	王永兵	安庆师范学院	浙江师范大学学报（社会科学版）	201	09BZW062
38	四重证据法重建中国非物质文化遗产体系——以玉文化和龙文化的大传统研究为例	叶舒宪	上海交通大学	贵州社会科学	200	10BWW007

在这38篇高下载量论文中，一般项目论文篇数最多，该类型项目论文的下载次数也最多，其他依次为西部项目、重大项目、青年项目、重点项目。如表3-89所示。

表3-89　**高下载论文的不同项目类型**

项目类型	论文篇数	下载次数
一般项目	15	4262
西部项目	9	2358

续表

项目类型	论文篇数	下载次数
重大项目	8	1921
青年项目	4	1191
重点项目	2	650

3. 年度基金论文的期刊分布与核心期刊论文比

共有1974篇文学类国家社科基金论文分散发表在526个期刊上，占总量50%的论文集中发表在85种期刊上。其中发表超过10篇文学类国家社科基金论文的期刊有38种，总共603篇论文，接近发表论文总量的31%。发表文学类国家社科基金论文数超过10篇的期刊如表3－90所示。

表3－90　　2012年发表文学类国家社科基金论文在10篇以上的期刊

排名	期刊名	发文数	百分比	累计百分比
1	文艺争鸣	40	2.0	2.0
2	文艺研究	29	1.4	3.5
3	名作欣赏	28	1.4	4.9
4	中国现代文学研究丛刊	28	1.4	6.3
5	文学评论	27	1.3	7.7
6	当代文坛	20	1.0	8.7
7	学习与探索	20	1.0	9.7
8	文艺评论	19	0.9	10.6
9	外国文学研究	18	0.9	11.6
10	井冈山大学学报（社会科学版）	17	0.8	12.4
11	中国文学研究	17	0.8	13.3
12	国外文学	16	0.8	14.1
13	齐鲁学刊	15	0.7	14.8
14	陕西师范大学学报（哲学社会科学版）	15	0.7	15.6
15	西北师大学报（社会科学版）	14	0.7	16.3
16	文艺理论与批评	14	0.7	17.0

续表

排名	期刊名	发文数	百分比	累计百分比
17	文史哲	14	0.7	17.7
18	文学遗产	14	0.7	18.4
19	当代作家评论	13	0.6	19.1
20	西南大学学报（社会科学版）	13	0.6	19.8
21	江西社会科学	13	0.6	20.4
22	社会科学战线	13	0.6	21.1
23	民族文学研究	13	0.6	21.7
24	当代外国文学	13	0.6	22.4
25	文艺理论研究	13	0.6	23.1
26	小说评论	12	0.6	23.7
27	南方文坛	12	0.6	24.3
28	外国文学	12	0.6	24.9
29	广西社会科学	12	0.6	25.5
30	中南大学学报（社会科学版）	11	0.5	26.0
31	兰州学刊	11	0.5	26.6
32	江海学刊	11	0.5	27.2
33	南昌大学学报（人文社会科学版）	11	0.5	27.7
34	探索与争鸣	11	0.5	28.3
35	山东社会科学	11	0.5	28.8
36	北方论丛	11	0.5	29.4
37	俄罗斯文艺	11	0.5	29.9
38	山东师范大学学报（人文社会科学版）	11	0.5	30.5

526种来源期刊中，有346种期刊为核心期刊和CHSSCD来源期刊。2012年的文学类国家社科基金论文中有39%以上是发表在三家共同认定的核心期刊上，这一比例与中国社会科学院研制的《中国人文社会科学核心期刊要览》2008版核心期刊比例相似。具体如表3－91所示。

表 3－91 **文学类论文的期刊分布统计**

核心期刊类别	期刊数量（种）	百分比
三家核心期刊	778	39.4
北京大学《总览》核心期刊	1581	80.0
南京大学 CSSCI 来源期刊	1539	77.9
中国社会科学院 CHSSCD 来源期刊	1585	80.2
中国社会科学院《要览》核心期刊	790	40.0

4. 年度基金论文被转载情况

据统计，2012 年发表的文学类国家社科基金论文中，共有 152 篇论文被四大文摘摘录与转载，共计被转载 175 篇次。其中中国人民大学《复印报刊资料》转载 92 篇次，占被转载论文总篇次的 52.6%，《中国社会科学文摘》转载 32 篇次，占被转载论文总篇次的 18.3%，《高等学校文科学术文摘》转载 28 篇次，占被转载论文总篇次的 16.0%，《新华文摘》转载 23 篇次，占被转载论文总篇次的 13.1%。有 18 篇论文被两家或三家文摘转载，占被转载论文总篇次的 10.2%，数据见表 3－92。表 3－93 为被多家文摘转载的论文列表。

表 3－92 **2012 年文学类论文的被转载统计**

文摘刊名	篇次	百分比（被转载）	百分比（总论文）
中国人民大学《复印报刊资料》	92	52.6	4.6
中国社会科学文摘	32	18.3	1.6
高等学校文科学术文摘	28	16.0	1.4
新华文摘	23	13.1	1.1
多家转载	18	10.2	0.9

表 3－93 **2012 年被多家文摘转载的论文列表**

被转载次数	项目编号	论文题目	第一作者	作者机构
3	04BZW008	佛教思想与文学性灵说	普慧	西北大学

续表

被转载次数	项目编号	论文题目	第一作者	作者机构
3	11&ZD078	马克思主义文学批评中国形态的历史进程	黄念然	华中师范大学
3	10BZW014	“文人”身份的历史生成及其对文论观念之影响	李春青	北京师范大学
3	10BZW045	“无声诗”与“无形画”的现象直观	张毅	南开大学
3	04AZW001	多民族特点与世界性眼光——略论新世纪的中国诗歌史观	赵敏俐	首都师范大学
2	06AZW001	文学理论范式：现代和后现代的转换	周宪	南京大学
2	11AZW001	肉体话语、身体美学、身体的审美化——晚近对于经典美学的三次挑战及其学术意义	姚文放	扬州大学
2	10CZW038	以城市书写为视角的明代奇书解读	葛永海	浙江师范大学
2	08BZW008	露丝·伊利格瑞的阴性女性理论	于文秀	黑龙江大学
2	06BZW017	后现代视野与文学经典问题域的新问题	刘俐俐	南开大学
2	10CZW010	文本细读：“文学场”建构的基石	刘军	河南大学
2	07FZW006	《讲话》在解放区和国统区的传播与接受	刘忠	上海师范大学
2	11&ZD078	从人类学视域看马克思主义文学批评范式的理论构成	孙文宪	华中师范大学
2	11&ZD113	延安文艺研究：历史重评与当代性建构	赵学勇	陕西师范大学
2	10CZW038	六朝江南都市艳歌的生成机制及其历史流变	葛永海	浙江师范大学
2	04CZ013	西方马克思主义美学的形式概念	张旭曙	复旦大学
2	09FWW002	日本近代文论的系谱、构造与特色	王向远	北京师范大学
2	10&ZD130	清代文学世家的家族信念与发展内动力	徐雁平	南京大学

(四）文学类项目论文的关键词统计与内容分析

对每篇论文的关键词进行分析统计，可以得到高频关键词表，在一定程度上反映了研究热点，还能获得高频关键词的共现情况，从而也可以对高频关键词进行聚类。

经统计，文学类项目2012年发表的论文共标注了7287个关键词，一篇论文最高关键词数为10个，平均每篇论文有3.69个关键词。选择每篇论文前五个标注的关键词做去重处理，得到不同的关键词共5348个。选择出现频次不小于7的关键词为高频关键词，去掉没有研究意义的关键词“研究”，得到高频关键词共29个，构建高频关键词表，如表3－94所示。

表3－94 **高频关键词表**

序号	关键词	频次	序号	关键词	频次
1	小说	20	16	审美	9
2	鲁迅	15	17	胡适	8
3	文化	15	18	文体	8
4	现代性	14	19	符号学	8
5	文学批评	13	20	清代	8
6	陶渊明	11	21	文学理论	8
7	延安文艺	11	22	语境	8
8	身体	11	23	孔子	8
9	文化身份	10	24	接受	8
10	空间	10	25	散文	7
11	诗歌	10	26	后现代主义	7
12	述评	10	27	湖湘文化	7
13	戏曲	10	28	现代主义	7
14	叙事	9	29	影响	7
15	文学史	9			

对高频关键词进行共词分析，得到29＊29的共词矩阵，发现共现的高频关键词词组过少且频次只有1次，共现词组如表3－95所示。由于词组共现不理想，不再进行关键词聚类。

表3－95 **高频关键词共现词组**

关键词1	关键词2	共现次数
后现代主义	影响	1

续表

关键词 1	关键词 2	共现次数
湖湘文化	文化	1
接受	陶渊明	1
空间	文化	1
鲁迅	延安文艺	1
清代	戏曲	1
散文	文化	1
身体	文化	1
身体	语境	1
身体	诗歌	1
诗歌	符号学	1
陶渊明	文学史	1
文学批评	文化身份	1
戏曲	叙事	1
现代性	审美	1
现代主义	后现代主义	1
小说	散文	1
小说	文体	1
小说	诗歌	1
影响	散文	1

从关键词统计的情况可以发现一些研究热点，诸如各种文学作品体裁的研究，鲁迅、陶渊明、胡适和孔子文化的研究，文化与其他载体之间的联系研究，文学中现代主义与后现代主义的研究，以及文学与其他学科如符号学、史学的关联研究，等等。总体来说，文学学科的研究热点主题相对分散，这也符合文学的学科特点。

八　2012 年国家社会科学基金论文统计分析
——以图书馆·情报与文献学为例

国家社科基金年度项目申请、评审和立项一般按 26 个学科分组进行，“图书馆·情报与文献学”是其中的一个学科，包含了图书馆学、情报学、文献学和档案学，以下简称图情档。近年来，国家社科基金根据社会发展和学科建设的需要，通过提高项目资助金额、增加立项项目，加强学科发展规划，继续加大对图情档研究的投入。在社会需求的推动以及国家社科基金的助力下，2012 年图情档项目研究取得了进一步发展。以下从文献计量学、科学计量学视角，对国家社会科学基金图情档项目 2012 年度论文产出数量、分布特点、研究热点和影响力指标进行统计分析，从论文成果这一侧面反映该学科项目年度研究状况，以及国家社科基金在推动该学科基础理论与应用研究的发展方面所取得的成效。

（一）图情档项目投入

从全国哲学社会科学规划办公室官网项目数据库可检索历年国家社科基金立项项目。对 2008—2012 年立项项目数量的统计结果显示，国家社科基金图情档项目总量持续增长，各年立项总数分别为 73 项、80 项、106 项、126 项、134 项。2012 年总立项数（134 项）比 2008 年（73 项）增长了 83.6%。

在 26 个国家社科基金资助学科中，2012 年图情档立项数量位列第 13 名。如图 3－21 所示，2012 年图情档各类型项目的立项数量依次为：一般项目 59 项（占比 44%）、青年项目 49 项（占比 37%）、西部项目 15 项（占比 11%）、重点项目 6 项（占比 4%）、重大项目 3 项（占比 2%）、成果文库项目 2 项（占比 2%）。

这 5 年间，各类型项目的增长幅度不尽相同。国家社科基金特别加大了对青年项目的投入，从资助金额到立项数量都向青年项目倾斜，单项资助金额增至 15 万元。2012 年青年项目立项数量比 2008 年增长约 1.9 倍，增幅最大，其次是一般项目，其他项目均略有增长。2010 年国家社科基金还新增了后期资助项目、成果文库项目、中华学术外译项目，但由于这 3 类新增项目主要资助图书类成果，因此，在统计分析基金论文时忽略不计。图 3－22 显示了 2008—2012 年 5 种主要类型项目数量的变化情况。

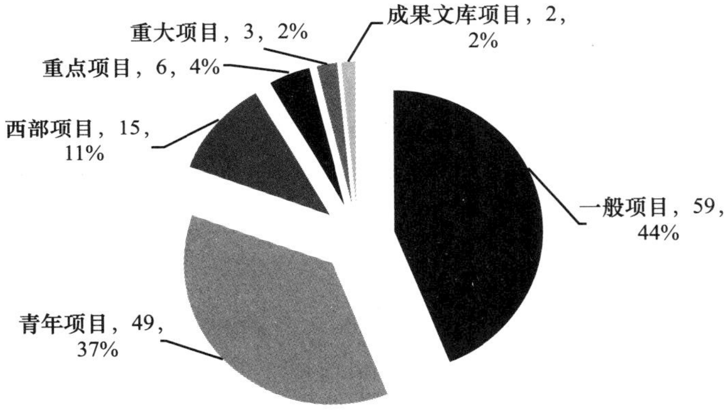

图 3－21　2012 年国家社科基金图情档各类型项目数量及占比

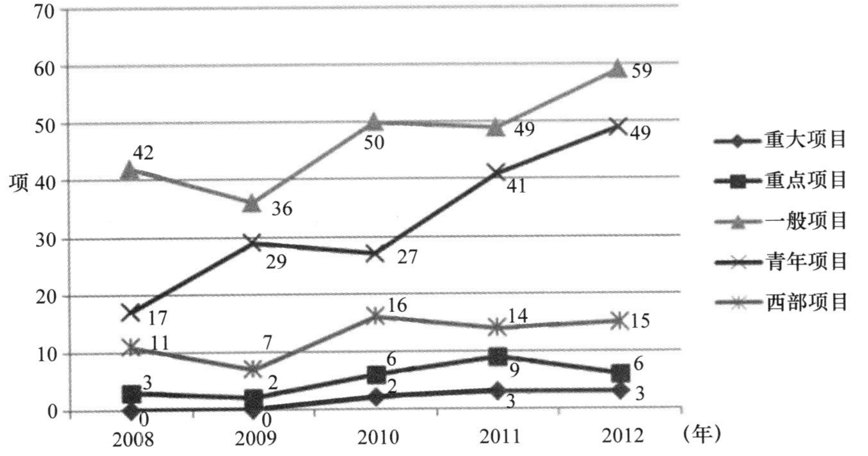

图 3－22　2008—2012 年国家社科基金图情档项目数量

(二) 图情档项目论文产出分析

根据对中国知网“中国引文数据库”数据以及纸本期刊论文的统计，截至2013年1月27日，国家社科基金项目2012年在学术期刊发表的论文为23582篇，其中，图情档论文为779篇，占总数的3.3%，在国家社科基金各学科论文产出量排名中名列第12名，比其在立项数量的排名位次（第13名）略高。

1. 论文产出的项目分布

论文的项目分布分析将从项目类型分布、各立项年项目分布、不同发文量区间的单个项目分布包括高发文项目等维度进行统计，发文项目量、项目均发文量、各类型项目发文量、发文时滞等指标可在一定程度上反映项目绩效。

据统计，2012年共有300个国家社科基金项目在学术期刊发表图情档论文，也就是说，2012年发表的论文779篇，分别出自300个项目，平均每个项目发文（项目均发文量）约为2.6篇。

通过统计分析，可以看到2012年国家社科基金图情档论文的项目分布情况与特点。

（1）产生一批高发文项目，但多数项目的发文量低于全部项目发文量的平均值。表3－96列出了不同发文量项目的个数、发文量和占比。2012年国家社科基金图情档不乏论文高产项目，发文3篇（含）以上的项目（即超过项目平均发文量的项目）共89个，约占本学科全部项目数量的30%，其发文量共计496篇，约占本学科发文总量的64%。其中，发文5篇以上的项目有39个（具体项目见表3－97）。但总体来看，大多数图情档项目（70%）发文量在2篇以下。

表3－96　**单项项目发文量及其项目数量**

不同发文量的项目	项目量（项）	项目量占比（%）	发文量（篇）	发文量占比（%）
发文10—21篇的项目	12	4.0	152	19.5
发文5—9篇的项目	27	9.0	169	21.7

续表

不同发文量的项目	项目量（项）	项目量占比（%）	发文量（篇）	发文量占比（%）
发文4篇的项目	25	8.3	100	12.8
发文3篇的项目	25	8.3	75	9.6
发文2篇的项目	72	24.0	144	18.5
发文1篇的项目	139	46.3	139	17.8
合计	300	100	779	100

表3－97　　2012年发文量居前的项目（发文篇数≥5）

项目批准号	项目名称	项目负责人	发文量（篇）
11BTQ027	企业转型过程中的知识转移模型及其应用研究	郭东强	21
10BTQ024	知识转移绩效与图书馆咨询团队运行机制研究	付立宏	15
10BTQ035	文献计量分析的知识管理学科规范研究	储节旺	14
11CTQ032	面向社会的档案信息资源规划研究	周林兴	14
10FTQ003	科技评价中多属性评价方法基本理论研究	俞立平	13
08BTQ025	学科知识测度体系及其应用研究	丁堃	12
10ATQ006	当代国际情报学理论进展与中国情报学的理论创新研究	王知津	11
11BTQ028	高校信息公开制度的构建与绩效评价	马海群	11
11BTQ048	商务网站的信息生态环境分析与经营效益评价研究	张海涛	11
08XTQ007	黑水城出土西夏文医药文献整理与研究	梁松涛	10
10ATQ004	互联网用户群体协作行为模式的理论与应用研究	朱庆华	10
10BTQ008	高校图书馆个性化服务系统开发研究	曹红兵	10
09BTQ007	图书馆与西部民族地区阅读文化建设研究——以湘西土家族苗族自治州为例	王月娥	9
10BTQ019	提高知识型员工战略运算能力的网络行为模式研究	汪传雷	9
09BTQ021	基于动态能力的企业协同知识创新研究	李朝明	8
09CTQ011	基于云计算理念与技术的文献资源服务研究	胡新平	8
09XTQ001	基于绩效和成效测度的图书馆社会价值评估研究	熊伟	8

续表

项目批准号	项目名称	项目负责人	发文量（篇）
11CTQ013	情报分析中的个体认知偏差及其干预策略研究	严贝妮	8
10BTQ023	社会化网络环境下信息组织的理论与方法创新研究	黄如花	7
10BTQ034	网页内容分析与挖掘的企业竞争情报方法研究	黄晓斌	7
10CTQ003	新媒体环境下阅读引导与读者服务的协同推进研究	邓香莲	7
11&ZD033	国家政治安全视角下的互联网虚拟社会风险治理研究	徐晓林	7
09&ZD039	我国公共部门信息资源增值利用对策研究	陈传夫	6
09BTQ002	图书馆核心竞争力研究	程娟	6
10BTQ005	数字图书馆建设体制及其发展模式研究	郑建明	6
10FTQ001	中国人文社会科学图书学术影响力报告	苏新宁	6
11&ZD143	我国战略性新兴产业的信息资源保障体系与服务模式研究	霍国庆	6
11&ZD152	基于语义的馆藏资源深度聚合与可视化展示研究	邱均平	6
09BTQ023	基于和谐信息化及复杂系统视角的企业动态能力构建	戚桂杰	5
09CTQ001	图书馆在和谐社会建设中投入与运行模式研究——图书馆在灾后重建中投入与运行模式研究	程孝良	5
09CTQ017	国际竞争背景下我国产业竞争情报服务模式与运行机制研究	赵筱媛	5
10BTQ046	突发事件网络舆情的信息要素分析与政府治理研究	王国华	5
10CTQ006	“三网融合”进程中农村现代信息服务体系建设研究	李瑾	5
10CTQ018	我国中小企业竞争情报体系建设研究	宋新平	5
11BTQ010	基于用户交互的数字图书馆服务评价模型与实证研究	梁孟华	5
11BTQ012	我国农民信息需求特征及其影响因素研究	蔡东宏	5
11CTQ003	联合虚拟参考咨询系统的知识库研究	许鑫	5
11CTQ023	知识管理 RS-CBR 自学习系统研究	张建华	5
11CTQ036	基于网络日志的知识地图构建及其应用研究	张梅	5

（2）在项目类型分布上，各类项目的论文产出规模与其立项数量规模相对应，但单项项目的论文产出量与其资助强度并不完全对应。

统计结果如表3－98所示，一般项目发文量最大，其次是青年项目，这两类项目论文产出量为584篇，占各类项目论文总量的75%。这两类项目数量为222个，约占发文项目总量的74%。各类型项目按发文量多少排序，依次为一般项目、青年项目、西部项目、重大项目、重点项目、后期资助项目、重大委托项目、其他项目。可以看到立项数量多的项目类型，其发文量大，各类型项目发文量的排序与各类型项目立项数量的排序基本一致。

表3－98　　各类型项目发文量与项目数量对照表

项目类型	发文量（篇）	发文占比（%）	项目量（项）	项目占比（%）	项目均发文量（篇）
一般项目	377	48.4	127	42.3	2.97
青年项目	207	26.6	95	31.7	2.17
西部项目	74	9.5	33	11	2.24
重大项目	51	6.5	21	7	2.43
重点项目	42	5.4	15	5	2.80
后期资助项目	24	3.1	6	2	4.00
重大委托项目	3	0.4	2	0.7	1.50
其他项目	1	0.1	1	0.3	1.00
总计	779	100	300	100	2.60

从项目均发文量来看，后期资助项目的这一指标值最高，达4篇。一般项目也表现突出，位居第二；重点项目和重大项目的项目均发文量高于青年项目和西部项目。这一排名顺序与各类型项目的单项资助强度（单项项目资助金额的规模）并不完全对应。

（3）多数项目的论文产出速度较快。基金论文产出速度主要表现在近年立项项目的发文量占所有项目发文总量的比例，尤其是统计当年立项的项目所发表的论文量占比（可称为即年项目发文率）。根据对

2012 年论文在各年立项项目的分布情况统计，结果如表 3 - 99、图 3 - 23 所示，2012 年发表的国家社科基金图情档论文约分布在 9 个年度的资助项目，2009—2011 年立项项目所发表的论文占比 78.7%，其中，2010 年立项项目的发文量最多，为 242 篇，占总发文量的 31.1%。其次是 2011 年立项项目，发文 237 篇，占比 30.4%。这说明，多数项目

表 3 - 99　　2012 年发文量在各年立项项目的分布

项目立项年	发文量（篇）	发文占比（%）	发文项目量（项）	项目量占比（%）
2012	44	5.6	31	10.3
2011	237	30.4	78	26.0
2010	242	31.1	81	27.0
2009	134	17.2	50	16.7
2008	87	11.2	34	11.3
2007	19	2.4	15	5.0
2006	10	1.3	6	2.0
2004	2	0.3	1	0.3
2003	1	0.1	1	0.3
不详	3	0.4	3	1.0
合计	779	100	300	100

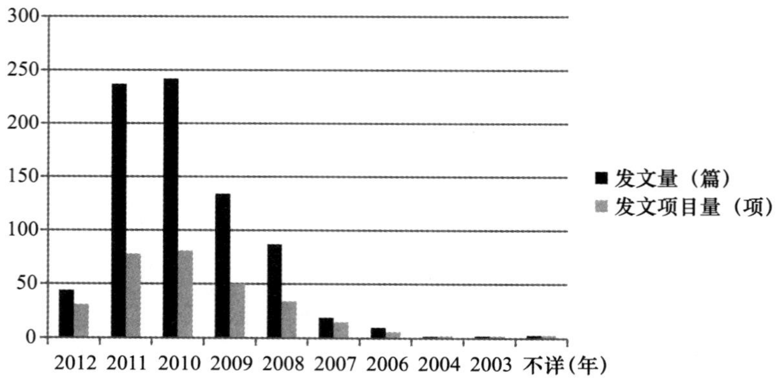

图 3 - 23　2012 年论文产出在各年资助项目的分布图

在立项后1—3年间进入发表论文成果的高峰期，论文产出速度较快。

有31个项目在2012年立项当年发表论文44篇，占比5.6%，也就是说即年项目论文率为5.6%。这些产出速度较快的项目主要是一般项目和青年项目。论文成果产出速度快，从一定程度上反映项目前期研究基础做得较好，效率高。应用研究、对策研究需要快速产出成果，有利于及早为社会政策决策提供智力支持。

2. 论文产出的作者与机构分布

根据统计，779篇国家社科基金图情档论文标注作者共1660人次，平均每篇论文有2.1位作者。排除重复的作者姓名，实际作者人数为1010人，其中，第一作者554人，第一作者人均发文1.4篇。

779篇论文标注作者机构1079次，平均每篇论文的作者机构数为1.4个。将相同机构的名称归并，并按上级机构统计，实际机构共199个（2篇论文未标注作者机构），机构均发文量约2.6篇。

2012年国家社科基金图情档论文产出的作者与机构分布有以下特点：

（1）作者人数较多，但多数作者发文量低于总体人均发文量。从表3－100可以看到，78.2%的作者（433人）发文1篇，12.6%的作者（70人）发文2篇，只有9.2%的作者（51人）发文量在3篇以上。宁波大学俞立平、郑州师范学院袁红军、河北大学梁松涛、南开大学王知津发文量名列前茅。2012年发文3篇及以上的第一作者及其机构见表3－101。

表3－100　　2012年单个作者发文篇数及对应的作者人数

发文篇数	1	2	3	4	5篇以上	合计
第一作者人数	433	70	31	8	12	554
比例（%）	78.2	12.6	5.6	1.4	2.2	100

表 3 - 101　　2012 年发文量居前的第一作者（发文篇数≥3）

序号	第一作者	一级机构	发文量（篇）	累计发文量占比（%）
1	俞立平	宁波大学	9	1.16
2	袁红军	郑州师范学院	9	2.31
3	梁松涛	河北大学	8	3.34
4	王知津	南开大学	8	4.36
5	储节旺	安徽大学	7	5.26
6	邓香莲	华东师范大学	7	6.16
7	周林兴	南昌大学	7	7.06
8	汪传雷	安徽大学	6	7.83
9	黄如花	武汉大学	5	8.47
10	李朝明	华侨大学	5	9.11
11	马海群	黑龙江大学	5	9.76
12	吴加琪	南京信息工程大学	5	10.40
13	郭秀琦	包头师范学院	4	10.91
14	罗贤春	广西民族大学	4	11.42
15	马捷	吉林大学	4	11.94
16	吴素娟	成都理工大学	4	12.45
17	项文新	苏州大学	4	12.97
18	张海涛	吉林大学	4	13.48
19	赵海军	广东商学院	4	13.99
20	周春雷	郑州大学	4	14.51
21	蔡东宏	海南大学	3	14.89
22	程结晶	南昌大学	3	15.28
23	程妍妍	南京政治学院	3	15.66
24	邓胜利	武汉大学	3	16.05
25	冯长利	大连理工大学	3	16.43
26	贺延辉	黑龙江大学	3	16.82
27	胡立耘	云南大学	3	17.20
28	胡潜	华中师范大学	3	17.59
29	黄霄羽	中国人民大学	3	17.97

续表

序号	第一作者	一级机构	发文量（篇）	累计发文量占比（%）
30	黄晓斌	中山大学	3	18.36
31	霍国庆	中国科学院	3	18.74
32	康蠡	海南政法职业学院	3	19.13
33	李瑾	北京农业信息技术研究中心	3	19.51
34	李长玲	山东理工大学	3	19.90
35	梁孟华	上海师范大学	3	20.28
36	刘闲月	华侨大学	3	20.67
37	戚桂杰	山东大学	3	21.05
38	邱均平	武汉大学	3	21.44
39	任越	黑龙江大学	3	21.82
40	施仲贞	南通大学	3	22.21
41	唐秋鸿	暨南大学	3	22.59
42	王国华	华中科技大学	3	22.98
43	吴绍兵	云南警官学院	3	23.36
44	熊伟	陕西教育学院	3	23.75
45	严贝妮	安徽大学	3	24.13
46	杨建林	南京大学	3	24.52
47	杨利军	中山大学	3	24.90
48	杨思洛	湘潭大学	3	25.29
49	姚伟	南开大学	3	25.67
50	张建华	郑州大学	3	26.06
51	朱学芳	南京大学	3	26.44

（2）在作者机构分布上，高校机构数量与论文产出量占绝对多数，而科研院所的机构平均发文量最高。将第一作者所在机构的类型分为高等院校、科研院所、党校、党政机构、文化机构、企业六类，对各类机构发文量进行统计，结果如表3－102所示。

表 3－102　　**各类型机构发文量与机构数量、机构均发文量统计表**

机构类型	发文量（篇）	发文占比（%）	机构个数	均发文量（篇）
高等院校	700	89.9	171	4.1
科研院所	45	5.8	8	5.6
文化机构	18	2.3	10	1.8
党校	10	1.3	7	1.4
党政机构	3	0.4	2	1.5
企业	1	0.1	1	1
无机构	2	0.3	—	—
合计	779	100.0	199	2.6

来自 171 所高等院校的作者，发文量高达 700 篇，占论文总量的 89.9%。发文 5 篇以上的机构中，只有 3 个非高校类机构，其余 40 个机构均为高等院校（见表 3－103）。这说明高校是国家社科基金图情档项目研究的主要阵地。机构类型按发文量多少排序，依次为：高等院校、科研院所、文化机构、党校、党政机构、企业。

从机构平均发文量来看，全部机构的平均发文量为 2.6 篇，即机构发文量的平均水平。科研院所平均每个机构发文量约 5.6 篇，居各机构类型首位。其次是高等院校类机构，平均发文量为 4.1 篇。其他各机构类型平均发文量低于 2.6 篇。

表 3－103　　**发文量居前的机构（发文篇数≥5）**

一级机构	发文量（篇）	一级机构	发文量（篇）	一级机构	发文量（篇）
南京大学	49	河北大学	13	海南大学	6
武汉大学	39	南昌大学	13	南京信息工程大学	6
安徽大学	24	中国科学院	12	宁夏大学	6
华侨大学	24	中国人民大学	12	上海师范大学	6

续表

一级机构	发文量（篇）	一级机构	发文量（篇）	一级机构	发文量（篇）
中国科学技术信息研究所	21	华中科技大学	11	天津师范大学	6
				北方工业大学	5
南开大学	19	华中师范大学	10	北京大学	5
中山大学	19	吉首大学	10	广西大学	5
黑龙江大学	18	湘潭大学	9	广西民族大学	5
华东师范大学	17	郑州师范学院	9	江汉大学	5
吉林大学	17	广东商学院	8	江苏大学	5
大连理工大学	16	上海大学	8	南京政治学院	5
南通大学	14	苏州大学	8	山东理工大学	5
宁波大学	14	云南大学	7	上海图书馆	5
郑州大学	14	成都理工大学	6	新疆大学	5

中国科学技术信息研究所、中国科学院是发文量居前的科研院所，发文量分别为 21 篇、12 篇，两机构的发文量约占科研院所总发文量的 73.3%（33/45）。

文化事业类机构中，发文量居前的是上海图书馆（5 篇）、国家图书馆（3 篇）。

党校类机构中，中共贵州省委党校、中共山东省委党校等 7 所党校共发文 10 篇，各党校发文量仅在 1—2 篇。

（3）在论文合作方面，呈现论文合著率较高的特点。统计结果如表 3－104 所示，779 篇图情档论文中，合著论文 547 篇，合著率 70%，单篇论文合著人数最多的达到 6 人。在合著论文中，2 人合著以及 2 个机构合作的论文占较大比例。跨机构合作论文为 241 篇，跨机构合作率为 30.9%。这里统计的跨机构合作既包括一级机构之间的合作，也包括同一机构下属的二级机构之间的合作，例如同一大学不同院系、同一科学院不同研究所的作者合作。与其他学科相比，图情档论文合著率较高。实质性的合作研究有利于优势互补，高效利用研究资源，达到快出成果以及提高成果质量的效果。

表3－104　　2012年作者合作与机构合作论文统计

	独著	合著				
作者人数/篇	1	2	3	4	5	6
论文篇数	232	311	160	56	18	2
百分比（%）	30%	70%				
机构个数/篇	1	2	3	4	5	0
论文篇数	520	220	30	6	1	2
百分比（%）	67%	33%				

3. 论文产出的地区分布

按第一作者机构所在地区统计，2012年国家社科基金图情档论文作者主要分布于大陆地区30个省、自治区、直辖市。台湾、香港、澳门地区未有基金论文产出，仅一篇论文的作者来自国外机构（美国奥克兰大学）。

如图3－24所示，江苏、北京、湖北的论文产出分别为115篇、86篇、73篇，高于其他地区，居发文量前3位。这三个地区聚集了图情档教学与研究实力较强、发文量较多的高校和研究机构，在前面所提到的发文5篇以上机构中，地处江苏的大学就有6所，如南京大学、南通大学、苏州大学、南京信息工程大学、江苏大学和南京政治学院等；北京的机构有5家；地处湖北的机构有4家如武汉大学、华中科技大学、华中师范大学、江汉大学。位居第4、5名的上海、广东发文量在45—46篇，与前3名的发文量有一定落差。

在有发文的30个省区市中，11个省份的发文量在20—115篇区间，13个省份的发文量在10—19篇区间，6个省份的发文量在1—9篇区间。发文量前6名省市的发文量之和超过学科总发文量的一半，占比达51.6%，为高发文核心区。总体上看，发文20篇以上的省份以东中部地区省份为主，而发文量10篇以下的省份以西部地区省份占多数，这

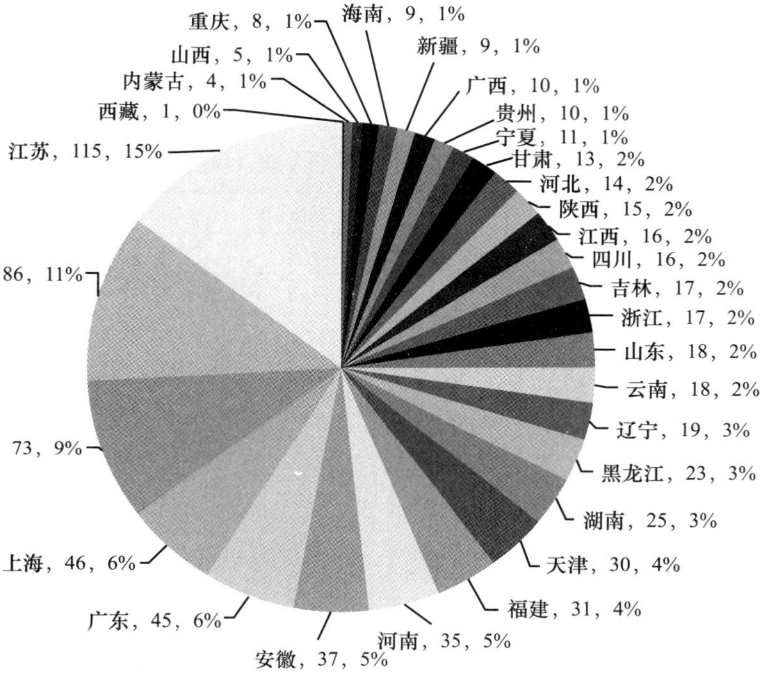

图 3－24　2012 年图情档项目发文量的地区分布图

说明东部和中部地区科研产出能力较强，西部地区较弱，论文的地区分布不平衡。

4. 论文产出的期刊分布

国家社科基金图情档项目 2012 年发表论文成果 779 篇，分别发表在 234 种期刊上，这些期刊分属不同学科类别，如表 3－105 所示。从项目在各学科期刊的发文比例看，在图情档专业性期刊的发文量占比最大（64.6%），其次是人文社科综合性期刊、管理学期刊、新闻学与传播学期刊（约占 25.6%）。同时，在计算机和网络信息技术应用、农业科学和医药科学应用领域的期刊也有一定的发文量（约占 3.3%）。项目发文的期刊分布体现了图情档研究的特点和趋向：专业指向比较明显，偏重人文社科属性，同时，与管理科学、计算机与信息科学技术融合，具有多学科交叉、综合的趋向，学科研究注重面向实际应用，特别是在科研管理、经济、历史、农业和医药健康领域的应用比较活跃，论文成果较多。

表 3-105　　2012 年图情档论文的期刊分布（学科类别）

期刊的学科类别	论文篇数	论文占比（%）	期刊种数	期刊占比（%）
图情档	503	64.6	49	20.9
人文社科综合类	90	11.6	70	29.9
管理学	50	6.4	18	7.7
经济学	31	4.0	26	11.1
新闻学与传播学	28	3.6	13	5.6
计算机与信息网络	26	3.3	19	8.1
历史学与考古学	10	1.3	6	2.6
教育学	8	1.0	6	2.6
其他学科（社科类）	7	0.9	7	3.0
农业科学	8	1.0	4	1.7
医药科学	6	0.8	6	2.6
其他学科（科技类）	12	1.5	10	4.3
合计	779	100.0	234	100.0

在各学科大类的期刊数量中实际包括了多个二级、三级学科和具体研究领域的期刊。图情档专业性期刊 49 种，其中图书馆学、情报学类期刊 36 种（论文 442 篇），档案学类期刊 13 种（论文 61 篇），平均每种期刊发文 10 篇；人文社科综合类期刊 70 种，包含了高校学报社科版 51 种（论文 70 篇），综合性社科期刊 19 种（论文 20 篇）；此外，管理学期刊包含了管理科学、科学学和科研管理类期刊；新闻学与传播学期刊包含出版、编辑、传媒与新闻学期刊；计算机与信息网络类期刊包含计算机软件、计算机应用、信息网络安全、通讯技术类期刊；其他学科（社科类）包含民族学、社会学、统计学、文艺学、语言学、宗教学期刊。其他学科（科技类）包含高校学报自然科学版、综合性科技类、地理科学和声学期刊。

2012 年刊发国家社科基金图情档论文最多的期刊是《情报理论与实践》，发文 61 篇。发文量 5 篇以上的期刊见表 3 - 106。

表 3 - 106　　2012 年发文量居前的期刊

发文篇数≥5

刊名	发文量（篇）	论文累计占比（%）	刊名	发文量（篇）	论文累计占比（%）
情报理论与实践	61	7.8	西南民族大学学报（人文社会科学版）	10	51.6
图书情报工作	59	15.4	国家图书馆学刊	8	52.6
情报杂志	43	20.9	图书馆建设	8	53.7
情报科学	30	24.8	新世纪图书馆	8	54.7
图书馆学研究	25	28.0	出版科学	8	55.7
现代情报	25	31.2	科技进步与对策	7	56.6
图书与情报	22	34.0	大学图书馆学报	7	57.5
图书情报知识	18	36.3	图书馆杂志	7	58.4
中国图书馆学报	18	38.6	档案学研究	7	59.3
情报资料工作	17	40.8	兰台世界	7	60.2
科技管理研究	16	42.9	图书馆论坛	6	61.0
档案学通讯	16	44.9	中文信息学报	6	61.7
图书馆理论与实践	15	46.9	科技与出版	6	62.5
图书馆	14	48.7	档案	5	63.2
现代图书情报技术	13	50.3	浙江档案	5	63.8

（三）论文影响力指标统计分析

基金论文作为资助项目的重要成果，其产出规模固然是体现其影响力的一个方面，但更有说服力的是反映论文成果被传播、利用程度的指标。基金论文被转摘、被引用和被下载的数量，在核心期刊发表的比例，可反映论文被利用的程度、社会认可程度和重视程度，间接反映论文选题和观点的前沿性、重要性、创新度，是评价论文影响力和论文质量的常用间接指标，也是人们遴选优秀论文，了解研究前沿的重要参考依据。

1. “核心期刊论文比”指标分析

如表3－107所示，国家社科基金图情档项目2012年发表的论文成果分布在234种期刊上，其中，146种分别为三大期刊评价体系确认的核心期刊，核心期刊占比为62.4%。在核心期刊发表的论文661篇，“核心期刊论文比”达到84.9%。核心期刊占比和“核心期刊论文比”两项指标数值较高，反映了2012年国家社科基金图情档论文整体质量水平表现良好。

表3－107　2012年国家社科基金图情档论文在核心期刊的分布

期刊类型	论文篇数	论文占比（%）	期刊种数	期刊占比（%）
核心期刊	661	84.9	146	62.4
非核心期刊	118	15.1	88	37.6
合计	779	100.0	234	100.0

2. 被摘转指标分析

国家社科基金图情档项目2012年发表的779篇论文中，有34篇在当年被我国三大文摘期刊转摘，其中，中国人民大学《复印报刊资料》转载32篇，《新华文摘》《中国社会科学文摘》各转载1篇。图情档论文被转载率为4.4%，在国家社科基金26个学科中排名第21位。

被《新华文摘》转载的论文是《重庆社会科学》2012年第6期刊载的《战略性新兴产业信息资源保障体系建设》一文，由中国科学院研究生院管理学院霍国庆等作者合著发表，作为国家社会科学基金重大项目“我国战略性新兴产业的信息资源保障体系与服务模式研究”（批准号：11&ZD143）的阶段性成果之一。被《中国社会科学文摘》转载的论文是南京大学古典文献研究所程章灿在《中国典籍与文化》2012年第1期发表的《中国古代文献的衍生性及其他》一文。

由于《新华文摘》《中国社会科学文摘》《高等学校文科学术文摘》和中国人民大学《复印报刊资料》历来较少转载图书馆学、情报学、档案学和文献学的论文，因此，国家社科基金图情档论文被这四大文摘转载的篇数过少，有其客观原因。

3. 被引用指标（即年指标与5年指标）分析

论文在发表当年被其他论文引用的次数，称为即年被引频次，可反映论文的即年影响力。但由于一般情况下，期刊从出版发行到图书馆上架借阅、数据库收录与线上发布等环节，存在一定的时滞，论文发表后需要经过一定的时间才被读者阅读和引用，同时，施引论文从写作到发表也有一定的时间周期，因此，即年被引指标在反映论文学术影响力方面存在一定局限，而多年的累计被引频次更能真实地反映论文学术影响力。鉴于此，笔者对2012年论文的即年被引指标和5年被引指标分别统计和对比分析。

2012年论文的即年被引指标是指2012年发表的论文在发表当年被引用的频次及相关指标包括总被引篇数、总被引频次、被引率、篇均被引频次等。即年被引频次数据的采集截至2013年1月31日。

5年被引指标是指2012年发表的论文在发表后的5年间累计被引频次，相当于2012—2016年的累计被引频次。考虑到2012年各期论文发表的时间差别以及数据库上载的时滞，笔者将5年累计被引频次数据的采集时间集中在2017年5—6月。也就是说2012年上半年发表的论文经历了约5年半的时间，下半年发表的论文经历了约4年半时间，2012年全年发表的论文平均经历时间为5年。

将采集的国家社科基金图情档论文题名在中国知网期刊全文数据库进行检索，可以得到各篇论文在全文数据库的被引频次。需要说明的是，由于个别期刊从中国知网撤出，2012年发表的779篇国家社科基金图情档论文在2017年检索到778篇，1篇检索不到，也就是说，实际论文总篇数为778篇。因此，计算5年被引率、篇均被引频次指标时，论文总篇数按778篇计。

2012年论文的即年被引指标和5年被引指标统计结果如表3－108所示。被引频次区间所对应的论文量如表3－109所示。

表3－108　　2012年论文的即年被引指标和5年被引指标比较

被引指标	即年数值	5年数值	指标说明
被引论文量（篇）	92	704	被其他论文引用的论文篇数。
被引率（%）	11.8	90.4	被引论文篇数占论文总篇数的百分比。
总被引频次	124	6517	各被引论文的被引频次总和
篇均被引频次（被引论文）	1.4	9.3	全部被引论文的平均被引频次。公式为：篇均被引频次＝总被引频次/全部被引论文篇数
篇均被引频次（全部论文）	0.16	8.4	包括被引与非被引论文在内的全部论文的平均被引频次。公式为：篇均被引频次＝总被引频次/全部论文篇数
单篇最高被引频次	6	132	单篇论文被引用次数的最大值

表3－109　　被引频次区间所对应的论文量

即年被引频次区间	论文量（篇）	论文量占比（%）	5年被引频次区间	论文量（篇）	论文量占比（%）
6次	1	1.1	40—132次	20	2.8
4次	2	2.2	20—39次	52	7.4
3次	1	1.1	10—19次	132	18.8
2次	19	20.7	6—9次	139	19.7
1次	69	75.0	1—5次	361	51.3
合计	92	100.0	合计	704	100.0

（1）即年被引指标统计分析。如表3－108所示，国家社科基金图情档项目2012年发表的779篇论文中，即年被引（论文发表当年被引用）论文有92篇，即年被引率为11.8%，高于同年全部国家社科基金论文总被引率（9.6%）2.2个百分点；图情档论文即年被引频次共计124次，平均每篇被引论文被引1.4次，平均每篇图情档论文被引0.16次，在26个学科的篇均被引频次排名中，图情档论文位居第9位，名列前茅。统计数字表明图情档论文即年被引率和篇均被引频次高于国家社科基金全部学科的平均水平。

在92篇被引论文中，有4篇论文的即年被引频次在3次以上（见表3-110）。刘炜等作者发表在《中国图书馆学报》2012年第1期的《RDA与关联数据》一文，即年被引6次，被下载741次，是被引频次最高的图情档项目论文，并位居即年被下载频次第2名。即年高被引论文的主题主要涉及RDA与关联数据、突发事件、舆情危机、衍生效应、嵌入式学科服务创新、嵌入性理论、国外技术接受模型、专利计量指标等。

表3-110　　**2012年即年被引频次前3名论文**

项目批准号	题名/作者	第一作者单位	刊名（期次）	即年被引频次	即年下载频次
11BTQ041	RDA与关联数据/刘炜、胡小菁等	上海图书馆	中国图书馆学报（1）	6	741
10BTQ046	突发舆情危机事件衍生效应研究/王国华、方付建	华中科技大学公共管理学院	天津社会科学（1）	4	268
11BTQ010	嵌入式学科服务创新模式研究——基于嵌入性理论的思考/刘颖	武汉大学图书馆	图书情报工作（1）	4	446
09CTQ012	近年来国外技术接受模型研究综述/颜端武、刘国晓	南京理工大学经济管理学院	现代情报（2）	3	270

（注：表内期刊的期次均为2012年的期次。）

（2）5年被引指标统计分析。

2012—2016年间，779篇国家社科基金图情档论文中有704篇被引用，被引用次数总计6517次。在国家社科基金26个学科排名中，该学科的论文被引指标排名居前，其中，论文被引率90.4%，名列第二；篇均被引频次为9.3次，名列第六。

从论文的被引频次分布来看，该学科单篇论文最高被引频次为132次。被引20次以上的论文有72篇，占该学科704篇被引论文的10.2%。被引1—5次的论文约占全部被引论文的半数以上。

5年被引频次居前5%的高被引论文（被引33次以上的论文）有

35 篇（见表 3 - 111），其中 22 篇是高下载论文（5 年被下载 2000 次以上的论文），即年被引和被下载频次名列前茅的论文也包括其中，可谓指标“双高”的高影响力论文。

表 3 - 111　　5 年被引频次居前 5% 的高被引论文（被引频次≥33）

项目批准号	题名/作者	单位	刊名（期次）	5 年被引频次	5 年下载频次
10ATQ004	用户生成内容（UGC）概念解析及研究进展/赵宇翔、范哲、朱庆华	南京大学信息管理学院	中国图书馆学报（5）	132	6139
10BTQ001	学科馆员对嵌入式学科服务的认知与解析/初景利、	中国科学院国家科学图书馆	图书情报研究（3）	115	2179
10BTQ011	数字时代图书馆阅读推广模式研究/谢蓉	上海对外贸易学院图书馆	图书馆论坛（3）	97	3125
08BTQ025	基于情感分布的微博热点事件发现/杨亮、林原、林鸿飞	大连理工大学计算机科学与技术学院	中文信息学报（1）	90	2231
08BTQ022	基于语义的馆藏资源深度聚合研究/贺德方、曾建勋	中国科学技术信息研究所	中国图书馆学报（4）	90	1829
11BTQ041	关联数据发布技术及其实现——以 Drupal 为例/夏翠娟、刘炜、赵亮、张春景、徐昊、朱雯晶	上海图书馆系统网络中心研究开发部	中国图书馆学报（1）	81	2542
11BT0023	面向关联数据的语义数字图书馆资源描述与组织框架设计与实现/欧石燕	南京大学信息管理学院	中国图书馆学报（6）	76	2621
08CTQ001	学科服务发展趋势与学科馆员新角色：康奈尔范例研究/范爱红、Deborah J. Schmidle	清华大学图书馆	图书情报工作（5）	73	2306
10BTQ011	基于问卷调查的高校阅读推广活动评价/岳修志	中原工学院图书馆	大学图书馆学报（5）	71	4125
10ATQ004	微博用户关注兴趣的社会网络分析/袁园、孙霄凌、朱庆华	南京大学信息管理学院	现代图书情报技术（2）	66	3456
10CTQ016	新浪微博中的“权威”与“人气”：以社会网络分析为方法/宋恩梅、左慧慧	武汉大学信息管理学院	图书情报知识（3）	64	4824

续表

项目批准号	题名/作者	单位	刊名（期次）	5年被引频次	5年下载频次
11BTQ010	嵌入式学科服务创新模式研究——基于嵌入性理论的思考/刘颖	武汉大学图书馆	图书情报工作（1）	60	1949
11BTQ041	图书馆关联数据：机会与挑战/林海青、楼向英、夏翠娟	奥克兰大学图书馆亚语部	中国图书馆学报（1）	55	2063
11&ZD033	微博谣言的演化机理研究/任一奇、王雅蕾、王国华、冯伟	华中科技大学公共管理学院	情报杂志（5）	55	2110
11&ZD180	微博信息生态链构成要素与形成机理/马捷、孙梦瑶、尹爽、韩朝	吉林大学管理学院	图书情报工作（18）	50	950
09CTQ012	近年来国外技术接受模型研究综述/颜端武、刘国晓	南京理工大学经济管理学院	现代情报（2）	47	2041
11&ZD143	中国战略性新兴产业的技术创新现状与挑战——基于专利文献计量的角度/余江、陈凯华	中国科学院科技政策与管理科学研究所	科学学研究（5）	42	3220
11CTQ015	国外知识图谱绘制的方法与工具分析/杨思洛、韩瑞珍	湘潭大学公共管理学院	图书情报知识（6）	41	2416
09BTQ027	国外本体构建方法比较分析/尚新丽	郑州大学信息管理系	图书情报工作（4）	41	735
11CTQ038	国内微博研究现状综述/王莹莉、张敏	西南大学计算机与信息科学学院	图书馆学研究（12）	41	4412
11BTQ041	RDA与关联数据/刘炜、胡小菁、钱国富、张春景、夏翠娟	上海图书馆	中国图书馆学报（1）	39	2800
11CTQ009	1989年以来国内外数字鸿沟研究回顾：内涵、表现维度及影响因素综述/闫慧、孙立立	南开大学商学院信息资源管理系	中国图书馆学报（5）	39	2037
09BTQ028	中粮“全产业链”战略的价值创造路径研究/冯长利、兰鹰、周剑	大连理工大学管理与经济学部工商管理学院	管理案例研究与评论（2）	38	2081

续表

项目批准号	题名/作者	单位	刊名（期次）	5年被引频次	5年下载频次
10CTQ004	图书馆移动阅读服务的新契机：HTML5 和 CSS3/夏翠娟、张燕	上海图书馆	现代图书情报技术（5）	38	1851
11CTQ022	社会网络可视化的技术方法与工具研究/梁辰、徐健	中山大学资讯管理学院	现代图书情报技术（5）	38	1864
11BTQ043	基于需求的高校图书馆2.0个性化信息服务模式研究/冯英华、刘磊	南京农业大学信息管理系	中国图书馆学报（2）	37	2390
10CTQ010	SNS用户忠诚行为影响因素的实证研究/唐莉斯、邓胜利	武汉大学信息资源研究中心	图书情报知识（1）	36	1437
11CTQ034	从观念到理论——档案双元价值论的演变轨迹研究/任越	黑龙江大学信息管理学院	档案学研究（1）	36	626
11BTQ041	关联数据开放应用协议/张春景、刘炜、夏翠娟、赵亮	上海图书馆研究室	中国图书馆学报（1）	35	1480
11BTQ028	高校信息公开制度体系的构建/马海群、吕红	黑龙江大学信息资源管理研究中心	情报资料工作（3）	35	1012
10BTQ005	公益性数字文化建设内涵、现状与体系研究/胡唐明、郑建明	南京财经大学图书馆	图书情报知识（6）	34	723
07BTQ029	基于信息安全风险评估的档案信息安全保障体系构架与构建流程/项文新	苏州大学社会学院档案系	档案学通讯（2）	33	2362
10BTQ047	MapReduce原理及其主要实现平台分析/亢丽芸、王效岳、白如江	山东理工大学科技信息研究所	现代图书情报技术（2）	33	1061
11CTQ015	知识图谱研究现状及趋势的可视化分析/杨思洛、韩瑞珍	湘潭大学公共管理学院	情报资料工作（4）	33	2737
11ATQ005	粗糙集理论在情报分析指标权重确定中的应用/周志远、沈固朝	南京大学信息管理学院	情报理论与实践（9）	33	780

（注：表内各期刊的期次均为2012年的期次。）

4. 网络下载指标分析

这里的网络下载频次专指论文在中国知网期刊全文数据库的下载频次。论文被下载指标数据的采集和统计方法与论文被引指标的数据采集和统计方法相同。

2012 年论文的即年下载指标和 5 年下载指标统计结果如表 3 - 112 所示。各下载频次区间所对应的论文量见表 3 - 113。

表 3 - 112 2012 年论文的即年被下载指标和 5 年被下载指标比较

下载指标	即年数值	5 年数值	指标说明
下载论文量（篇）	775	778	被下载的论文篇数
下载率（%）	99.5	100	被下载论文篇数占论文总篇数的百分比
总下载频次	68155	336434	各篇被下载论文的下载频次总和
篇均下载频次（被下载论文）	87.9	432.4	全部被下载论文的平均下载频次。公式为：篇均下载频次 = 总下载频次/全部被下载论文篇数
篇均下载频次（全部论文）	87.5	431.9	包括被下载与未被下载论文在内的全部论文的平均被下载频次。公式为：篇均下载频次 = 总下载频次/全部论文篇数
单篇最高下载频次	977	6139	单篇论文被下载次数的最大值

（注：2017 年在知网可检索到的 2012 年发表的国家社科基金图情档论文共 778 篇）

表 3 - 113 被下载频次区间所对应的论文量及占比

即年被下载频次区间	论文量（篇）	论文量占比（%）	5 年被下载频次区间	论文量（篇）	论文量占比（%）
400—977 次	18	2.3	2000—6139 次	25	3.2
200—399 次	55	7.1	1000—1999 次	39	5.0
100—199 次	142	18.3	500—999 次	119	15.3
50—99 次	228	29.4	250—499 次	228	29.3
1—49 次	332	42.8	27—249 次	367	47.2
合计	775	100.0	合计	778	100.0

（1）即年被下载指标统计分析。

截至2013年1月31日，国家社科基金图情档项目2012年发表的论文中，有775篇被下载，即年下载率约99.5%，下载频次共计68155次。单篇论文被下载频次最高达977次。被下载频次达400次以上的论文有18篇，见表3-114。

表3-114 2012年发表的高下载论文（即年下载频次≥400次）

单位：次

项目批准号	题名/作者	第一作者单位	刊名（期次）	即年下载	5年下载
11CTQ038	国内微博研究现状综述/王莹莉、张敏	西南大学计算机与信息科学学院	图书馆学研究（12）	977	4412
11BTQ041	RDA与关联数据/刘炜、胡小菁等	上海图书馆	中国图书馆学报（1）	741	2800
11&ZD143	中国战略性新兴产业的技术创新现状与挑战——基于专利文献计量的角度/余江、陈凯华	中国科学院科技政策与管理科学研究所	科学学研究（5）	705	3220
08BTQ025	基于情感分布的微博热点事件发现/杨亮、林原等	大连理工大学计算机科学与技术学院	中文信息学报（1）	695	2231
10ATQ004	微博用户关注兴趣的社会网络分析/袁园、孙霄凌等	南京大学信息管理学院	现代图书情报技术（2）	652	3456
10CTQ016	新浪微博中的“权威”与“人气”：以社会网络分析为方法/宋恩梅、左慧慧	武汉大学信息管理学院	图书情报知识（3）	605	4824
11BTQ043	基于需求的高校图书馆2.0个性化信息服务模式研究/冯英华、刘磊	南京农业大学信息管理系	中国图书馆学报（2）	566	2390
11BTQ041	图书馆关联数据：机会与挑战/林海青、楼向英	奥克兰大学图书馆亚语部	中国图书馆学报（1）	554	2063
10ATQ004	国内社交网络服务研究的文献计量分析/彭希羡、孙霄凌等	南京大学信息管理系	情报科学（3）	533	1429

续表

项目批准号	题名/作者	第一作者单位	刊名（期次）	即年下载	5年下载
10CTQ010	社交网站用户交互学习行为影响因素的实证分析/邓胜利、鲍唯	武汉大学信息资源研究中心	情报理论与实践（3）	524	1433
11BTQ041	关联数据发布技术及其实现——以Drupal为例/夏翠娟、刘炜等	上海图书馆系统网络中心研究开发部	中国图书馆学报（1）	518	2542
11&ZD143	战略性新兴产业的研究现状与理论问题分析/霍国庆	中国科学院研究生院科技管理学院	山西大学学报（哲学社会科学版）（3）	485	1489
10CTQ010	SNS用户忠诚行为影响因素的实证研究/唐莉斯、邓胜利	武汉大学信息资源研究中心	图书情报知识（1）	457	1437
08ATQ001	高校图书馆员工心理契约三维度模型实证研究/李廷翰、柯平等	南开大学信息资源管理系	中国图书馆学报（1）	455	1534
11BTQ010	嵌入式学科服务创新模式研究——基于嵌入性理论的思考/刘颖	武汉大学图书馆	图书情报工作（1）	446	1949
10BTQ011	数字时代图书馆阅读推广模式研究/谢蓉	上海对外贸易学院图书馆	图书馆论坛（3）	439	3125
11CTQ026	微博存在的问题及其规制策略研究——基于信息伦理学视角的分析/韩秋明、赵需要	北京大学信息管理系	情报资料工作（1）	437	873
08CTQ001	学科服务发展趋势与学科馆员新角色：康奈尔范例研究/范爱红、Deborah J. Schmidle	清华大学图书馆	图书情报工作（5）	410	2306

在18篇被高下载的论文中，有7篇涉及微博和社交网站用户行为与用户服务，2篇涉及关联数据主题。这说明有关微博等社交新媒体、图书馆服务包括用户行为研究、学科服务、信息服务创新升级以及新技术如关联数据等研究主题在2012年受到社会和学界关注，国家社科基金研究项目及成果的研究选题和内容具有前沿性，并产生一定的学术影响和社会影响。

（2）5 年被下载指标统计分析。

2017 年在中国知网检索到的 2012 年发表的国家社科基金图情档论文 778 篇，均有下载量，被下载率为 100%。全部论文被下载频次共计 336434 次，平均每篇被下载论文的 5 年下载频次为 432.4 次。单篇论文 5 年被下载频次最高达到 6139 次，最低为 27 次。

将 5 年高下载频次的论文与即年高下载频次的论文进行比较，可以发现，2012 年即年下载频次 300 次以上的论文共有 30 篇，其中 27 篇论文的 5 年下载量均超过 1000 次，包括 13 篇论文的 5 年下载频次超过 2000 次，有 8 篇是 2012 年即年下载频次前 8 名；5 年下载频次超过 2000 次的论文有 25 篇，其中 11 篇是 2012 年即年高下载论文（见表 3 - 114），接近半数；其余 14 篇见表 3 - 115。统计结果表明，2012 年即年高下载频次论文多数是 5 年高下载频次论文，这些论文的网络影响力保持较高水平。

表 3 - 115　2012 年发表的高下载论文（5 年累计下载频次≥2000 次）

单位：次

项目批准号	题名/作者	第一作者单位	刊名（期次）	即年下载	5 年下载
10ATQ004	用户生成内容（UGC）概念解析及研究进展/赵宇翔、范哲等	南京大学信息管理学院	中国图书馆学报（5）	273	6139
10BTQ011	基于问卷调查的高校阅读推广活动评价/岳修志	中原工学院图书馆	大学图书馆学报（5）	62	4125
11CTQ015	知识图谱研究现状及趋势的可视化分析/杨思洛、韩瑞珍	湘潭大学公共管理学院	情报资料工作（4）	229	2737
11BT0023	面向关联数据的语义数字图书馆资源描述与组织框架设计与实现/欧石燕	南京大学信息管理学院	中国图书馆学报（6）	97	2621
11CTQ015	国外知识图谱绘制的方法与工具分析/杨思洛、韩瑞珍	湘潭大学公共管理学院	图书情报知识（6）	116	2416

续表

项目批准号	题名/作者	第一作者单位	刊名（期次）	即年下载	5年下载
07BTQ029	基于信息安全风险评估的档案信息安全保障体系构架与构建流程/项文新	苏州大学社会学院档案系	档案学通讯（2）	253	2362
10ATQ004	网购用户从众行为影响因素实证研究/刘江、朱庆华等	南京大学信息管理学院	图书情报工作（12）	209	2356
10BTQ001	学科馆员对嵌入式学科服务的认知与解析/初景利	中国科学院国家科学图书馆	图书情报研究（3）	169	2179
11&ZD033	微博谣言的演化机理研究/任一奇、王雅蕾等	华中科技大学公共管理学院	情报杂志（5）	344	2110
09BTQ028	中粮“全产业链”战略的价值创造路径研究/冯长利、兰鹰等	大连理工大学管理与经济学部工商管理学院	管理案例研究与评论（2）	184	2081
11CTQ002	信息检索相关性研究综述及发展趋势/王雅坤、成全	河北大学期刊社	图书与情报（1）	281	2064
09CTQ012	近年来国外技术接受模型研究综述/颜端武、刘国晓	南京理工大学经济管理学院	现代情报（2）	270	2041
11CTQ009	1989年以来国内外数字鸿沟研究回顾：内涵、表现维度及影响因素综述/闫慧、孙立立	南开大学商学院信息资源管理系	中国图书馆学报（5）	171	2037
10ATQ002	文本挖掘工具述评/张雯雯、许鑫	华东师范大学商学院信息学系	图书情报工作（8）	215	2018

（四）关键词统计与内容分析

对779篇图情档论文的关键词统计结果显示，除去19篇未标注关键词的论文不计，760篇论文共标注关键词2947频次，平均每篇论文约标注4个关键词。图情档论文分布的主题领域比较广泛，在选题上体现了国家社科“十一五”至“十二五”规划的选题取向，研究内容基本覆盖图情档各专业领域，同时，广中有重。被标注频次较多的关键词即高频关键词，可反映年度研究重点和热点，说明这些主题领域的研究比较活跃，是论文高产领域。词频7次及以上的高频词如表3－116

所示。

表 3-116　　2012 年高频次关键词表（频次≥7）

关键词	词频（次）	关键词	词频（次）	关键词	词频（次）
图书馆	39	高校图书馆	11	信息公开	7
知识转移	24	网络舆情	10	中小企业	7
竞争情报	19	信息服务	10	企业	7
知识管理	18	综述	9	社会网络	7
影响因素	15	信息资源	9	社会网络分析	7
情报学	14	CSSCI	9	黑水城	7
关联数据	13	三网融合	8	文本挖掘	7
云计算	12	Web2.0	8	共词分析	7
数字图书馆	12	信息组织	8	图书馆学	7
公共图书馆	11	知识共享	8	商务网站	7

从总体来看，论文研究聚焦学科发展的基本理论问题和图情档事业发展的重要现实问题和热点问题，例如，从图书馆学、情报学视角阐释知识管理、知识转移的理论与实践；探讨如何更有效地发挥图书馆、档案馆对国家公共文化建设、全民文化素质培育、典籍档案保护与利用的推动作用；探索如何顺应信息技术发展和时代要求，实现图书馆的转型升级；利用情报学方法和现代信息技术解决信息管理问题包括数据关联、信息组织和信息挖掘等，为社会、经济、科技等多领域提供竞争情报、学科态势分析、前沿和热点分析，以及探讨学术评价问题等。

从图书馆类型看，围绕公共图书馆、高校图书馆现代化建设和服务进行研究的论文远多于研究其他类型图书馆的论文，这与公共图书馆、高校图书馆是我国数量最多、覆盖地区最广泛的两大图书馆类型，及其在推进我国公共文化服务体系建设和高等教育改革中的重要作用有密切关系。两类图书馆和高校的作者人数较多也是其中的原因。

在情报学研究方面，一些项目围绕知识管理、知识转移、知识分享主题进行系统研究，取得较多成果。郭东强主持的项目“企业转型过程中的知识转移模型及其应用研究”（11BTQ027）发表论文 21 篇，付立宏主持的项目“知识转移绩效与图书馆咨询团队运行机制研究”（10BTQ024）发表论文 15 篇，储节旺主持的项目“文献计量分析的知识管理学科规范研究”（10BTQ035）发表论文 14 篇。这 3 个项目是 2012 年发文量前 3 名项目。

关联数据、云计算、数字图书馆、Web2.0、数据文本挖掘、三网联合，这些高频关键词与图书馆现代信息技术和信息处理方法密切相关，也是最受关注的主题。刘炜等作者发表在《中国图书馆学报》2012 年第 1 期的《RDA 与关联数据》一文，即年被引 6 次，被下载 714 次，是被引频次最高的论文，并位居即年被下载频次第 2 名。

在信息管理研究方面，信息服务、信息组织、信息资源、信息共享、信息公开等主题最具活跃度，其中不乏具有创新性力作。霍国庆等作者合著发表的项目成果《战略性新兴产业信息资源保障体系建设》一文被《新华文摘》转载。

文献计量学应用研究一直是图情档具有活力的领域，立项项目和成果颇多。2012 年有不少国家社科基金论文利用引文索引数据库特别是 CSSCI 的数据，以及利用共词分析、社会网络分析方法，对一些学科和专题研究领域进行学科态势分析、研究前沿与热点分析、综述。

此外，企业信息管理、竞争情报、专利信息分析与管理领域研究也比较活跃，中小企业、商业网站成为高频关键词。情报学在面向经济主战场，服务企业经济发展方面取得较多应用性研究成果。随着互联网社交平台的迅速发展，网络舆情、微博也进入情报学研究视野，成为图书馆情报学应用研究的新兴领域。

在档案学研究方面，探讨档案信息安全保障、安全风险评估、档案馆信息服务、档案双元价值等方面的论文成果较多，并发表在《档案学研究》等核心期刊。

高影响力论文的研究主题可以在一定程度上反映图情档研究的前沿和关注的热点。在前面小节提到的被摘转、被引用和被下载频次高的论文，其研究主题也涉及一些高频词。例如即年高被引论文涉及的主题除关联数据外，还涉及突发事件、舆情危机、衍生效应、嵌入式学科服务创新、嵌入性理论、国外技术接受模型、专利计量指标等。在18篇被高下载的论文中，有7篇涉及微博和社交网站用户行为与用户服务，2篇涉及关联数据主题，说明有关微博等社交新媒体、图书馆服务包括用户行为研究、学科服务、信息服务创新升级以及新技术如关联数据等研究主题在2012年受到社会和学界关注，国家社科基金研究项目及成果的研究选题和内容具有前沿性，并产生一定的学术影响和社会影响。

在国际经验研究与国际比较方面，较多论文以美国和欧洲的图情界最新研究成果和实践为借鉴，思考其对我国的启示。

（五）小结

2012年国家社科基金图情档项目论文产出数量、产出速度以及各项影响力指标均达到较好水平，项目投入取得一定成效，上述统计分析结果主要有以下方面：

1. 投入产出基本平衡，产出速度较快。一是在各学科排名中，图情档论文产出量排名位次略高于其立项数量的排名位次。二是项目产出规模与项目资助规模基本对应，具体表现为各类型项目发文量的排名位次与其项目数量的排名位次相对应，一般项目与青年项目的发文量和发文项目量占比最大。但5种主要类型项目的平均发文量与单项项目资助强度不对应，重点项目平均发文量高，而重大项目平均发文量较低。三是项目产出速度较快。整体来看，项目立项后1—3年为项目论文产出高峰期；2010年立项项目发文量占比最大。有31个项目在2012年立项当年发表论文。

2. 论文作者与机构数量多，一批大学和研究机构在图情档领域成果丰硕，人才迭出，其中，高校具有较强的研究优势。与其他学科相比，图情档论文合著率较高，国家社科基金通过项目资助和组织，有效促进了人才培养与合作交流。

3. 论文的地区分布不平衡。东部和中部地区科研产出能力较强，西部地区较弱。江苏、北京、湖北的论文产出名列前茅，成效突出。

4. 图情档论文半数以上发表在本领域专业期刊，专业指向比较明显，偏重人文社科属性，同时，与管理科学、计算机与信息科学技术融合，具有多学科交叉、综合的特点和趋向，学科研究注重面向实际应用，特别是在科研管理、经济、历史、农业和医药健康领域的应用比较活跃，论文成果较多。

5. 论文成果备受社会重视，产生了一批高产出和高影响力的项目、作者和机构。2012 年即年高下载频次论文多数是 5 年高下载频次论文，这些论文的网络影响力保持较高水平。论文的各项影响力指标统计结果均表明，国家社科基金论文成果整体质量水平较高，产生了一定的社会影响力和良好的社会效益。

6. 高频关键词、高发文项目和高影响力论文的研究主题反映了图情档研究热点和前沿。图书馆、公共图书馆、高校图书馆、情报学作为图情档学科重要研究对象，其关键词出现频次较高，是图情档长期研究的重点；知识转移、知识管理、竞争情报、数字图书馆以及关联数据、云计算等新兴信息技术、信息处理方法、学术评价与文献计量等主题领域研究活跃，论文成果较多。网络舆情成为图情学应用研究的新兴领域。

总之，国家社科基金图情档项目研究与我国的图情档事业发展、信息技术发展和社会需要紧密联系，从中国国情出发，以世界趋势为参照，对重要现实问题给出理论解释和政策建议，应用性研究成果显著，对现实问题的关注进一步带动了相关理论研究的发展。

第四章　国家社会科学基金论文被引周期统计分析（2000—2012年）

一　研究目的与内容概要

论文的被引用频次和被引用篇数通常是衡量和评价论文学术影响力和社会影响力的最重要指标。被引周期，也可说是论文生命周期，是指论文被引频次或被引率上升期、高峰期、半衰期所经历的时间年限。通过对国家社科基金论文被引频次、被引率和被引周期这些以论文被引频次为基础而延伸的相关指标的分析，可以进一步揭示和反映基金论文影响力、生命力以及学术研究中论文引用的规律，从而反映国家社科基金资助绩效，为基金资助绩效评价，为科研规划、项目管理决策提供数据支持和参考依据。

本研究提出基金论文被引上升期和被引半衰期的概念并进行尝试性统计分析。国家社科基金论文被引半衰期是借用期刊被引半衰期的概念，对基金论文被引衰减周期进行测算，从而反映资助项目的论文成果被利用的生命周期。当然，由于时间不足，对这些指标的研究还不成熟，有待今后进一步探讨。

二　数据源与统计指标

本章的研究根据2013年10月30日对中国知网"中国引文数据库"国家社科基金发文量、各年被引量的检索结果统计。

数据范围分为两个统计样本：

1. 样本一的数据范围：2000—2012 年期间发表的国家社科基金论文在 2000—2012 年间被引用频次和篇数。这一样本用于统计国家社科基金论文被引上升期。

数据检索方法：进入“中国引文数据库”，基金选定为国家社会科学基金，然后设定论文出版年，再点击“被引量”选项，即可获得所设定年发表的国家社科基金论文从发表当年至 2012 年（2013 年当年发文量不计）各年度的被引量。例如：在检索界面的时间窗口设定出版年为 2000 年至 2000 年，再点击“被引量”选项，这样，2000 年发表的论文在 2000—2012 年各年的被引量则以柱状图形式显示在界面。点击某年被引量柱形，就可进入被引论文的索引界面，从该界面可获得 2000 年发表的论文在该年度被引总篇数和总频次。若检索 2001 年发表的论文在各年度的被引量，则设定出版年为 2001 年至 2001 年。以此类推，便可获得 2000—2012 年期间各年发表的国家社科基金论文在 2000—2012 年间被引用频次和篇数。

国家社科基金各年度发表的论文在各年度被引用的篇次和篇数的具体统计数字见表 4－1、表 4－2。

2. 统计样本二的数据范围：各年度发表的国家社科基金论文在 2012 年被引用的次数。样本二用于统计国家社科基金论文被引半衰期。具体数字见表 4－3。

统计指标包括：

• 基金论文被引上升期，指国家社科基金论文从发表到被引用频次达到峰值所经历的时间年限。

• 基金论文被引半衰期，指基金论文在统计当年被引用的全部次数中，较新的一半被引论文发表的时间跨度。本章借用期刊被引半衰期的概念和基本计算方法，统计国家社科基金论文被引半衰期。

三　国家社会科学基金论文被引上升期统计分析

论文从发表到被引用频次达到峰值所经历的时间年数，简称为被引上升期。年数计算方法：论文发表当年计为0年，从论文发表后的1年算起。根据对表4－1、表4－2数据的统计，结果如图4－1所示，各年度发表的国家社科基金论文，其被引上升期不尽相同，但大致呈现一个规律性特点：2000—2005年期间发表的论文，其被引上升期为5—7年。例如：2000年发表的国家社科基金论文，其被引频次在2007年达到峰值，2007年－2000年＝7年；2001年发表的论文，其被引频次在2008年达到峰值，2008年－2001年＝7年。而2006—2011年发表的论文，其被引高峰期大大缩短，达到被引峰值只需要2—4年。2006年是基金论文被引峰值期缩短的转折点。也许因发表时间还不够长，2006年及以后各年发表的论文，其被引频次上升期未结束，2012年尚未达到峰值，有待今后观察、统计。

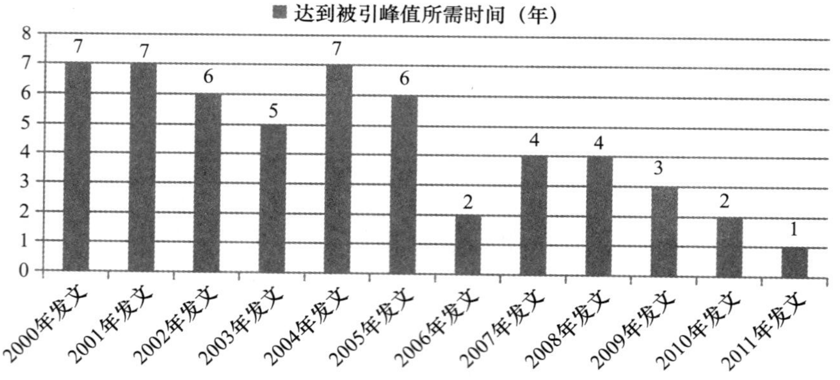

图4－1　国家社科基金论文被引上升期柱状图

被引频次与论文发表的年限存在较明显的相关性。从表4－1的各列纵向看各年度发表的论文被引频次，如图4－2所示，被引频次的变化走势分为两个阶段：2000—2005年，2006—2012年。在2006—2012年期间，各年度被引频次最高的论文均为统计当年的前两年发表的论文。例如，在2012年所有被引论文中，2010年发表的论文被引频次最高（见图4－2标记圆点处）；2011年被引论文中，2009年发表的论文被引频次最高。也就是说，在统计当年的所有被引论文中，前两年发表

表 4－1　**国家社科基金论文被引频次统计表（2000—2012 年）**

（2000—2012 年间发表的国家社科基金论文在 2000—2012 年间被引用频次）

被引频次	2000 年被引频次	2001 年被引频次	2002 年被引频次	2003 年被引频次	2004 年被引频次	2005 年被引频次	2006 年被引频次	2007 年被引频次	2008 年被引频次	2009 年被引频次	2010 年被引频次	2011 年被引频次	2012 年被引频次	合计
2000 年发文	79	444	665	619	700	722	863	1058	952	857	859	820	780	9418
2001 年发文		112	752	1211	1296	1377	1788	2023	2070	1990	1904	1904	1664	18091
2002 年发文			196	1549	2407	2401	3290	3608	3617	3312	3232	3245	2772	29629
2003 年发文				330	2153	3216	4240	4930	4964	4806	4784	4828	4254	38505
2004 年发文					473	3339	6129	7469	7537	7292	7562	7648	7006	54455
2005 年发文						755	6033	9746	10165	9764	10221	10518	9381	66583
2006 年发文							1386	9452	13220	12574	13103	13005	12869	75609
2007 年发文								1504	10785	14358	14997	15644	15039	72327
2008 年发文									2144	13644	19883	20407	20451	76529
2009 年发文										2844	19438	26611	26962	75855
2010 年发文											3537	23372	33603	60512
2011 年发文												3727	27314	31041
2012 年发文													4551	4551
合计	79	556	1613	3709	7029	11810	23729	39790	55454	71441	99520	131729	166646	613105

注明：根据 2013 年 10 月 30 日中国知网“中国引文数据库”国家社科基金发文量、各年被引量数据统计。

表 4 - 2　**国家社科基金论文被引篇数统计表（2000—2012 年）**

（2000—2012 年间发表的国家社科基金论文在 2000—2012 年间被引用篇数）

被引篇数	2000 年被引篇数	2001 年被引篇数	2002 年被引篇数	2003 年被引篇数	2004 年被引篇数	2005 年被引篇数	2006 年被引篇数	2007 年被引篇数	2008 年被引篇数	2009 年被引篇数	2010 年被引篇数	2011 年被引篇数	2012 年被引篇数	合计
2000 年发文	52	184	251	242	274	262	284	306	284	258	253	255	236	3141
2001 年发文		79	326	414	421	430	446	506	472	438	456	428	389	4805
2002 年发文			132	591	744	755	816	832	834	771	760	752	697	7684
2003 年发文				211	825	1007	1116	1120	1116	1062	1070	1064	942	9533
2004 年发文					309	1283	1732	1859	1765	1654	1665	1619	1520	13406
2005 年发文						486	2347	2886	2804	2693	2662	2618	2432	18928
2006 年发文							810	3421	3990	3771	3699	3652	3473	22816
2007 年发文								930	4014	4642	4573	4553	4246	22958
2008 年发文									1310	5625	6711	6620	6184	26450
2009 年发文										1742	7462	8729	8275	26208
2010 年发文											2149	9019	10127	21295
2011 年发文												2387	10220	12607
2012 年发文													3006	3006
合计	52	263	709	1458	2573	4223	7551	11860	16589	22656	31460	41696	51747	192837

注明：根据 2013 年 10 月 30 日中国知网“中国引文数据库”国家社科基金发文量、各年被引量数据统计。

的论文被引频次最高，达到峰值。发表时间超过三年的论文，随着时间的推移，被引频次逐年下降。在2000—2005年期间，则是在统计当年的前一年发表的论文被引频次最高，之前发表的论文则发表时间越早，被引频次越低。

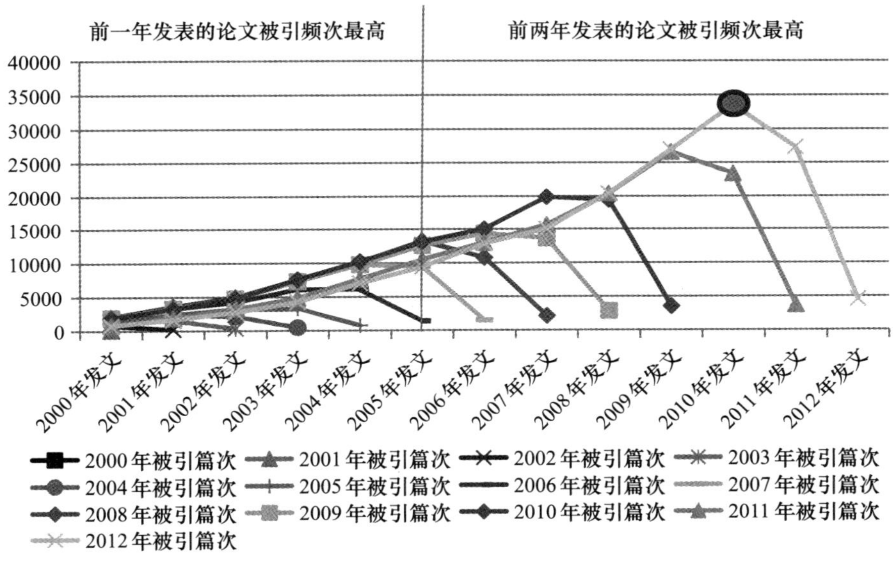

图4－2　各年度被引论文中各年份发表论文的数量分布

从整体看，论文发表后的2—3年内，被引频次快速上升，之后4—5年都保持平稳水平。具体情况如图4－3所示。

被引用速度加快，被引上升期缩短，可能有几个方面原因，一是国家社科基金项目选题越来越注重前沿问题、社会关注的热点问题和社会发展深层次的重大现实问题、战略性问题。基金论文所研究的问题（涉及的主题）或研究方法比较前沿，应用性和时效性较强，因此，发表后较快引起关注并被引用，被引用频次增长快。二是随着整个社会发展和变化速度加快，同时凭借对信息技术和高科技科研手段的利用，学术界的研究状态发生改变，产出速度和研究效率都大大提高，阅读和利用最新研究成果的速度也就加快了。

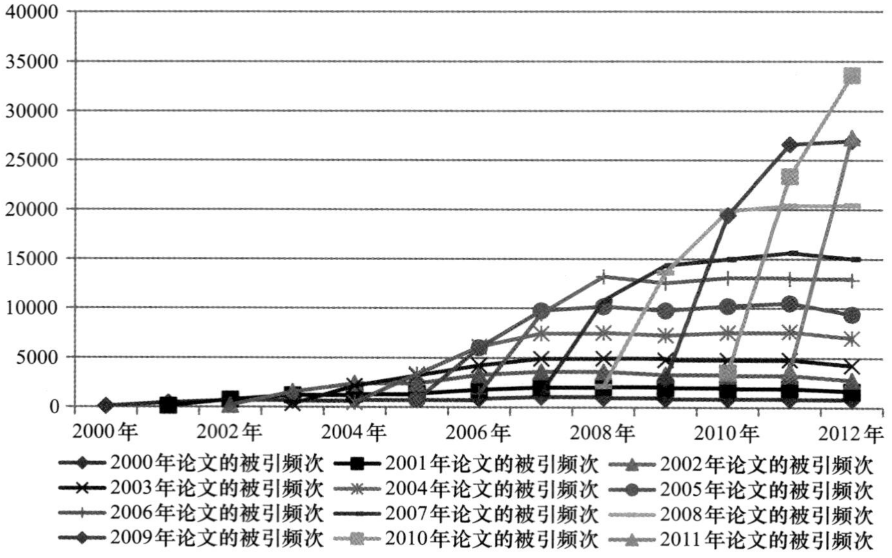

图 4－3　2000—2011 年各年度发表的论文在 2000—2012 年被引频次的分布

四　国家社会科学基金论文被引半衰期统计分析

借用期刊被引半衰期的概念，对国家社科基金论文被引衰减周期进行测算，从而反映资助项目的论文成果被利用的生命周期。对 2012 年被引用的国家社科基金论文按发表年份由近及远统计，结果如图 4－4

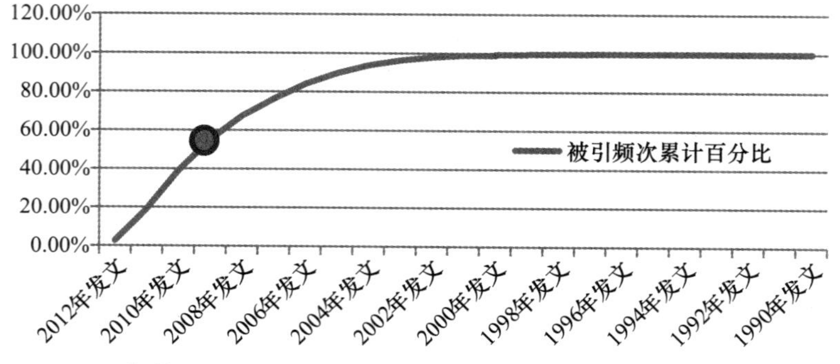

图 4－4　2012 年被引用论文的被引频次累计百分比（按发表年份由近及远累计）

所示，2009—2012 年发表的论文累计被引次数占 2012 年全部被引论文总被引次数的 55. 16%，也就是说，国家社科基金论文被引半衰期约为 4 年。

详细统计数字见表 4 - 3。

表 4 - 3　2012 年被引论文按发表年份由近及远累计被引频次百分比

论文发表年份	2012 年被引次数	被引频次累计百分比	年份跨度（年）
2012 年发文	4551	2. 72	1
2011 年发文	27314	19. 02	2
2010 年发文	33603	39. 07	3
2009 年发文	26962	55. 16	4
2008 年发文	20451	67. 36	5
2007 年发文	15039	76. 34	6
2006 年发文	12869	84. 02	7
2005 年发文	9381	89. 61	8
2004 年发文	7006	93. 79	9
2003 年发文	4254	96. 33	10
2002 年发文	2772	97. 99	11
2001 年发文	1664	98. 98	12
2000 年发文	780	99. 45	13
1999 年发文	377	99. 67	14
1998 年发文	217	99. 80	15
1997 年发文	133	99. 88	16
1996 年发文	46	99. 91	17
1995 年发文	47	99. 93	18
1994 年发文	65	99. 97	19
1993 年发文	11	99. 98	20
1992 年发文	16	99. 99	21
1991 年发文	5	99. 99	22
1990 年发文	13	100. 00	23
合计	167576		

五 小结

以上统计结果显示，国家社科基金论文的被引用周期有如下特征：

第一，被引用速度加快，被引高峰周期缩短。2000—2005 年期间发表的国家社科基金论文被引上升期为 5—7 年，而 2006—2011 年发表的论文，达到被引峰值只需要 2—4 年。2006 年是基金论文被引高峰周期缩短的转折点。

第二，被引频次与论文发表的年限存在较明显的相关性。

第三，论文发表后的 2—3 年内，被引频次快速上升，之后 4—5 年都保持平稳水平。

第四，国家社科基金论文被引半衰期约为 4 年。

第五章　全国省级社会科学基金论文统计分析（1999—2013年）

一　研究目的与内容概要

这里所说的“省级社会科学基金”，专指各省、自治区、直辖市哲学社会科学规划基金，与全国哲学社会科学规划基金即国家社会科学基金管理性质相似。我国各省、自治区、直辖市的省级社会科学基金（以下简称省级社科基金）由各省、自治区、直辖市哲学社会科学规划办公室管理，根据本地区的哲学社会科学规划，资助人文社科领域各学科研究项目。省级社科基金资助对象侧重本地区致力于社科教学和研究的人员，资助范围和项目选题不仅涵盖基础性的、具有普遍指导意义的理论研究和应用研究，而且关注与本地区经济社会发展密切相关的研究领域以及地域特色研究。省级社科基金是我国社科资助体系中重要的组成部分，是社科研究重要的资助来源。从本书第一章的表1—4和附录一的相关统计与研究也可以看到，省级社科基金论文产出在全国基金论文产出特别是在省市级各类基金论文产出总量中占较大比重，在推动和促进我国哲学社会科学的发展方面发挥了很大作用。为了进一步分析和量化反映省级社科基金的资助绩效和资助成果——基金论文的影响力，本章综合利用“中国人文社会科学引文数据库”（CHSSCD）的期刊论文数据（1999—2009年）和中国知网期刊数据库的论文被引量、下载量数据（1999—2013年），对省级社科基金论文产出和影响力力进行统计分析。主要内容包括：1999—2009年期间各省级社科基金论文产出量及增长情况分析；基金论文产出的学科分布分析；基金论文的核心期刊论文比统计分析；论文从发表当年至2013年末的被引指标、被下载指标分析；各省级社科基金论文综合影响力比较和排名。

二 数据源

本章的数据源主要包括两家数据库和三家期刊评价体系公布的核心期刊目录。具体如下：

第一，全国各省级社科基金发文量根据中国社会科学院研建的“中国人文社会科学引文数据库”（CHSSCD）的基金论文数据统计，即1999—2009年七百余种国内人文社会科学主流期刊发表的各省级社科基金论文数据。论文按27个学科（类目）归类。

第二，全国各省级社科基金论文的被引频次和被下载频次根据对中国知网期刊数据库的被引量、下载量检索结果统计。基金论文被引频次来源于2013年12月上旬对中国知网期刊数据库的检索结果。根据省级社科基金论文题名和发文期刊名称，检索中国知网期刊数据库相应论文的被引频次和被下载频次。检索结果即每篇论文的被引频次和被下载频次是论文从发表时间至2013年12月上旬的累计被引频次和被下载频次。

第三，依据前几章提到的国内三家核心期刊评价体系所公布的期刊目录，将基金论文的来源期刊与核心期刊目录匹配，得出各基金的核心期刊论文，进而可计算出核心期刊论文量和占比。

三 省级社会科学基金论文产出增长情况

（一）总体趋势

11年间，全国省级社科基金论文产出总体呈逐年增长趋势。据统计，1999年全国各省级社科基金项目发表论文总数仅为172篇，2002年也只有355篇。从2003年开始，随着各省级社科基金项目投入的加大，论文产出量逐年大幅递增，2009年达到6129篇，高于1999年发文量34.6倍。各年发文量详见图5－1。1999—2009年全国各省级社科基金资助项目所发表的论文总量达22688篇。其中，作为论文第一资助来源的省级社科基金论文为18110篇，约占全部省级社科基金论文量的80%，见表5－1。各省级社科基金各年度发文量见附录三。

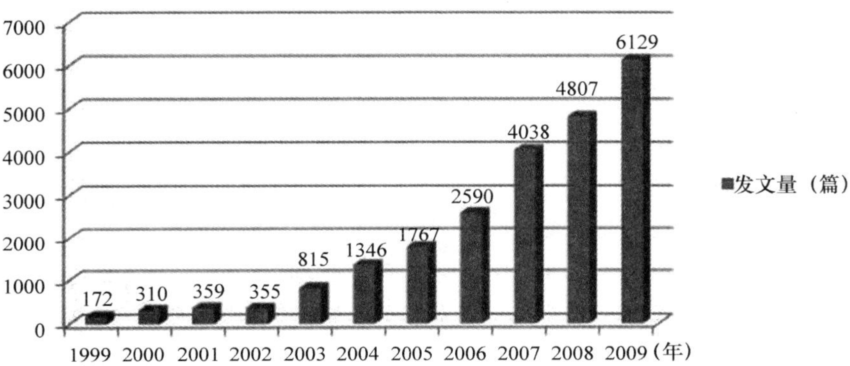

图5－1　全国省级社科基金论文产出增长趋势图（1999—2009年）

表5－1　**各省级社会科学基金（第一资助来源）发文量①排名**

基金名称（第一资助来源）	发文量（篇）
湖南省社会科学基金	1978
浙江省社会科学基金	1719
江苏省社会科学基金	1622
广东省社会科学基金	1067
河南省社会科学基金	958
河北省社会科学基金	885
山东省社会科学基金	824
陕西省社会科学基金	819
天津市社会科学基金	762
福建省社会科学基金	758
吉林省社会科学基金	755
江西省社会科学基金	725

① 本章图表提到的发文量均为1999—2009年的发文量。

续表

基金名称（第一资助来源）	发文量（篇）
上海市社会科学基金	662
北京市社会科学基金	567
黑龙江省社会科学基金	557
辽宁省社会科学基金	521
广西社会科学基金	422
四川省社会科学基金	389
甘肃省社会科学基金	381
重庆市社会科学基金	379
湖北省社会科学基金	344
安徽省社会科学基金	300
内蒙古社会科学基金	156
新疆社会科学基金	122
山西省社会科学基金	109
云南省社会科学基金	103
宁夏社会科学基金	68
贵州省社会科学基金	61
海南省社会科学基金	47
青海省社会科学基金	44
省份不详	6
合计	18110

（二）地区比较

各省级社科基金论文产出的数量、年增长速度差别较大。如附录三和表5-2所示，有17个省级社科基金在1999—2009年间的总发文量在500篇以上，其中，8个省级社科基金发文量均超过千篇，其发文量之和占全部省级社科基金发文量的一半以上（53.6%）。中、东部地区省级社科基金论文产出量相对较高，排名居前。湖南、浙江、江苏名列全国省级社科基金论文产出量前3强，在全国各类基金论文量排名中也名列前茅。由于一些少数民族聚居的自治区和省社科规划办公室成立略晚，初期阶段省级社科基金资助金额和立项少，以致这些地区省级社科基金论文产出数量不多，另外，在20世纪90年代末至21世纪初，论文作者普遍对论文标注基金资助信息的重要性认识不足，或没有意识到，因而未在论文标注基金资助信息。在统计数据源所收录的期刊中，山西省社会科学基金、青海省社会科学基金在2000年才有论文产出，宁夏社会科学基金、海南省社会科学基金分别在2003年、2004年才有论文产出。

从论文量年增长率平均值比较，四川、天津、山东3家省级社科基金论文量的增长幅度居前，年增长率平均值分别为：265%、156.7%、139%。共有22家省级社科基金发文量年增长率平均值超过50%，说明省级社科基金论文整体增长幅度较大、速度较快。具体统计数据见表5-2和图5-2。

表5-2　**各省级社会科学基金发文量、占比与年增长率平均值统计表**

发文量排名	基金名称	发文量（篇）	发文量占比（%）	年增长率平均值（%）
1	湖南省社会科学基金	2434	10.7	54.9
2	浙江省社会科学基金	2129	9.4	55.4
3	江苏省社会科学基金	2018	8.9	40.2
4	广东省社会科学基金	1406	6.2	69.7
5	河南省社会科学基金	1099	4.8	39.2
6	陕西省社会科学基金	1054	4.6	98.3
7	山东省社会科学基金	1008	4.4	139.0
8	上海市社会科学基金	1004	4.4	69.7
9	天津市社会科学基金	999	4.4	156.7
10	福建省社会科学基金	993	4.4	61.8
11	河北省社会科学基金	948	4.2	29.7
12	吉林省社会科学基金	897	4.0	52.4
13	江西省社会科学基金	876	3.9	107.3
14	北京市社会科学基金	772	3.4	97.3
15	黑龙江省社会科学基金	705	3.1	111.9
16	辽宁省社会科学基金	683	3.0	87.5
17	广西社会科学基金	539	2.4	99.9
18	四川省社会科学基金	482	2.1	265.0
19	湖北省社会科学基金	478	2.1	53.6

续表

发文量排名	基金名称	发文量（篇）	发文量占比（%）	年增长率平均值（%）
20	重庆市社会科学基金	462	2.0	83.0
21	甘肃省社会科学基金	439	1.9	41.8
22	安徽省社会科学基金	404	1.8	54.1
23	内蒙古社会科学基金	191	0.8	53.0
24	新疆社会科学基金	140	0.6	38.5
25	云南省社会科学基金	131	0.6	50.3
26	山西省社会科学基金	129	0.6	66.2
27	宁夏社会科学基金	77	0.3	49.1
28	贵州省社会科学基金	71	0.3	74.9
29	海南省社会科学基金	56	0.2	41.0
30	青海省社会科学基金	52	0.2	43.8
31	省份不详	12	0.1	11.1

［注：统计山西、青海、宁夏、海南4省区社科基金发文量年增长率平均值的年份范围是从该基金有论文产出的最初年份（即2000年、2003年、2004年）至2009年。其他省区市社科基金论文量年增长率平均值的年份范围是1999年至2009年。］

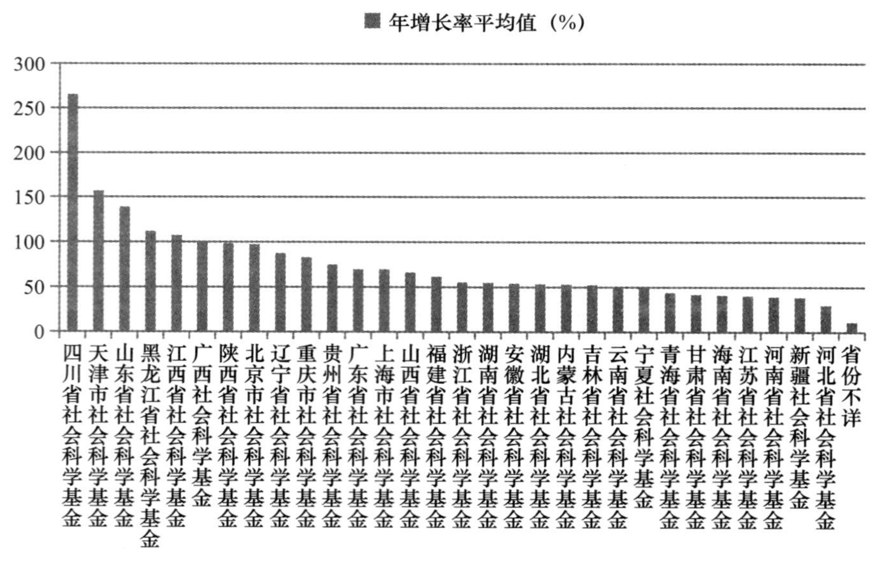

图5-2　各省级社会科学基金发文量年增长率平均值比较

四　省级社会科学基金论文产出的学科分布

省级社科基金项目发表的论文分布学科面较广，传统学科论文产量大。从各学科发文基金数量看，除了人文地理学、民族学、军事学、统计学只有部分省级社科基金发表论文外，各省级社科基金在大多数学科均发表了论文。如表5－3所示，基金论文覆盖各学科领域，其中，经济学论文产出量占全部学科总发文量的39.5%，遥遥领先于排名其后的各学科，比第二位的政治学论文产出量多出近4倍。法学、文学、教育学论文产出量也在千篇以上。这与各地区重视经济发展、政治导向、法制建设有密切关系，各省级社科基金对研究和解决社会发展重大问题的相关学科给予重点支持，同时，根据学科研究的历史积淀对有学术研究实力的学科课题继续资助。

表5－3　　　全国省级社会科学基金论文的学科分布

学科	发文量（篇）	占比（%）	发文基金数（种）
经济学	8958	39.5	31
政治学	2128	9.4	31
法学	1482	6.5	30
文学	1481	6.5	29
教育学	1124	5.0	30
语言学	972	4.3	29
哲学	945	4.2	26
历史学	753	3.3	29
体育学	581	2.6	30
社会学	531	2.3	30
图书馆·情报与文献学	517	2.3	27
其他学科（科技）	457	2.0	28
心理学	406	1.8	26
文化学	379	1.7	28

续表

学科	发文量（篇）	占比（%）	发文基金数（种）
新闻学与传播学	372	1.6	28
管理学（含科学学、人才学）	354	1.6	29
艺术学	250	1.1	28
马克思主义	243	1.1	26
环境科学	206	0.9	29
宗教学	143	0.6	22
考古学	117	0.5	26
人口学	74	0.3	20
学科不详	73	0.3	20
其他学科（人文社科）	47	0.2	28
人文地理学	44	0.2	18
民族学	33	0.1	17
军事学	12	0.1	7
统计学	6	0.0	4

五　省级社会科学基金"核心期刊论文比"分析

某一基金的"核心期刊论文比"指该基金发表在核心期刊的论文量占该基金全部期刊论文量的比例。一般来说，核心期刊是多年刊发高质量论文而取得较大影响力的学术期刊，核心期刊发表的论文在整体质量水平上高于普通期刊。因此，以基金产出的核心期刊论文量、核心期刊论文比作为衡量某一基金的论文整体质量水平的间接指标，有其合理性和参考意义。

图5－3、表5－4显示了各地区社科基金"核心期刊论文比"与"三家核心期刊论文比"的数值和排名。

据统计，"核心期刊论文比"达到50%以上的省社科基金有18家，其中，发文量居前4位的上海市社会科学基金、浙江省社会科学基金、北京市社会科学基金、广东省社会科学基金在"核心期刊论文比"与

“三家核心期刊论文比”两项指标的排名中均名列前4强，说明这4家基金资助项目所产出的论文总体质量较高，基金资助绩效优良，同时也反映了这4个地区社科研究实力处于全国领先水平，发挥了科研大省强市的作用。

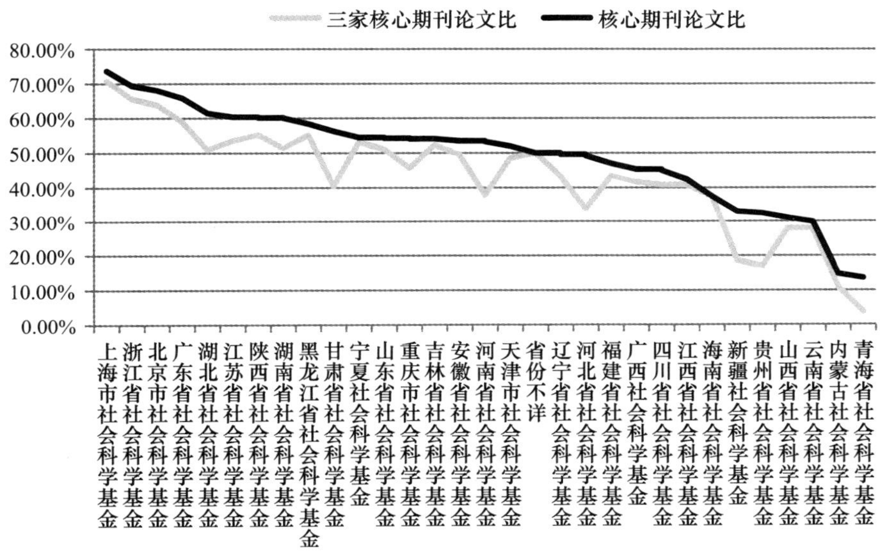

图5-3　各省级社会科学基金“核心期刊论文比”比较

发文量千篇以上的省级社科基金，其“核心期刊论文比”的排名位次靠前，但多数地区社科基金的“核心期刊论文比”排名位次与其发文量排名位次并不对应。如：北京市、湖北省、黑龙江省、甘肃省等地区社科基金的“核心期刊论文比”排名位次高于其发文量排名位次。

从整体平均水平看，全部省级社科基金的“核心期刊论文比”平均值较低，仅为49.4%。各地区这一指标值的差距比较悬殊。只有8家省级社科基金的这一指标值超过60%，10家基金的这一指标值在50%—59%之间，其余13家基金的指标值低于50%。最低值为13.5%。各省级社科基金“核心期刊论文比”差距反映了各地区科研力量的不平衡，地区期刊出版资源分布不平衡也是其中原因之一。

总体来看，东、中部地区省（市）社科基金的“核心期刊论文比”数值高于西部地区，但西部地区的宁夏社会科学基金、甘肃省社会科学基金的核心期刊论文比排名靠前，表现突出。这两个地区的社科基金在资助和组织民族地区科研人员挖掘民族地区丰富和独特的文化资源，研究社会经济历史和民族问题方面取得较好成绩。

表5－4　　各省级社会科学基金“核心期刊论文比”统计表

基金名称	发文量（篇）	三家核心期刊论文量（篇）	核心期刊论文量（篇）	三家核心期刊论文比（%）	核心期刊论文比（%）
上海市社会科学基金	1004	711	740	70.8	73.7
浙江省社会科学基金	2129	1397	1477	65.6	69.4
北京市社会科学基金	772	493	526	63.9	68.1
广东省社会科学基金	1406	829	926	59.0	65.9
湖北省社会科学基金	478	244	294	51.0	61.5
江苏省社会科学基金	2018	1082	1219	53.6	60.4
陕西省社会科学基金	1054	583	635	55.3	60.2
湖南省社会科学基金	2434	1252	1463	51.4	60.1
黑龙江省社会科学基金	705	389	412	55.2	58.4
甘肃省社会科学基金	439	178	247	40.5	56.3
宁夏社会科学基金	77	41	42	53.2	54.5
山东省社会科学基金	1008	515	547	51.1	54.3
重庆市社会科学基金	462	211	250	45.7	54.1
吉林省社会科学基金	897	469	485	52.3	54.1
安徽省社会科学基金	404	200	216	49.5	53.5
河南省社会科学基金	1099	415	586	37.8	53.3
天津市社会科学基金	999	485	519	48.5	52.0
省份不详	12	6	6	50.0	50.0
辽宁省社会科学基金	683	296	339	43.3	49.6
河北省社会科学基金	948	320	466	33.8	49.2
福建省社会科学基金	993	431	467	43.4	47.0
广西社会科学基金	539	225	244	41.7	45.3
四川省社会科学基金	482	197	217	40.9	45.0

续表

基金名称	发文量（篇）	三家核心期刊论文量（篇）	核心期刊论文量（篇）	三家核心期刊论文比（%）	核心期刊论文比（%）
江西省社会科学基金	876	357	371	40.8	42.4
海南省社会科学基金	56	21	21	37.5	37.5
新疆社会科学基金	140	26	46	18.6	32.9
贵州省社会科学基金	71	12	23	16.9	32.4
山西省社会科学基金	129	36	40	27.9	31.0
云南省社会科学基金	131	36	39	27.5	29.8
内蒙古社会科学基金	191	21	28	11.0	14.7
青海省社会科学基金	52	2	7	3.8	13.5
合计	22688	11480	12898		
均值	731.9	370.3	416.1	43.3	49.4

六　省级社会科学基金论文被引指标分析

论文被引频次来源于2013年12月上旬对中国知网期刊数据库的检索结果。根据省级社科基金论文题名和发文期刊名称，检索中国知网期刊数据库相应论文的被引频次。检索结果即每篇论文的被引频次是论文从发表时间至2013年12月上旬的累计被引频次。各省级社科基金年均总被引频次的计算，是将该基金每篇论文的年均被引频次相加。单篇论文的年均被引频次 = 单篇论文总被引频次/（2013年 - 该论文发表年份 + 1）。

据统计，1999—2009年发表的全部省级社科基金论文的总被引频次达221844次，总体年均被引频次为31667次。基金发文量大，则总被引频次多。绝大多数省级社科基金的被引频次排名与其发文量排名基本相符。各基金篇均被引频次在3.9—16.8次。上海市社会科学基金的论文篇均被引频次最高，青海省社会科学基金的论文篇均被引频次最低。具体统计数字见表5－5。

表 5－5　　各省级社会科学基金的论文被引指标统计表

被引频次排名	基金名称	被引频次	年均被引频次	篇均被引频次
1	浙江省社会科学基金	26580	3688.3	12.5
2	江苏省社会科学基金	26266	3160.8	13.0
3	湖南省社会科学基金	21418	3014.3	8.8
4	上海市社会科学基金	16825	2494.6	16.8
5	广东省社会科学基金	15454	2180.5	11.0
6	北京市社会科学基金	9814	1346.7	12.7
7	天津市社会科学基金	9665	1437.7	9.7
8	陕西省社会科学基金	9384	1521.7	8.9
9	山东省社会科学基金	9195	1341.1	9.1
10	福建省社会科学基金	8325	1180.8	8.4
11	河南省社会科学基金	7605	1089.6	7.0
12	吉林省社会科学基金	7045	990.8	7.9
13	河北省社会科学基金	6710	1117.5	7.0
14	江西省社会科学基金	6502	908.8	7.4
15	辽宁省社会科学基金	6436	1100.1	9.4
16	湖北省社会科学基金	5359	753.3	11.2
17	重庆市社会科学基金	4683	597.6	10.0
18	广西社会科学基金	4292	711.8	8.0
19	黑龙江省社会科学基金	4117	603.1	5.8
20	安徽省社会科学基金	3743	483.1	9.3
21	四川省社会科学基金	3681	517.7	7.6
22	甘肃省社会科学基金	2577	350.0	5.9
23	内蒙古社会科学基金	2255	534.9	11.8
24	山西省社会科学基金	898	119.9	7.0
25	云南省社会科学基金	687	106.1	5.2
26	新疆社会科学基金	620	90.4	4.4
27	贵州省社会科学基金	591	62.3	8.0
28	海南省社会科学基金	425	61.9	7.6
29	宁夏社会科学基金	425	62.5	5.5
30	青海省社会科学基金	203	31.2	3.9
31	省份不详	64	8.3	5.3

续表

被引频次排名	基金名称	被引频次	年均被引频次	篇均被引频次
	全部省级社科基金	221844	31667.34	

七 省级社会科学基金论文被下载指标分析

论文被下载频次来源于2013年12月上旬对中国知网期刊数据库的检索结果。根据省级社会科学基金论文题名和发文期刊名称，检索中国知网期刊数据库相应论文的被下载频次。检索结果即每篇论文的被下载频次是论文从发表时间截至2013年12月上旬的累计被下载频次。年均总被下载频次的计算，是将每篇论文的年均被下载频次相加。单篇论文的年均下载频次=单篇论文总下载频次/（2013年-该论文发表年份+1）。

据统计，全部省级社会科学基金论文总被下载频次达8133243次，年均总被下载频次为1530748.9次。基金发文量大，则总被下载频次多。绝大多数省级社会科学基金的被下载频次排名与其发文量排名基本相符。具体统计数字见表5-6。

表5-6 **各省级社会科学基金论文下载指标统计表**

下载量排名	基金名称	下载频次	年均下载频次	篇均下载频次
1	浙江省社会科学基金	870540	145067.1	408.9
2	湖南省社会科学基金	761246	121040.7	312.8
3	江苏省社会科学基金	760432	109107.9	376.8
4	上海市社会科学基金	602252	111303.4	599.9
5	广东省社会科学基金	583593	90812.2	415.1
6	陕西省社会科学基金	405172	77068.5	384.4
7	天津市社会科学基金	374162	63808.1	374.5
8	北京市社会科学基金	355943	55421.4	461.0
9	山东省社会科学基金	348935	55847.5	346.2

续表

下载量排名	基金名称	下载频次	年均下载频次	篇均下载频次
10	河北省社会科学基金	304053	60967.5	320.7
11	辽宁省社会科学基金	297404	61671.3	435.4
12	福建省社会科学基金	296585	46973.6	298.7
13	河南省社会科学基金	292443	48546.3	266.1
14	吉林省社会科学基金	266858	40796.9	297.5
15	江西省社会科学基金	251651	38689.9	287.3
16	广西社会科学基金	197050	39038.8	365.6
17	黑龙江省社会科学基金	185482	28720.4	263.1
18	湖北省社会科学基金	175815	26137.0	367.8
19	重庆市社会科学基金	148268	22157.3	320.9
20	内蒙古社会科学基金	144167	40665.7	754.8
21	四川省社会科学基金	132598	20248.8	275.1
22	安徽省社会科学基金	126380	188441	312.8
23	甘肃省社会科学基金	91554	13753.8	208.6
24	云南省社会科学基金	33134	5269.7	252.9
25	山西省社会科学基金	32172	4770.8	249.4
26	新疆社会科学基金	30068	4882.5	214.8
27	宁夏社会科学基金	19720	3090.5	256.1
28	海南省社会科学基金	19473	2904.8	347.7
29	贵州省社会科学基金	14893	1823.0	209.8
30	青海省社会科学基金	8206	1278.0	157.8
31	省份不详	2994	444.5	249.5
	全部省级社科基金	8133243	1530748.9	

八　省级社会科学基金综合影响力排名

基金（论文）的综合影响力通过论文的产出规模（发文量）、论文质量和学术价值的认可度（发表在核心期刊的论文比例即“核心期刊论文比”、发表在国内三大期刊评价体系共同认定的核心期刊论文比例即“三家核心期刊论文比”）、在学术研究中的被利用程度（被引频次）、在社会和网络传播及被关注程度（被下载频次）等指标来综合反映。在各项产出与影响力指标排名所处的位次的综合情况，即是基金整体论文综合影响力的水平。

本章采用两种简单的基金综合影响力排名方法，一种是依据发文量、核心期刊论文比、被引频次、下载频次四项指标排名位次相加之和，计算基金综合影响力排名位次。和的数值越小，表明综合排名的位次越靠前，综合影响力越大。根据各省社科基金在前面所统计的四项指标排名中的位次，计算得出各省级社科基金综合影响力排名位次，见表5-7。

表5-7　**各省级社会科学基金影响力综合值（四项指标排名位次之和）排名**

基金名称	综合值排名	综合值（位次之和）	发文量排名	核心期刊论文比排名	被引频次排名	下载频次排名
浙江省社会科学基金	1	6	2	2	1	1
江苏省社会科学基金	2	14	3	6	2	3
湖南省社会科学基金	2	14	1	8	3	2
上海市社会科学基金	4	17	8	1	4	4
广东省社会科学基金	5	18	4	4	5	5
陕西省社会科学基金	6	27	6	7	8	6
北京市社会科学基金	7	31	14	3	6	8
山东省社会科学基金	8	37	7	12	9	9
天津市社会科学基金	9	40	9	17	7	7
河南省社会科学基金	10	45	5	16	11	13
吉林省社会科学基金	11	52	12	14	12	14
福建省社会科学基金	12	53	10	21	10	12
河北省社会科学基金	13	54	11	20	13	10
湖北省社会科学基金	14	58	19	5	16	18
黑龙江省社会科学基金	15	60	15	9	19	17
辽宁省社会科学基金	16	61	16	19	15	11
江西省社会科学基金	17	66	13	24	14	15

续表

基金名称	综合值排名	综合值（位次之和）	发文量排名	核心期刊论文比排名	被引频次排名	下载频次排名
重庆市社会科学基金	18	69	20	13	17	19
广西社会科学基金	19	73	17	22	18	16
甘肃省社会科学基金	20	76	21	10	22	23
安徽省社会科学基金	21	79	22	15	20	22
四川省社会科学基金	22	83	18	23	21	21
宁夏社会科学基金	23	94	27	11	29	27
内蒙古社会科学基金	24	96	23	30	23	20
新疆社会科学基金	25	102	24	26	26	26
山西省社会科学基金	26	103	26	28	24	25
云南省社会科学基金	26	103	25	29	25	24
海南省社会科学基金	28	110	29	25	28	28
省份不详	29	111	31	18	31	31
贵州省社会科学基金	29	111	28	27	27	29
青海省社会科学基金	31	121	30	31	30	30

另一种排名方法是根据各指标值乘以权重然后相加之和的公式，计算各省级社科基金综合影响力指数，并依综合影响力指数大小排序。为了体现各省级社科基金在全部省级社科基金发文总量、核心期刊论文总量、被引频次总量和被下载频次总量中的贡献度，同时，也为了使各指标数值具有可比性，此排名方法选用以下 4 项指标：某一省级社科基金发文量占全部省级社科发文总量的比例（简称发文量占比，设为 a）；某一省级社科基金核心期刊论文量占全部省级社科基金核心期刊论文总量的比例（简称核心期刊论文量占比，设为 b）；某一省级社科基金论文被引频次占全部省级社科基金论文被引频次总量的比例（简称被引频次占比，设为 c）；某一省级社科基金论文被下载频次占全部省级社科基金论文被下载频次总量的比例（简称下载频次占比，设为 d）。这 4 项指标依据重要程度分别配以 0.1、0.25、0.5、0.15 的权重。各省级社科基金综合影响力指数即是这 4 项指标的数值乘以各自的权重，然后

相加的和。基金综合影响力指数计算公式如下：

某一省级社科基金综合影响力指数 = 0.1a + 0.25b + 0.5c + 0.15d　　(1)

根据这一公式计算，得出各省级社会科学基金综合影响力指数排名，见表5－8。

表5－8　**各省级社会科学基金综合影响力指数（四项指标加权后之和）排名**

基金名称	综合影响力指数排名	综合影响力指数	发文量占比（%）	核心期刊论文占比（%）	被引频次占比（%）	下载频次占比（%）
浙江省社会科学基金	1	0.1140	9.4	11.5	12.0	10.7
江苏省社会科学基金	2	0.1057	8.9	9.5	11.8	9.3
湖南省社会科学基金	3	0.1014	10.7	11.3	9.7	9.4
广东省社会科学基金	4	0.0697	6.2	7.2	7.0	7.2
上海市社会科学基金	5	0.0678	4.4	5.7	7.6	7.4
陕西省社会科学基金	6	0.0456	4.6	4.9	4.2	5.0
天津市社会科学基金	7	0.0431	4.4	4.0	4.4	4.6
北京市社会科学基金	8	0.0423	3.4	4.1	4.4	4.4
山东省社会科学基金	9	0.0422	4.4	4.2	4.1	4.3
河南省社会科学基金	10	0.0387	4.8	4.5	3.4	3.6
福建省社会科学基金	11	0.0377	4.4	3.6	3.8	3.6
吉林省社会科学基金	12	0.0342	4.0	3.8	3.2	3.3
河北省社会科学基金	13	0.0339	4.2	3.6	3.0	3.7
江西省社会科学基金	14	0.0303	3.9	2.9	2.9	3.1
辽宁省社会科学基金	15	0.0296	3.0	2.6	2.9	3.7
黑龙江省社会科学基金	16	0.0238	3.1	3.2	1.9	2.3
湖北省社会科学基金	17	0.0231	2.1	2.3	2.4	2.2
广西社会科学基金	18	0.0204	2.4	1.9	1.9	2.4
重庆市社会科学基金	19	0.0202	2.0	1.9	2.1	1.8
四川省社会科学基金	20	0.0171	2.1	1.7	1.7	1.6
安徽省社会科学基金	21	0.0167	1.8	1.7	1.7	1.6

续表

基金名称	综合影响力指数排名	综合影响力指数	发文量占比（%）	核心期刊论文占比（%）	被引频次占比（%）	下载频次占比（%）
甘肃省社会科学基金	22	0.0142	1.9	1.9	1.2	1.1
内蒙古社会科学基金	23	0.0091	0.8	0.2	1.0	1.8
山西省社会科学基金	24	0.0040	0.6	0.3	0.4	0.4
云南省社会科学基金	25	0.0035	0.6	0.3	0.3	0.4
新疆社会科学基金	26	0.0035	0.6	0.4	0.3	0.4
宁夏社会科学基金	27	0.0025	0.3	0.3	0.2	0.2
贵州省社会科学基金	28	0.0024	0.3	0.2	0.3	0.2
海南省社会科学基金	29	0.0020	0.2	0.2	0.2	0.2
青海省社会科学基金	30	0.0010	0.2	0.1	0.1	0.1
省份不详	31	0.0004	0.1	0.0	0.0	0.0

九　小结

以上统计分析结果表明，1999—2009 年全国省级社科基金论文产出量逐年增长，2009 年论文产出量比 1999 年增长了 34.6 倍，11 年间论文总量达 26688 篇。湖南、浙江、江苏三省社科基金论文产出量名列前茅。四川、天津、山东三省市社科基金的发文量年增长率平均值位列前三名。上海、浙江、北京三省市社科基金位列“核心期刊论文比”前三名。浙江、江苏、湖南三省社科基金位列论文被引量和被下载量前三名。从篇均被引量和篇均被下载量看，上海市社科基金、北京市社科基金、浙江省社科基金则名列前茅。各省级社科基金论文产出的数量、增长速度和影响力差别较大，与各地区经济发展水平、科研队伍规模等有一定关系。整体来看，省级社科基金论文量增长幅度较大，学科覆盖面广，与经济发展、政治建设、法制建设关系密切的学科如经济学、政治学、法学等论文量领先。从论文量、被引用频次、下载频次、核心期刊论文比等指标的综合排名看，浙江、江苏、湖南、上海、广东等经济、文化较发达地区省级社会科学基金资助的综合效益较好，论文影响力较大。

第六章　国家社会科学基金论文统计分析（2012—2016年）

一　研究目的与内容概要

国家社会科学基金作为我国国家级哲学社会科学基金，其资助项目的选题方向和研究成果（包括论文成果）体现我国哲学社会科学研究的国家水平，成为反映各学科研究前沿、研究重点和研究热点的风向标，科研人员了解和分析各学科领域研究进展的重要依据。同时，基金作为国家公共资产，其投入产出效益也备受社会关注。2012—2016 年是国家社科基金“十二五”规划落实和“十三五”规划开局时期，是贯彻落实党的十八大，十八届三中、四中、五中、六中全会精神和习近平总书记系列重要讲话精神，推进全面建成小康社会、全面深化改革、全面依法治国、全面从严治党战略和“五位一体”战略布局的重要历史时期。这一时期，国家社科基金管理工作紧密围绕党和国家中心工作，服务工作大局，引导和资助哲学社会科学研究，联系当代中国学术实际，瞄准世界学术发展前沿，科学规划、突出重点、精心组织，突出基金使用效益。

在国家社科基金资助下，广大专家学者以高度责任意识和使命担当，潜心述学立论，为解决重大理论和现实问题提供理论指导、学理支撑和对策建议，产出了一大批对经济社会发展和哲学社会科学繁荣有重要推进作用的研究成果。对这一重要时期国家社科基金项目成效和研究热点的计量化实证分析，对反映我国哲学社会科学研究的时代特点、社会作用和研究方向具有示范意义。

通过对这5年国家社科基金项目论文产出、影响力和研究热点进行计量化实证分析，力图从论文成果这一侧面，客观反映国家社科基金项目取得的实际成效和研究动向，为科研管理和学术研究提供实证数据，为项目成效分析提供一个分析框架和视角。

本章研究方法、数据来源和数据处理方法与第三章基本相同，但2014—2016年的基金论文题录数据不是来源于中国知网的中国引文数据库，而是中国知网的期刊全文数据库和中国社会科学院承建的国家哲学社会科学学术期刊数据库以及部分纸本期刊。根据数据库中期刊论文题录数据的基金字段，提取含有国家社科基金相关名称的论文数据，即国家社科基金论文数据。此外，数据源还增加了维普期刊资源整合服务平台发布的各学科期刊论文被引值统计数据。

本章的研究内容为：通过综合利用多种数据库资源，采集、匹配、重组国家社科基金项目论文数据、被引用和被下载量数据、立项项目数据、《新华文摘》等转载数据、中国社会科学院等主要评价体系认定的核心期刊数据，构建国家社科基金项目论文统计数据库，以该库数据为基础，采用文献计量与内容分析方法，统计分析国家社科基金资助项目在2012—2016年的论文产出与影响力，相关指标包括论文量及其增长率、核心期刊论文比、被转载率、被引用率和被下载率等，并与全国期刊论文平均被引值基线相比较，衡量和反映国家社科基金项目论文的整体质量水平和学术影响力；通过对论文作者、机构与地区分布的统计，分析科研力量的分布；通过统计分析论文关键词词频，揭示项目论文选题取向和研究热点，为科研管理和学术研究提供参考。

二　投入产出分析

——立项数量与论文产出量比较

投入产出分析主要从基金项目总体、项目类型、立项年度、学科等维度，对论文产出量与立项数量以及增长率进行比较。相关指标有发文量、项目量、项目平均发文量、年增长率、5 年累计增幅。

（一）项目投入稳步增长，项目调整服务党和国家工作大局

1. 立项数量总体平稳增长，但增幅逐年下降

根据全国哲学社会科学规划办公室（现为全国哲学社会科学工作办公室）历年《国家社会科学基金年度报告》公布的资助金额与立项数量统计，2012—2016 年间，国家社科基金资助金额持续增加，2016 年资助金额达 20 亿元，比 2012 年的 12 亿元增长了 67%。立项数量总体平稳增长，但增幅逐年下降，从 2013 年的 11.6% 降至 2016 年的 0.3%，如图 6 - 1 所示。5 年立项项目共计 25502 个。

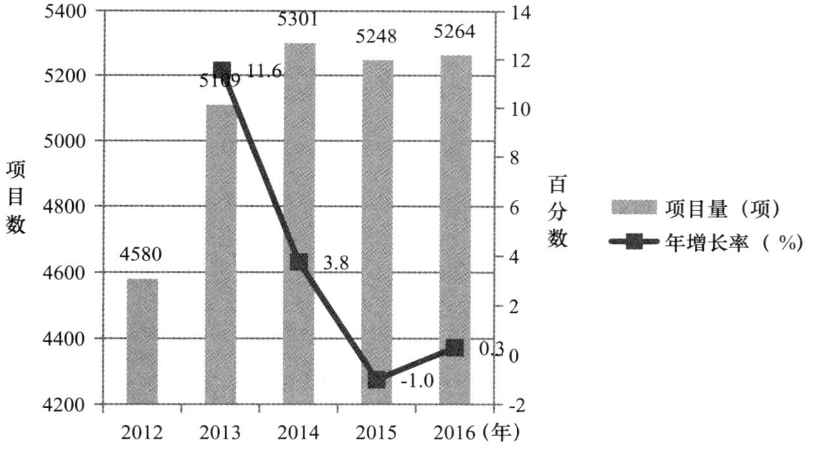

图 6 - 1　2012—2016 年国家社科基金立项数量与年增长率

在项目总量有所控制的同时，单项项目资助强度加大。为了培养青年人才，发挥青年科研人员的作用，国家社科基金加大了对青年项目的投入，单项资助金额增至 2013 年的 15 万元。2014 年各类型项目资助金额又一次全面提高。根据 2014 年全国哲学社会科学规划领导小组会议决定，重点项目资助额度由每项 30 万元提高到 35 万元，一般项目和青年项目资助额度由每项 18 万元提高到 20 万元。西部项目和后期资助

项目资助额度也提高到每项20万元。

2. 各类型项目数量有所调整，增设专题类重大项目和专项工程项目

2012—2016年间，各类型项目数量规模也有不同程度的调整和变化，注重对重大问题研究以及先期研究成效明显的项目有针对性地增加投入。根据国家社科基金项目数据库（http://fz.people.com.cn/skygb/sk/）2017年1月5日检索结果统计，如表6－1所示，一般项目数量持续增加；重大项目数量各年有起伏；后期资助项目数量前4年稳步增长，2016年略有减少；重点项目、青年项目数量则是先增后降，两类项目数量分别在2013年、2014年之前连续增加，之后则大幅下调；西部项目数量逐年削减。

表6－1　2012—2016年国家社科基金主要类型项目立项数量

单位：项

项目类型	2012年	2013年	2014年	2015年	2016年	5年合计	占比（%）
重大项目	248	194	259	274	240	1215	4.9
重点项目	296	370	439	364	282	1751	7.0
一般项目	1954	2026	2465	2476	2574	11495	46.0
青年项目	1435	1535	1044	1027	1061	6102	24.4
西部项目	548	509	505	498	480	2540	10.2
后期资助项目	311	377	385	423	398	1894	7.6
各类合计	4792	5011	5097	5062	5035	24997	100.0

注：此表未包含教育学、艺术学、军事学立项数量。

总体来看，各类型项目数量的比例在一定范围内相对稳定，一般项目的个数最多，达11495项，占6类项目总量的46%，其次是青年项目，占比24.4%。各类项目按立项数量从多到少排序，依次为：一般项目、青年项目、西部项目、后期资助项目、重点项目、重大项目。各类型项目资助方向各有侧重，年度项目和青年项目坚持提高立项质量和扩大惠及范围，重大项目突出服务科学决策和促进学术创新，西部项目着眼稳定社科队伍和培养学术人才，后期资助项目鼓励潜心治

学和扶持基础研究，中华学术外译项目立足讲好中国故事和发出中国声音。

党的十八大以来，为贯彻党的十八大和十八届三中、四中、五中、六中全会精神，贯彻习近平总书记系列重要讲话精神，国家社科基金紧扣党和国家的发展目标、中心任务、战略部署，设立了专题类重大项目、专项工程项目，如：2014 年和 2015 年的重大项目分别设立了 35 项、38 项研究阐释党的十八届四中、五中全会精神专题项目；2016 年设立了两批专项工程项目，分别是十八大以来党中央治国理政新理念新思想新战略研究专项工程和国家社科基金抗日战争研究专项工程，共 76 个项目。前一个专项工程主要从不同学科、不同领域、不同视角深入系统地梳理、阐释、概括、提炼十八大以来党中央治国理政新理念新思想新战略的学理基础、理论体系、逻辑起点和方法论等各方面。同年，国家高端智库建设试点工作正式启动。全国哲学社会科学规划办公室贯彻落实习近平总书记关于智库建设的一系列重要指示精神，按照中央要求和部署，组织各试点智库聚焦事关党和国家发展的全局性、战略性、前瞻性问题，设立相关项目深入开展应用对策研究。

国家社科基金项目数量和资助强度的调整反映了国家社科基金在保持各类型项目比例基本稳定的情况下，配合国家重大发展战略，进一步加大了对重大问题研究、基础研究、中国学术与中国文化“走出去”的资助力度，对项目资助的针对性和实效更为重视，对重大问题研究以及先期研究成效明显的项目有针对性地增加投入，项目管理从注重数量增长转向注重项目选题、成果质量和实效。

（二）论文产出量总体呈上升趋势，其增幅高于项目数量增幅

在国家社科基金的资助下，2012—2016 年国家社科基金项目论文产出保持增长势头。根据从国家哲学社会科学学术期刊数据库、中国知网期刊论文数据库采集的国家社科基金项目论文数据统计，截至 2017 年 1 月，2012—2016 年国家社科基金项目分别在国内约 3000 种重要学

术期刊上发表论文，共计 14.9 万篇，平均每年发表论文 2.98 万篇。2012 年基金发文量为 23582 篇，2016 年基金发文量达到 34825 篇，年均增长率为 10.2%①，论文成果产出量总体呈上升趋势。在“十二五”规划的收官之年即 2015 年，论文产出量和增幅最大，论文量达 37974 篇，比 2014 年增长约 33%，其中，一般项目、青年项目、重点项目、重大项目、西部项目等 5 种主要类型项目的论文产出量达 36711 篇，比 2014 年同类项目论文产出量增长了 40%。各年度资助金额、项目数量和论文产出量详见图 6－2。

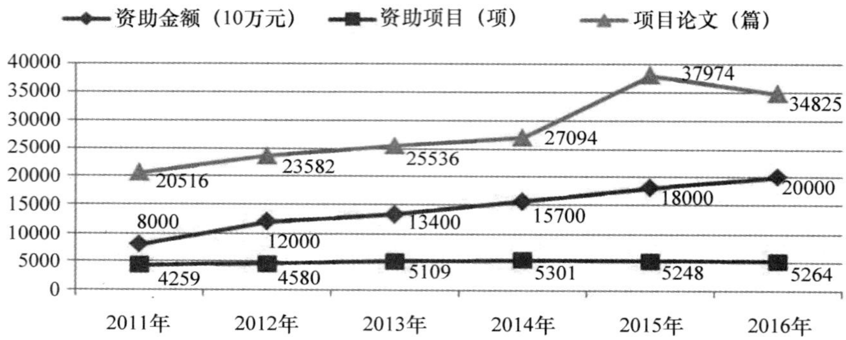

图 6－2　国家社科基金项目投入与论文产出增长趋势图（2011—2016 年）

从增长幅度看，根据论文产出滞后于项目立项的一般规律，我们将一般项目、重点项目、青年项目、重大项目和西部项目 2011—2015 年的立项数量增幅与 2012—2016 年论文产出量增幅相比较，结果如表 6－2 所示，除教育学、艺术学和军事学不计，国家社科基金 23 种学科 5 种主要类型项目 5 年共立项 22470 项，项目量累计增长幅度为 61.2%，而论文产出量是 141942 篇，高于项目数量 5.3 倍，论文量累计增长幅度为 118.8%，高于项目量增幅 57.6 个百分点，投入产出效益明显。

---

① 年均增长率＝［（本期/前 n 年）^{1/（n－1)}－1］×100%。用 excel 表 power 函数公式计算，年均增长率＝power［2016 年发文量/2012 年发文量，1/（2016－2012)］－1。

表6-2　5年5种主要类型项目数量、论文产出数量及累计增幅比较

年度	立项项目量（项）	比2011年项目量增长（%）	发文量（篇）	比2012年论文量增长（%）
2011年	4004	—	—	—
2012年	4481	11.9	22939	—
2013年	4634	15.7	24522	6.9
2014年	4712	17.7	25779	12.4
2015年	4639	15.9	35763	55.9
2016年	—	—	32939	43.6
合计	22470	61.2	141942	118.8

注：此表不含教育学、艺术学和军事学三个单列学科的项目量和论文产出量。

（三）论文高产项目逐年增多，项目立项后2—3年为论文成果发表高峰期，许多项目结项后仍发表较多论文

5年来，有30423个国家社科基金项目①发表论文成果，发文9篇以上的项目有3773个，其发文量占全部项目发文总量的50.5%。平均每年约有1.2万个国家社科基金项目发表论文，项目年平均发文量为3篇/项。从单项项目的论文产出量看，论文高产项目逐年增多，2014年发文10篇以上的项目有242个，2016年发文10篇以上的项目有320个。

这些发表论文的项目是各个年度立项的项目，其中，“十二五”时期立项的项目占比72.7%，所发表的论文有10822篇，占全部项目论文产出总量的72.8%，若加上前后两年即2010年和2016年立项项目的发文量，占比达86.2%。这说明“十二五”时期立项项目在立项后一两年内进入了论文成果产出的高峰阶段。5年论文产出在各年度立项项目的分布情况见图6-3。

值得注意的是，有不少项目结项后继续发表相关论文成果，为拓展和深化哲学社会科学研究、培育人才队伍发挥了重要作用。据统计，2011年及以前立项的部分项目在立项5年后所发表的论文达18788篇，

① 项目个数基于论文标注的项目批准号或项目编号的个数统计。

这些论文约占2012—2016年项目论文总量的12.6%（见图6－3）。在项目成果和资助成效评价中，国家社科基金项目的后续作用不应忽视。

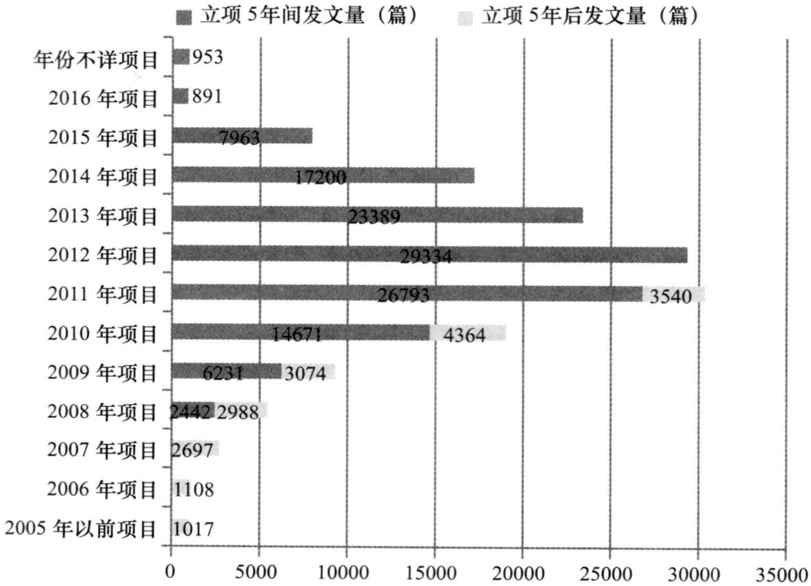

图6－3　国家社科基金各年立项项目在2012—2016年期间发表的论文篇数

（四）各类型项目的论文产出规模与项目数量规模、资助强度总体上呈正比关系，重大项目成果突出，投入产出成效明显

总体来看，各类型项目的论文产出规模与项目数量规模、资助强度总体上呈正比关系。立项数量多的项目类型，其发文总量较大；单项资助强度大的项目类型，其单项项目发文量较大。表6－3显示了各类型项目各年度发文量的变化。

表6－3　2012—2016年国家社科基金主要类型项目年度发文量

单位：篇

项目类型	2012年发文量	2013年发文量	2014年发文量	2015年发文量	2016年发文量
一般项目	9583	10033	10249	14544	13603

续表

项目类型	2012 年发文量	2013 年发文量	2014 年发文量	2015 年发文量	2016 年发文量
青年项目	5458	5731	6342	8422	7111
重大项目	3222	4324	5101	6710	6334
重点项目	2370	2504	2649	4398	4217
西部项目	2411	2176	1873	2637	2198
合计	23044	24768	26214	36711	33463

5 年间，一般项目类型的发文量和发文项目最多，平均每年有 5320 个项目发表论文，年均发文量 11602.4 篇；其次是青年项目类型，平均每年有 3212.4 个项目发表论文，年均发文量 6612.8 篇。各类型项目的年均发文量和年均发文项目量详见图 6－4。从图 6－4 和表 6－3 可以看到各类型项目按发文量从多到少排序，依次为：一般项目、青年项目、重大项目、重点项目、西部项目。

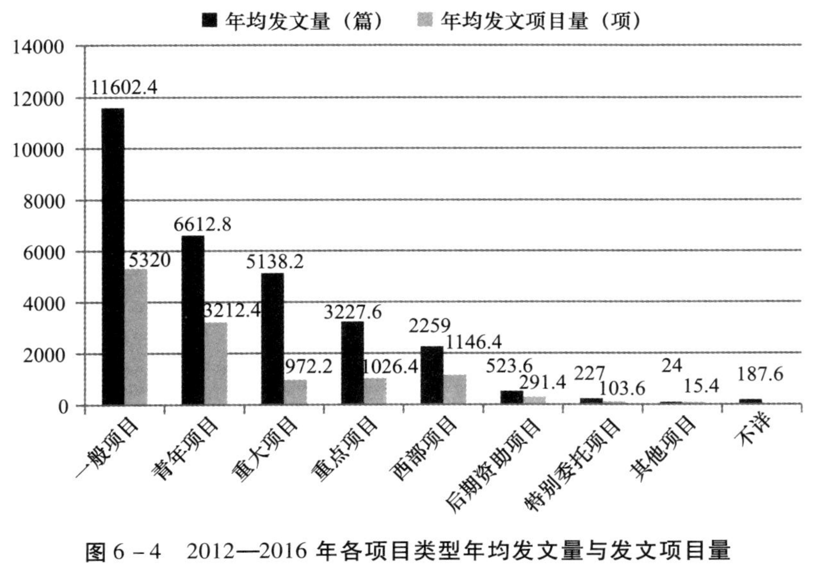

图 6－4　2012—2016 年各项目类型年均发文量与发文项目量

从单项项目的论文产出看，重大项目表现突出，平均每个项目年均发文约 5.33 篇，高于其他项目类型（见图 6－5）。

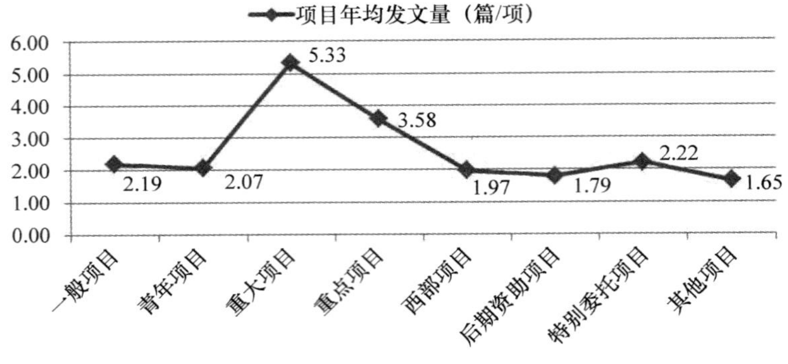

图 6－5　2012—2016 年各项目类型单个项目年均发文量

5 年间，发文量在中位数（47 篇）以上的项目有 115 个，其中 109 个项目均为重大项目，占比 94.8%。国家社科基金重大项目“中国特色社会主义社会管理体系研究”（项目批准号 11&ZD070），5 年共发表论文 235 篇，位居发文量榜首。一批重大项目连续两年保持论文高产出水平，重大项目“世界性与本土性交汇：莫言文学道路与中国文学的变革研究”2015 年发文 63 篇，2016 年发文 55 篇，连续两年位居年度项目发文量之首。“清水江文书整理与研究”“当今中国文化现状与发展的符号学研究”“中国特色社会主义政治发展道路的理论阐释与实践路径研究”等重大项目亦连续两年位居年度发文量前 10 名之列。高发文项目及其 5 年间的发文量见附录五。这些论文高产项目围绕特定研究主题进行多维度的系统研究，并取得较好的研究成效。

（五）项目学科覆盖面广，重点资助的传统优势学科以及与现实问题关系密切的研究领域论文产出量大

国家社科基金资助 26 个学科领域的研究项目，并将党史·党建、马列·科社作为中国特色哲学社会科学的重要分支学科，予以立项资助，突出其学术地位，体现了国家社科基金加强党史·党建学科建设，推进马克思主义中国化、时代化、大众化的资助方向。总体来看，各学科项目产出规模与投入规模基本对应，立项数量多的学科，其学科论文

产出量相对较大。社会科学研究应用性较强，其项目平均发文量普遍高于文史类学科。统计结果如表6－4所示，5年发文量超过万篇的学科有应用经济、管理学、中国文学、法学，发文量约9000篇的学科有哲学、理论经济、马列·科社学科，这7个学科的发文量（83103篇）占国家社科基金项目5年论文总量（141942篇）的58.5%。从单项项目平均发文量来看，在23个学科中，有15个学科的项目平均论文量在5篇以上，其中，应用经济的项目平均论文量高达10.6篇，理论经济、管理学、马列·科社、政治学、图书馆·情报与文献学、哲学、体育学的项目平均论文量也在6—8篇之间。这些高发文学科科研力量相对雄厚，科研活跃，它们或是传统优势学科，或是重点资助的、与现实问题关系密切的研究领域。经济学科和管理学科在论文产出量和项目平均论文量上名列前茅，投入产出效益最为显著。

表6－4 **2012—2016年国家社科基金各学科立项项目量、论文产出量及项目平均论文量比较**

学科	5年学科发文总量	5年立项项目总量	项目平均论文量（篇/项）
应用经济	19082	1800	10.6
管理学	15061	1842	8.2
中国文学	10634	1995	5.3
法学	10323	1865	5.5
哲学	9618	1452	6.6
理论经济	9344	1131	8.3
马列·科社	9041	1113	8.1
社会学	6896	1255	5.5
政治学	6774	846	8.0
语言学	6676	1543	4.3
中国历史	6281	1469	4.3
图书馆·情报与文献学	5260	707	7.4
民族问题研究	5101	1269	4.0
新闻学与传播学	3820	663	5.8

续表

学科	5 年学科发文总量	5 年立项项目总量	项目平均论文量（篇/项）
体育学	3683	591	6.2
国际问题研究	3000	595	5.0
党史·党建	2731	502	5.4
外国文学	2279	618	3.7
人口学	1570	321	4.9
宗教学	1426	543	2.6
统计学	1336	239	5.6
世界历史	1311	437	3.0
考古学	695	276	2.5

注：此表未含教育学、艺术学和军事学三个单列学科。

（六）综合性问题研究资助力度加大，跨学科、文理交叉研究领域得到拓展和深化

重大现实问题、热点问题如治国理政、新型城镇化、大数据、生态文明、医药卫生、能源、文化与文化产业等，多数是综合性问题、多学科关注的主题。面向问题的综合性研究、文理交叉的跨学科研究成为国家社科基金项目研究的重要方向。近年来，国家社科基金加大对关系国计民生的重大综合性问题研究、文理交叉研究领域的资助力度，分批设立应用类、基础类、跨学科类、文化学类重大项目，组织多学科研究人员协同攻关，项目研究在2012—2016年取得较大进展，综合性研究、跨学科研究得到进一步加强，主要表现在：许多重大项目论文作者来自不同的学科领域，对同一主题进行多学科、多维度研究；同一主题相关论文发表在多个学科领域期刊，包括自然科学及技术类期刊。据统计，有5154篇国家社科基金项目论文分别发表在580余种重要的自然科学与技术类期刊、文理综合的期刊，其中，核心期刊128种，发文2550篇；学报自科版102种如《北京大学学报》（自然科学版）、《浙江大学学报》（理学版）、《中国农业大学学报》、《西北大学学报》（自然科学版）等，发文533篇。发文量百篇以上的期刊有：《系统工程》《干旱

区资源与环境》《物流技术》《中国临床心理学杂志》《中国土地科学》。发文量前40名的自然科学与技术类、文理综合类核心期刊见表6－5。这些论文内容涉及资源与环境、医药卫生、计算机与网络、能源、安全、城市规划和建设等重要领域。综合性研究、跨学科研究拓展和深化了哲学社会科学研究的内容与方法。

表6－5　**发文量前40名的自然科学与技术类、文理综合类核心期刊**

序号	期刊	发文量（篇）
1	系统工程	185
2	干旱区资源与环境	144
3	物流技术	141
4	中国临床心理学杂志	137
5	中国土地科学	114
6	数学的实践与认识	94
7	系统管理学报	90
8	地理研究	87
9	中国卫生事业管理	72
10	自然资源学报	70
11	管理工程学报	67
12	水土保持研究	58
13	高等农业教育	48
14	中国心理卫生杂志	40
15	城市规划	38
16	内蒙古师范大学学报（自然科学汉文版）	37
17	水土保持通报	37
18	地理学报	33
19	中国安全科学学报	33
20	中国学校卫生	33
21	计算机应用	32
22	计算机应用研究	32
23	西北大学学报（自然科学版）	31

续表

序号	期刊	发文量（篇）
24	计算机工程与应用	30
25	系统工程学报	29
26	生态学报	28
27	中国公共卫生	28
28	计算机科学	27
29	中国农业大学学报	26
30	安徽师范大学学报（自然科学版）	24
31	干旱区地理	24
32	西南大学学报（自然科学版）	24
33	西南师范大学学报（自然科学版）	23
34	中国畜牧杂志	23
35	北京大学学报（自然科学版）	22
36	城市规划学刊	21
37	河南师范大学学报（自然科学版）	21
38	华东师范大学学报（自然科学版）	19
39	热带地理	19
40	食品工业科技	18

三　研究重点和热点分析
——高频关键词统计分析

2012—2016 年间发表论文的项目是各个年度立项的项目，其中，“十二五”时期和 2016 年立项的项目占比 69.3%，所发表的论文有 109070 篇，占全部项目论文产出总量的 73.2%。项目论文平均每年共标注关键词约 6.2 万个，平均每篇论文标注的关键词有 4—5 个，少数论文标注 7 个以上关键词，论文研究主题非常广泛。可以说，2012—2016 年发表的项目论文集中反映了“十二五”规划和党的十八大以来立项项目的选题方向和研究成果，论文研究范围覆盖人文社会科学各专业领域，既有弘扬传统文化、深化学科建设以及为社会经济发展提供理论依据的基础研究，又有为党和政府提供决策服务的应用研究；既有宏观层面的理论思考和战略研究，也有微观层面的个案剖析和实践探讨。基础研究涉及中华优秀传统文化挖掘、大型文献资料整理、当代学术发展前沿跟踪等方面。

（一）论文选题广中有重，聚焦重大问题研究，重点突出

多数论文特别是重大项目论文的研究主题涉及我国的重大理论和现实问题，如：习近平总书记系列重要讲话精神对社会主义理论创新和实践创新研究、创新马克思主义理论及其中国化研究、新常态下中国经济增长研究、新型城镇化及相关问题研究、“一带一路”倡议研究、供给侧结构性改革研究、“互联网＋”与各行业领域发展的研究、反腐败国家立法研究，在互联网安全、社会治理、食品安全治理、生态文明等方面的法律制度建设研究、精准扶贫研究、中国特色大国外交的理论探索和实践创新研究，等等。国家社科基金还专门设立了研究阐释中国特色社会主义特别是“中国梦”，党的十八届三中、四中、五中、六中全会精神专题项目，研究阐释十八大以来党中央治国理政新理念新思想新战略重大专题项目，研究取得较大进展。

我们可从论文标注关键词的词频看到这一时期国家社科基金项目的研究重点和热点。统计结果如表6－6所示，5年总词频在280次以上的60个高频关键词中，前25个反映主题内容的关键词依次为：经济增长、城镇化、中国共产党、马克思主义、马克思、大学生、农民工、新型城镇化、生态文明、创新、可持续发展、意识形态、产业结构、城市化、文化、技术创新、现代性、文化产业、公共服务、社会主义核心价值观、大数据、思想政治教育、社会资本、地方政府、国家治理；反映通用概念的高频关键词有：影响因素、对策、启示、发展、路径、影响、问题等；反映国别、地区、时间概念的高频关键词有：中国、美国、新疆、民族地区、清代；反映研究方法的高频词主要有：实证研究；等等。连续5年保持在各年度前45名位次并且词频逐年上升的高频词约占60个高频词的72%，说明国家社科基金项目论文研究重点和主要研究热点有一

定的延续性、稳定性。这类高频关键词或是反映学科主要研究对象、学科研究的基本问题，或是涉及国家和社会政治经济文化长期发展的重大问题、综合性问题，反映一个时期诸多学科共同关注的研究热点和重点，因而其词频保持高位或持续上升。经济增长、影响因素、中国、对策是各年出现频次最多的4个关键词，说明对经济增长、影响因素的分析和立足国情的对策研究是国家社科基金项目较长一段时期研究的重点。

表6－6　　2012—2016年间词频居年度前45位的关键词一览表

序号	高频关键词	5年总频次	2016年频次	2015年频次	2014年频次	2013年频次	2012年频次
1	影响因素	1376	325	363	234	259	195
2	经济增长	1246	241	334	235	224	212
3	中国	1023	229	253	205	177	159
4	城镇化	780	219	242	158	101	60
5	对策	779	159	201	121	131	167
6	中国共产党	674	157	168	103	125	121
7	马克思主义	672	145	158	104	123	142
8	马克思	666	155	168	100	122	121
9	大学生	645	156	185	119	100	85
10	美国	629	147	175	116	110	81
11	农民工	607	126	152	111	129	89
12	*新型城镇化	555	182	199	125	45	4
13	启示	547	113	152	81	99	102
14	*生态文明	547	153	152	112	89	41
15	创新	527	117	113	94	102	101
16	可持续发展	485	92	105	79	89	120
17	发展	467	87	115	86	85	94
18	意识形态	466	124	124	81	51	86
19	产业结构	465	120	125	87	64	69
20	新疆	459	96	129	52	88	94
21	路径	453	100	117	87	71	78

续表

序号	高频关键词	5年总频次	2016年频次	2015年频次	2014年频次	2013年频次	2012年频次
22	城市化	451	78	105	88	95	85
23	文化	448	88	120	78	83	79
24	技术创新	442	81	95	82	111	73
25	现代性	439	120	111	93	71	44
26	影响	424	83	106	86	88	61
27	文化产业	414	71	98	75	95	75
28	公共服务	410	97	104	74	76	59
29	*社会主义核心价值观	407	136	172	55	36	8
30	民族地区	407	85	118	63	73	68
31	*大数据	401	203	130	56	12	0
32	思想政治教育	394	84	111	68	65	66
33	社会资本	390	80	91	68	86	65
34	价值	386	100	93	76	54	63
35	地方政府	383	75	102	80	67	59
36	新生代农民工	373	72	107	45	77	54
37	*国家治理	372	129	148	78	15	2
38	中国特色社会主义	367	91	87	68	82	39
39	问题	366	64	90	61	79	72
40	清代	357	80	90	72	74	41
41	治理	354	105	117	59	50	23
42	人力资本	351	71	94	76	61	49
43	全要素生产率	347	90	93	63	59	42
44	*中国梦	345	103	122	102	26	0
45	少数民族	345	81	80	42	71	71
46	*“一带一路”	340	240	100	1	0	0
47	*社会治理	340	124	129	66	15	6
48	货币政策	339	88	81	75	52	41
49	日本	327	85	83	66	55	38
50	政府	320	72	85	67	47	49

续表

序号	高频关键词	5年总频次	2016年频次	2015年频次	2014年频次	2013年频次	2012年频次
51	农村	320	46	84	44	60	86
52	指标体系	319	73	94	56	67	29
53	法治	313	93	112	45	37	26
54	毛泽东	312	68	78	69	46	51
55	经济发展	312	77	86	64	46	39
56	碳排放	305	74	91	47	58	35
57	战略性新兴产业	295	50	83	51	58	53
58	全球化	287	48	66	62	46	60
59	制度	283	58	67	65	67	54
60	实证研究	280	71	68	48	84	9
61	非物质文化遗产	278	77	74	34	49	44
62	新媒体	276	89	86	43	33	25
63	社会组织	276	81	79	56	35	25
64	* 习近平	270	152	103	13	2	0
65	社会管理	267	17	32	58	74	86
66	* 协商民主	251	86	70	58	27	10
67	* 新常态	239	142	97	0	0	0
68	低碳经济	237	28	44	34	61	70
69	* 丝绸之路经济带	179	91	88	20	0	0
70	* 互联网 +	118	102	16	0	0	0
71	* 供给侧改革	93	93	0	0	0	0
72	* 精准扶贫	92	80	11	1	0	0

注：标 * 号的关键词是词频快速增长的高频词。

（二）研究热点反映时代特征和中国特色，贴近现实，具有较强的针对性、及时性

5 年来，国家社科基金项目紧密围绕党的十八大提出的发展目标和战略以及一系列重大改革问题进行深入、多学科、多维度研究，各年度关键词词频的变化反映出研究热点的变化和问题研究的推进。在十八大

报告以及党和国家领导人发表的系列重要讲话中出现的新概念、关键词成为新关键词和高频词。“中国梦”自2012年以来成为社会热议的话题，成为民族复兴的中国道路、发展目标、民生期望的代名词、关键词，国家社科基金2013年设立了关于中国梦研究的重大项目，立项当年就产出部分阶段性论文成果。“中国梦”关键词从2014年开始进入年度高频词前45名榜单。习近平总书记系列重要讲话精神的研究阐释，成为社科界的首要任务，也是学术研究的重大课题，“习近平”关键词词频的快速增长反映了这方面成果比较丰富。“一带一路”倡议对我国经济发展、国际地区合作、外交以及文化交流等意义重大，涉及范围广，论文颇多，连续3年成为重大研究热点之一。城镇化、城市化是国家深化改革的重要领域和中心工作之一，随着传统城镇化弊端的不断暴露，对城镇化进程更全面的理解和对新型城镇化的研究已成为经济社会发展的迫切需求。新型城镇化作为应用经济学、管理学和跨学科重大项目重点研究的主题，其词频显著上升。

在各年度词频居前45位的高频词中，约有13%的高频词是近年新出现的关键词且词频在两年内从个位数骤然上升至百位数，如：新型城镇化、中国梦、习近平、“一带一路”、丝绸之路经济带、国家治理、新常态、大数据、互联网+、供给侧改革、精准扶贫等（见表6-6中标注*符号的关键词）。一些关键词则反映年度新出现的热点问题，如占中、二孩政策、“两学一做”等。这类词频增速快的高频词或具有突现性关键词反映了社科研究项目论文紧密围绕国家战略和中心工作以及社会热点问题进行研究，具有鲜明的时代特征和较强的针对性、及时性，研究成果显著。

统计发现，还有一些研究主题的论文成果也颇多，但因标注的关键词不统一而没能形成高频词。例如，反腐倡廉一词的词频仅54次，而与反腐倡廉相关的关键词、近似词有165个，词频共计549次，相关论文421篇。这些论文总结党的十八大以来反腐败斗争的新态势、新举措及新思路，研究和探讨习近平反腐败战略重要论述，从党风建设、制度反腐、反腐机制构建、反腐立法、政治生态、权利结构科学化、网络反腐、信息公开等各方面多维度为我国的廉政建设和反腐败斗争提供重要理论支撑和对策建议。

(三)各学科关注的主题或研究的视角不同，研究热点具有学科特点

由于各学科资助项目数量和发文量的规模不同，关注的主题或研究的视角不同，各学科的高频关键词、高频次区间存在较大差别（见附录六）。一些关键词虽未进入总词频前60名，却是某一学科的高频词，例如，2015年政治学研究热点集中在国家治理、依法治国、协商民主、社会治理、地方政府、公共服务；社会学、人口学关注的热点集中在农民工特别是新生代农民工、人口老龄化、养老、流动人口、社会治理、社会工作、社会资本、社会管理；新闻学与传播学则在媒介融合、新媒体、网络舆情、大数据、微博、国家形象等方面的研究比较活跃。2015年新进入学科高频词前10位的有莫言（文学）、抗日战争、群众路线（党史·党建）、伊斯兰教（宗教学）、民族传统体育（体育学）等。2016年新进入学科高频词前10位的关键词主要有：全面从严治党、政治生态（党史·党建）、非物质文化遗产（民族问题研究）、南海问题（国际问题研究）、智慧教育、MOOCs（教育学）等。这些高频词反映了各学科研究重点和热点，说明这些主题领域的研究比较活跃。

四　影响力分析

——学术影响力文献计量指标值的统计分析

国家社科基金项目研究与中国经济社会的发展紧密相连，立足现实的需要，从中国国情出发，对经济社会转型出现的重大现实问题给出理论解释和政策建议，对现实问题的关注进一步带动了相关理论研究的发展，研究成果受到广泛关注。我们以文献计量学或信息计量学常用的文献影响力间接指标，如核心期刊论文占比、被转载率、被引率和下载率

以及国内主流海量文献数据库公布的平均被引值基线，来衡量和反映国家社科基金项目论文的整体质量水平和学术影响力，包括研究的创新程度和前沿性。

（一）国家社科基金项目发表在核心期刊的论文比例保持较高水平

2012—2016 年间，国家社科基金项目论文分布在约 3000 种期刊，其中，在中国社会科学院《中国人文社会科学核心期刊要览》《中国人文社会科学期刊体系》（简称 AMI 体系期刊）、北京大学《中文核心期刊要目总览》、南京大学《中文社会科学引文索引》来源期刊目录等国内主要期刊评价体系认定的核心期刊上发表的论文共计 106980 篇，占全部项目发文总量的 71.8%。各年度的核心期刊论文比保持在 67.5%—78.5% 的较高水平（见表 6－7）。2014 年，中国社会科学院中国社会科学评价中心采用 AMI 综合评价体系评定并发布了《中国人文社会科学期刊体系》。2014—2016 年国家社科基金项目在 AMI 体系期刊发表的论文达 65910 篇，发表在核心等级以上期刊的论文有 51642 篇，占比为 78.2%，比例较高。其中，发表在顶级期刊、权威期刊、核心期刊的论文分别为 1724 篇、3610 篇和 46308 篇（见图6－6）。

表 6－7　　2012—2016 年国家社科基金项目发表在核心期刊的论文篇数及其占比

年份	总发文篇数	核心期刊论文篇数	核心期刊论文比（%）	AMI 核心期刊论文篇数	AMI 体系期刊论文篇数
2012	23582	18521	78.5	—	—
2013	25536	17240	67.5	—	—
2014	27094	20683	76.3	14584	19135
2015	37974	25867	68.1	19060	23682
2016	34825	24669	70.8	17998	23093
合　计	149011	106980	71.8	51642	65910

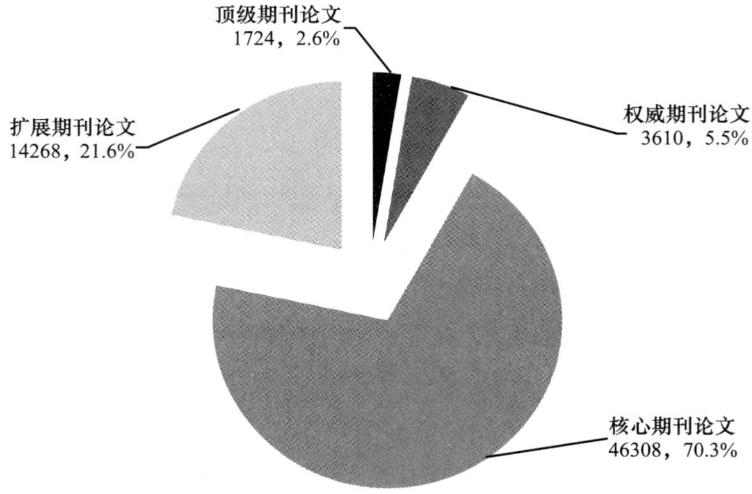

图 6－6　2012—2016 年国家社科基金项目论文在 AMI 体系期刊的分布

（二）项目论文的创新性、前沿性增强，被四大文摘转载篇数有较大增长

国家社科基金项目论文被《新华文摘》《中国社会科学文摘》《高等学校文科学术文摘》和中国人民大学《复印报刊资料》转载的篇数和篇次，可通过将项目论文题录数据与文摘论文题录数据相匹配而获得。随着基金项目论文的增长，国家社科基金项目论文被四大文摘转载的篇数和转载率逐年上升。统计结果如表 6－8 所示，2012 年项目论文被转载篇数为 1681 篇，到 2016 年，被转载篇数达到 3217 篇，被转载率也从 2012 年的 7.0% 上升到 2016 年 9.2%。5 年来，被四大文摘转载的项目论文共计 12087 篇，被转载 13002 篇次，被转载率达 8.0%。其中，被《新华文摘》转载论文 1094 篇。在全部被转载的项目论文中，《新华文摘》《中国社会科学文摘》《高等学校文科学术文摘》和中国人民大学《复印报刊资料》转载论文分别占比 8.4%、9.1%、9.5%、73.1%（详见图 6－7）。被两家以上文摘期刊共同转载论文 708 篇，部分论文被四大文摘共同转载。

表6-8　　2012—2016年各年度国家社科基金项目论文被转载指标值

被转载指标	2012年	2013年	2014年	2015年	2016年	合计
被转载篇次	1856	2251	2218	3156	3521	13002
被转载篇数	1681	2151	2093	2945	3217	12087
被转载率（%）	7.0	8.4	7.7	7.8	9.2	8.0（5年均值）
两种以上文摘共同转载篇数	152	56	111	162	227	708

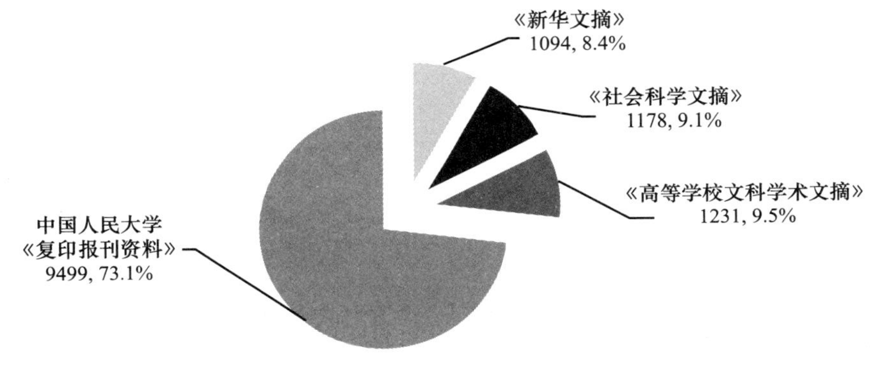

图6-7　2012—2016年国家社科基金项目论文被转载篇数和比例

(三) 项目论文备受关注，学术影响力和网络影响力逐年提升，学术价值和社会价值凸显

根据历年从中国知网期刊论文数据库采集的国家社科基金项目论文即年被引频次和即年被下载频次统计，如表6-9所示，5年来，即年被引用（发表当年被引用）的国家社科基金项目论文共19352篇，即年被引总频次达30555次，被引用率和被引用频次逐年上升，即年被引用率在8.2%至16.4%之间，平均被引用率为12.5%。论文的篇均被引用频次也呈逐年上升趋势，按被引论文计算，篇均即年被引频次从2012年的1.4次上升到2016的1.7次；按全部论文计算，平均每篇论文即年被引用频次最低年份为0.1次，最高年份为0.3次。单篇论文即年被引频次最高达到135次。

表 6－9　2012—2016 年国家社科基金项目论文被引指标值

被引指标	2012 年	2013 年	2014 年	2015 年	2016 年
即年被引论文篇数	2265	2085	3793	6217	4992
即年被引率（%）	9.5	8.2	14.0	16.4	14.3
即年总被引频次	3213	3036	5841	10210	8255
篇均被引频次（被引论文）	1.4	1.5	1.5	1.6	1.7
篇均被引频次（全部论文）	0.1	0.1	0.2	0.3	0.2
单篇最高被引频次	20	48	30	18	135

随着网上阅读量和被下载频次逐年上升，国家社科基金项目论文的网络影响力也在持续提高。统计结果如表 6－10 所示，被下载的论文在当年发表的全部社科基金论文中的比例（简称即年被下载率）从 2012 年的 96.3% 上升到 2016 年的 99.7%。按被下载论文计算，平均每篇论文被下载频次从 2012 年的 85.8 次上升至 2016 年的 142.9 次。单篇论文被下载频次的最高记录也逐年攀升，屡创新高，2012 年为 3698 次，2016 年则高达 23331 次。5 年间，即年被下载论文共 14.48 万篇，平均每年 2.89 万篇，平均每篇论文被下载 109 次。被高频次下载的论文大多是聚焦社会热点问题和研究与阐释新出台政策的论文。

表 6－10　2012—2016 年国家社科基金项目论文被下载指标值

即年被下载指标	2012 年	2013 年	2014 年	2015 年	2016 年
即年被下载论文量（篇）	22966	23759	25952	37389	34736
即年被下载率（%）	96.3	93.0	96.0	98.5	99.7
即年被下载总频次	1969714	2275932	2463321	4810704	4964863
篇均被下载频次（被下载论文）	85.8	95.8	94.92	128.7	142.9
篇均被下载频次（全部论文）	82.6	89.1	90.91	126.7	142.6
单篇最高被下载频次	3698	6280	5840	6001	23331

（四）项目论文即年平均被引频次高于全国期刊论文整体水平

我们可以通过与维普期刊资源整合服务平台公布的学科平均被引值

基线相比较，来看国家社科基金项目论文即年学术影响力在全国所处的水平。维普期刊资源整合服务平台收录了我国各学科 14000 余种期刊的论文数据，覆盖面全，以这些期刊论文数据为基础统计得出的学科平均被引值基线可以代表国内各学科论文平均被引水平和科学研究的平均发展水平。以 2015 年论文即年平均被引频次为例，根据维普期刊资源整合服务平台 2016 年 1 月更新的学科平均被引值基线显示，2015 年人文社科类论文即年平均被引频次为 0.03 次，文理工所有学科论文即年平均被引频次为 0.04 次。根据笔者收集的数据统计，2015 年国家社科基金全部论文的即年平均被引频次为 0.3 次，高于维普公布的人文社科平均被引值基线的 9 倍，高于全部学科平均被引基线的 6.5 倍。从各学科比较，国家社科基金各学科项目论文的即年平均被引频次均高于全国人文社会科学各学科被引值基线（详见表 6－11）。统计结果从一个侧面说明，国家社科基金项目论文即年学术影响力的平均水平远高于全国人文社科期刊论文的整体平均水平。当然，这一结论的充分论证还有待对更多年份的论文被引频次以及相关数据进行比较分析。

表 6－11　2015 年发表的论文在当年的平均被引频次（国家社科基金项目论文与维普期刊数据库论文比较）

维普期刊库学科类别	维普期刊库论文平均被引频次	国家社科基金论文平均被引频次	国家社科基金学科类别
经济管理	0.05	0.37、0.38、0.4	理论经济、应用经济、管理学
哲学宗教	0.03	0.12、0.06	哲学、宗教学
马克思主义哲学	0.03	0.2	马列·科社
宗教学	0.01	0.06	宗教学
社会学	0.05	0.28	社会学
统计学	0.05	0.27	统计学
人口学	0.06	0.28	人口学
民族学	0.05	0.18	民族问题研究
政治法律	0.06	0.31、0.33	政治学、法学
中共党史	0.05	0.15	党史·党建

续表

维普期刊库学科类别	维普期刊库论文平均被引频次	国家社科基金论文平均被引频次	国家社科基金学科类别
外交学、国际关系	0.08、0.09	0.32	国际问题研究
军事	0.02	0.16	军事学
文化科学	0.04	0.2	艺术学
新闻学、传播学	0.03、0.06	0.33	新闻学与传播学
图书馆学、情报学、档案学	0.06、0.04、0.03	0.26	图书馆·情报与文献学
教育学	0.03—0.06	0.48	教育学
体育学	0.04—0.06	0.29	体育学
语言文字	0.03	0.21	语言学
文学	0.02	0.08、0.07	中国文学、外国文学
艺术	0.02	0.2	艺术学
历史地理	0.02	0.09	中国历史
历史地理	0.02	0.06	世界历史
考古学及博物馆学	0.04	0.08	考古学
所有学科	0.04	0.3	所有学科
人文社科类	0.03	0.3	所有学科

（注：国家社科基金艺术学项目包括文化学、文化产业研究项目）

（五）涌现一批以高影响力项目论文为代表的具有创新性的基础理论与应用研究力作

2012—2016年期间，国家社科基金项目产生了一批具有高影响力的论文，这些论文在观点、方法、材料或对策建议等方面有所创新，其学术价值和社会价值得到认可，论文的被引用、被下载以及被转载频次等影响力指标值名列前茅。一些论文的被引频次和被下载频次均位列当年排名的三甲。

1. 2012年高影响力论文

2012年中国社会科学院李扬在《经济研究》上发表的《中国主权资产负债表及其风险评估》（上、下）论文被《新华文摘》等四大文摘同时转载，是该年被转载次数最多的论文。

2012 年被引频次位居前 3 名的论文是：河北理工大学黄璐在《成都体育学院学报》发表的《体育学多学科交叉综合研究概述与展望》一文，被引 20 次；中国科学院何郁冰撰写的青年项目论文《产学研协同创新的理论模式》（项目批准号 10CGL021）发表在《科学学研究》，被引 11 次，该文的下载次数与被引次数都是排名第二，表现较为突出；陈小君在《中国法学》发表的《农村集体土地征收的法理反思与制度重构》一文（项目批准号 09&ZD043）即年被引 11 次，并列第二位。

2012 年被下载频次前 3 名的论文是：《2011 年中国政务微博报告》（项目批准号 09&ZD027）被下载 3698 次；《产学研协同创新的理论模式》（项目批准号 10CGL021）被下载 3531 次；《中国的区域关联与经济增长的空间溢出效应》（项目批准号 10zd&007）被下载 3247 次。

2. 2013 年高影响力论文

温州大学创业人才培养学院黄兆信、曾尔雷等多人合著论文《以岗位创业为导向：高校创业教育转型发展的战略选择》发表在《教育研究》，是国家社科基金重点项目"'十二五'时期提升我国高校大学生创业技能战略研究"（项目批准号 10AGL008）的阶段性研究成果，2013 年发表当年被四大文摘共同转载。该文指出：高校创业教育在我国已经走过了十余个年头，并成为当前高校教育教学改革与创新人才培养的重要环节。开展创业教育，既要培养自主创业者，又要培养岗位创业者，岗位创业为高校创业教育提供了新的思路。融入高校现有人才培养体系，以绝大多数高校在校生为培养对象，以提升大学生就业竞争力和创业能力为教育目标是岗位创业教育的特征。通过创业类通识课程培育、专业类创业课程创新与渗透以及岗位创业实践教学衔接等方面进行岗位创业教育的整体构建。为实现创业教育预期目标，应从满足不同类别学生需求的多样性设计，融入专业教育的持续性设计，推动创业教育运行机制创新发展的长效性设计，形成专业教师内源性支持的引导性设计四个方面开展组织实施。

2013年被引频次前3名的国家社科基金项目论文是：河南财经政法大学曹亚军在《统计与决策》上发表的西部项目论文《房价与地价关系的实证研究》被引48次，名列第一；国家行政学院张占斌在《国家行政学院学报》上发表的管理学重点课题论文《新型城镇化的战略意义和改革难题》（项目批准号11AGL007）被引24次，被下载频次6280次，位居被引频次第二名、被下载频次第一名，影响力表现突出；河北理工大学黄璐在《体育成人教育学刊》上发表的《新闻媒体建构国家认同的价值发现——伦敦奥运会国际媒体报道案例》一文被引21次，名列第三。

除张占斌的论文位居被下载频次第一名外，南京信息工程大学周显信、卞浩瑄在《探索》上发表的合著论文《“美国梦”的特色及其对“中国梦”的启示》，被下载4711次，名列第二；上海行政学院潘文轩在《商业研究》上发表的论文《企业“营改增”税负不减反增现象分析》，被下载3241次，名列第三。

3. 2014年高影响力论文

教育学一般项目“基于云计算的校际数字教育资源共享共建模式：教学组织形式和技术平台架构”的论文成果《MOOC平台与典型网络教学平台的比较研究》即年被引频次最高，达30次，其即年被下载频次位居第二，达3790次。位居高被引论文第二名、第三名的是南京审计学院胡宁生发表的论文《国家治理现代化：政府、市场和社会新型协同互动》，中国社会科学院郑言、李猛发表的论文《推进国家治理体系与国家治理能力现代化》，即年被引频次分别为25次、20次。这些高被引论文也是高下载论文。在被下载量和被引量前10名论文中，关于国家治理、社会治理、法治社会的论文有6篇，涉及互联网应用如互联网金融、电子商务、微信公众平台、大规模开放在线课程（MOOCs）或网络教学平台等主题的论文有6篇，关于“海上丝绸之路”的论文有2篇，关于社会主义核心价值观、个人所得税、生态翻译学主题的论文各1篇。高影响力论文的研究主题和关键词反映了研究的前沿和热点。

4. 2015年高影响力论文

江南大学设计学院辛向阳在核心期刊《装饰》上发表的《交互设

计：从物理逻辑到行为逻辑》一文，被引用18次，是即年被引频次最高的论文。该论文是艺术学一般项目“基于国际前沿视野的交互设计方法论研究”（项目批准号12BG055）的成果。南开大学经济研究所薄文广、首都经济贸易大学城市经济与公共管理学院陈飞在《南开学报》上发表的《京津冀协同发展：挑战与困境》一文（项目批准号11BJL068），被引17次，位居被引频次第二名。即年被下载频次最高的论文是吉林大学美国研究所王达发表的《亚投行的中国考量与世界意义》（项目批准号13CJY127），被下载6001次，被引用15次。

发表在《中国社会科学》《经济研究》等顶级期刊并被《新华文摘》《中国社会科学文摘》《高等学校文科学术文摘》等共同转载的高影响力论文有：中国人民大学法学院杨东所著《互联网金融的法律规制——基于信息工具的视角》（项目批准号14ZDC021）被引3次，被下载2702次；国家统计局许宪春、贾海等合著的《房地产经济对中国国民经济增长的作用研究》（项目批准号14AZD010），被引4次，被下载3043次；北京大学经济学院杨汝岱所著《中国制造业企业全要素生产率研究》（项目批准号14AZD010）被下载3707次，被引5次；上海社会科学院信息研究所王世伟所著《论信息安全、网络安全、网络空间安全》（项目批准号13&ZD185），被下载3855频次，被引5次。

在即年被下载频次2600次以上的30篇论文中，半数以上论文被引频次在10次以上。这些影响力指标数值较高的论文主要涉及国家治理体系现代化、依法治国、亚洲基础设施投资银行（亚投行）、网络金融（网络借贷）的监管、大数据与新闻报道、工业4.0、制造业、养老服务与公共政策、“一带一路”的地缘政治与区域经济研究、“四个全面”战略布局、信息安全、网络安全、精准扶贫、“专车”与共享经济的规制、房地产经济与国民经济增长等。

5. 2016年高影响力论文

黑龙江大学丁立群、耿菲菲发表在《学术交流》上的《马克思主义中国化的前提性反思》一文（项目批准号14AZX003）被四大文摘共同转载。该文通过对马克思主义中国化的前提性思考，针对当前学界的研究状况，认为马克思主义中国化不应停留在语言表达的概念形式上，应注重实质的理解；不应把马克思主义中国化看作出于纯粹的理论动机，应看作实践导引；不应当把马克思主义中国化看作中国传统文化对马克思主义的同化，应当看作二者的双重创新。马克思主义中国化作为中国现代性的创造性重撰，不应当把它看作封闭的，应当是开放的。

发表在《中国社会科学》《哲学研究》《经济研究》等顶级期刊并被《新华文摘》等多次转载的论文有：叶险明所著《马克思历史认识模式的复杂性及实践解读》一文（项目批准号 13AZX004）、熊良智所著《口头传统与文人创作——以楚辞的诗歌生成为中心》（项目批准号 08BZW027）、曹玉涛所著《政治与道德：政治哲学伦理向度的反思和重建》（项目批准号 11BZX069）、谢康所著《食品安全、监管有界性与制度安排》等。贾勇宏发表的《找回农村教学点的必要性与可行性——基于全国九省（区）教师和家长的调查》（项目批准号 CFA100131）等十余篇论文分别被三种重要文摘多次转载。

中共江西省委党校冯志峰在核心期刊《经济问题》上发表的《供给侧结构性改革的理论逻辑与实践路径》一文（项目批准号 14BDJ048）被引用 135 次，被下载 23331 次，是即年被引频次和被下载频次最高的论文。北京师范大学远程教育研究中心陈丽、林世员、郑勤华在《现代远程教育研究》上发表的《“互联网+”时代中国远程教育的机遇和挑战》一文（项目批准号 ACA140009），被引用 37 次，被下载 7593 次，位居被引频次第 2 名，被下载频次第 3 名。云南财经大学金融研究院龚刚在《南开学报》（哲学社会科学版）上发表的《论新常态下的供给侧改革》（项目批准号 15ZDA010），被下载 10018 次，被引 23 次，位居被下载频次第 2 名，被引频次第 4 名。孔祥智所著《农业供给侧结构性改革的基本内涵与政策建议》（项目批准号 13AZD003）发表在权威期刊《改革》，被引 32 次，被下载 6829 次；张晓青、黄彩虹等合著的论文《“单独二孩”与“全面二孩”政策家庭生育意愿比较及启示》（项目批准号 15BRK012）发表在顶级期刊《人口研究》，被引 7 次，被下载 4405 次，影响力指标数值也较高。

被引用10次以上的29篇论文，有9篇的主题论及供给侧改革，多篇论及教育大数据、智慧教育、“互联网+”、精准扶贫、项目制扶贫，其他高被引论文论及的主题有：五大发展理念、组织公平、刑事立法(《刑法修正案（九)》)、图书馆大数据服务、图书馆阅读推广、中国参与国际气候治理的法律立场和策略、共享发展理念、“一带一路”建设中的边疆安全和双边经贸合作等。被高频次下载的论文大多是聚焦社会热点问题和研究与阐释新出台政策的论文。

以上统计结果显示，2012—2016年国家社科基金项目论文影响力指标保持较高水平，说明国家社科基金项目的研究成果备受关注。这些研究项目及论文成果探索理论前沿与中国实践，把理论研究与中国实践相结合，具有重要的学术与应用价值，为党和国家的战略决策以及相关领域的社会实践提供了有力的智力支持。

五　科研力量分析

——论文的作者、机构与地区分布分析

国家社科基金通过组织和资助项目研究，团结和聚集了来自数以千计的机构、数以万计的科研人员，为促进我国哲学社会科学的发展和发挥智库资政启民作用做出了重要贡献。人才聚集效应、人才培育和团队孵化的功能通过项目研究而得以实现。同时，通过项目研究的合作，促进了各机构科研资源的合理流动、优势互补和科学配置。2012—2016年国家社科基金项目论文的作者、机构、地区分布状况有如下特点。

（一）参与项目研究的论文作者和机构众多，人才聚集效应明显

根据统计，2012—2016年国家社科基金论文标注作者共计267771人次，平均每年发表基金项目论文的第一作者人数达19062.4人，第一作者平均每年发文1.6篇。

5年间，论文标注机构共205234次。将相同机构的不同名称形式归并，并按论文第一作者的一级机构统计，5年间发表项目论文的第一

作者来自4208个一级机构。根据各年发文机构的个数统计，如表6-12所示，平均每年发表基金项目论文的一级机构约1784.6个（部分论文的作者机构不详），一级机构每年平均发文约16.5篇。

表6-12　2012—2016年国家社科基金论文作者与机构平均发文量

年份	作者人次	第一作者人数	作者人均发文量（篇）	机构个次	一级机构个数	机构平均发文量（篇）
2012	54086	16624	2.0	31787	1610	14.6
2013	42577	17258	1.5	34280	1759	14.5
2014	45833	18398	1.5	37683	1676	16.1
2015	65164	21847	1.7	52917	2005	18.9
2016	60111	21185	1.1	48567	1873	18.6
年平均值	53554.2	19062.4	1.6	41046.8	1784.6	16.5

从表6-12显示的各年情况看，随着发文数量的增长，作者人数和机构个数相应增多。2012年第一作者人数为16624人，到2016年，作者人数达到21185人，增长了27.4%。一级机构个数从2012年的1610个增长到2016年的1873个，增长了16.3%。其间，2015年达到2005个，是发文量最多，也是机构个数最多的一年。机构平均发文量从2012年的14.6篇上升到2016年的18.6篇，上升幅度较大。

（二）合作研究增多，作者合著、跨机构合作的论文量及其所占比重逐年增长

合著论文是合作研究的重要方式和表现。根据表6-13显示的论文作者与机构合作情况统计数字看，5年的独著论文量略高于合著论文量。独著论文平均每年15125.2篇，合著论文平均每年14673.8篇，分别占论文总量的51.0%和49.0%。从各年统计数字变化看，合著论文所占比重逐年增加，2015年和2016年的合著论文量超过独著论文量，占比分别达到50.4%、50.8%。

在合著论文中，作者跨机构合著的论文量和占比也基本呈上升趋

势，论文年均7947.6篇，占总论文量的26.2%，占合著论文量的54.2%，接近半数。

表6-13　　2012—2016年国家社科基金项目论文作者与机构合作情况

合作方式	年份	论文篇数	占比（%）	年平均篇数	年平均占比（%）
独著	2012	12422	52.7	15125.2	51.0
	2013	13507	52.9		
	2014	13750	50.7		
	2015	18813	49.5		
	2016	17134	49.2		
合著	2012	11160	47.3	14673.8	49.0
	2013	12029	47.1		
	2014	13344	49.3		
	2015	19144	50.4		
	2016	17692	50.8		
跨机构合著	2012	5506	23.3	7947.6	26.2
	2013	6151	24.1		
	2014	6982	25.8		
	2015	12262	32.2		
	2016	8837	25.4		

除论文合著外，多人参与并合作完成研究项目，也是合作研究的重要表现。一般情况下，多数项目都由多人参与，以独著或合著形式发表论文成果，合作完成研究项目。重大项目的人才聚集效应和团队孵化功能更为显著，参与者或发表论文的作者多达几十人的重大项目不乏其数。以2013年立项的重大项目“世界性与本土性交汇：莫言文学道路与中国文学的变革研究”（项目批准号13&ZD122）为例，该项目在2016年发表论文55篇，涉及论文作者30人，60人次。2016年共有2093个重大项目发表论文，标注论文作者10875人次，实际作者人数为7039人，平均每个项目的作者人次为5.2次，平均每个项目的作者

人数为3.4人。

多学科合作研究、高校师生合作、社会调查项目和大型数据库利用的多人合作、地区和民族间的专业合作，等等，都是合著作者和项目研究的合作类型。实质性的合作研究有利于优势互补、高效利用研究资源，达到快出成果以及提高成果质量的效果。

（三）高发文作者比例提高，发文1篇的作者占比逐年减少

从表6－14、表6－15可以看到，发文2篇以上的作者共28901人，占比30.3%，比例逐年上升，发文1篇的作者共66411人，占比69.7%，并呈逐年下降趋势。5年间，发文10篇以上作者共271人，占比0.3%。

表6－14　　2012—2016年各发文区间的作者人数

发文量区间	2012年作者人数	2013年作者人数	2014年作者人数	2015年作者人数	2016年作者人数	合计
10篇以上	22	26	20	116	87	271
5—9篇	293	328	341	878	696	2536
4篇	319	403	453	807	697	2679
3篇	873	1082	1107	1731	1483	6276
2篇	2592	2962	3217	4367	4001	17139
1篇	12525	12457	13260	13948	14221	66411
合计	16624	17258	18398	21847	21185	95312

表6－15　　2012—2016年各发文区间的作者人数占比（%）

发文量区间	2012年作者占比	2013年作者占比	2014年作者占比	2015年作者占比	2016年作者占比	合计
10篇以上	0.1	0.2	0.1	0.5	0.4	0.3
5—9篇	1.8	1.9	1.9	4.0	3.3	2.7
4篇	1.9	2.3	2.5	3.7	3.3	2.8
3篇	5.3	6.3	6.0	7.9	7.0	6.6

续表

发文量区间	2012 年作者占比	2013 年作者占比	2014 年作者占比	2015 年作者占比	2016 年作者占比	合计
2 篇	15.6	17.2	17.5	20.0	18.9	18.0
1 篇	75.3	72.2	72.1	63.8	67.1	69.7
合计	100.0	100.0	100.0	100.0	100.0	100.0

（四）在机构分布上，高校机构数量和发文量占绝对多数

将第一作者所在机构的类型分为高等院校、科研院所、党校、党政机关、文化机构、企业和其他，共七类。按一级机构层级对5年来各类型机构的发文量及占比进行统计，结果如表6－16所示。各类型按发文量多少排序，依次为高等院校、科研院所、党校、党政机构、文化机构、其他、企业。从每年的统计数据看，各类型机构的发文量占比基本稳定。

表6－16　　2012—2016年各类型机构发文量及占比

机构类型	2012 年发文量（篇）	2013 年发文量（篇）	2014 年发文量（篇）	2015 年发文量（篇）	2016 年发文量（篇）	合计	占比（%）
高等院校	21562	23294	24360	34772	31712	135700	91.1
科研院所	1093	1178	1339	1775	1846	7231	4.9
党校	525	540	522	814	710	3111	2.1
党政机构	88	133	112	222	178	733	0.5
文化机构	79	126	115	202	131	653	0.4
企业	64	99	98	98	95	454	0.3
其他	171	166	427	91	1	856	0.6
机构不详	0	0	121	0	152	273	0.2
合计	23582	25536	27094	37974	34825	149011	100.0

各类型机构的年均发文量、年均发文机构个数、每个机构年平均发文量如表6－17所示，高等院校年均发文量为27140篇（5年发文总

量为135700篇)，占全部类型机构年均发文总量的91.1%；平均每年有1124.2所高校发表项目论文，占各类型发文机构数量的63.8%，每所高校平均每年发文24.1篇。可见，高等院校各项指标都遥遥领先于其他机构类型，说明高等院校是我国哲学社会科学研究的主要阵地，科研队伍庞大、力量雄厚，其作者群是国家社科基金项目研究的主要力量。

表6-17　2012—2016年各类型机构年均发文量与机构数量、机构平均发文量

机构类型	年平均发文量（篇）	发文量占比（%）	发文机构年平均个数	发文机构占比（%）	机构年平均发文量（篇）
高等院校	27140	91.1	1124.2	63.8	24.1
科研院所	1446.2	4.9	218.2	12.4	6.6
党校	622.2	2.1	91.2	5.2	6.8
党政机构	146.6	0.5	86.4	4.9	1.7
文化机构	130.6	0.4	83	4.7	1.6
企业	90.8	0.3	58	3.3	1.6
其他	171.2	0.6	100.2	5.7	1.7
机构不详	54.6	0.2	—	—	—
合计	29802.2	100.0	1761.2	100.0	16.9

（五）涌现一批论文产出与影响力指标表现突出的机构

据统计，2012—2016年发表国家社科基金项目论文的一级机构4208个，其中发文量千篇以上的一级机构25个，发文量500篇至999篇的机构47个，这72个机构的发文量占全部机构发文总量的50.3%。发文不足10篇的机构占全部机构数量的78.6%。论文的机构分布呈现明显集中与分散两极分化状态。各发文量区间的机构数量、发文总量及占比详见表6-18。

表6－18　　不同发文量区间的机构数量

发文量区间	机构量（个）	机构量占比（%）	区间发文总量	发文量占比（%）
1000—3023 篇	25	0.6	42298	28.4
500—999 篇	47	1.1	32514	21.9
100—499 篇	223	5.3	47234	31.7
10—99 篇	606	14.4	20376	13.7
2—9 篇	1184	28.1	4257	2.9
1 篇	2123	50.5	2123	1.4
合计	4208	100.0	148802	100

注：此表发文量未含作者机构不详的论文。

表6－19列出了高发文机构前25名榜单，在这一榜单中，中国社会科学院是唯一的非高校类机构。这些高发文机构多数是各年度发文量居前25位的机构，但在各年度的发文量排名位次上略有变化。表6－19的统计数字显示，发文量排名位次逐年上升的机构有中国社会科学院、南开大学、北京师范大学、西南大学，其中，中国社会科学院从2012年的第7名升至2016年的第1名。但复旦大学、厦门大学的发文量排名位次逐年下降，分别从2012年的第5名、第16名降至2016年的第17名、第21名。北京大学的位次也有所下降。

表6－19　2012—2016年间发文量千篇以上的机构及其各年发文量

单位：篇

序号	机构名称	2012年发文量	2013年发文量	2014年发文量	2015年发文量	2016年发文量	合计
1	南京大学	501	578	565	686	693	3023
2	中国人民大学	476	477	515	711	638	2817
3	武汉大学	370	434	552	731	649	2736
4	吉林大学	393	451	582	606	515	2547
5	中国社会科学院	297	349	386	626	711	2369
6	南开大学	288	302	424	483	526	2023
7	华东师范大学	286	341	404	428	418	1877

续表

序号	机构名称	2012 年发文量	2013 年发文量	2014 年发文量	2015 年发文量	2016 年发文量	合计
8	华中师范大学	274	270	351	474	432	1801
9	北京大学	314	303	326	413	361	1717
10	复旦大学	350	333	342	383	308	1716
11	四川大学	284	310	307	418	361	1680
12	山东大学	226	281	322	452	377	1658
13	中南财经政法大学	252	319	329	404	340	1644
14	北京师范大学	232	256	337	373	392	1590
15	南京师范大学	240	215	280	387	317	1439
16	中山大学	217	252	245	332	349	1395
17	厦门大学	220	279	255	298	254	1306
18	浙江大学	208	217	230	344	301	1300
19	西南大学	194	212	234	294	294	1228
20	陕西师范大学	170	162	191	284	314	1121
21	东北师范大学	137	160	224	299	294	1114
22	苏州大学	204	179	221	269	229	1102
23	西安交通大学	146	179	207	308	245	1085
24	西南政法大学	170	169	190	267	210	1006
25	湖南大学	158	159	176	268	242	1003

除上述高发文机构外，在科研院所类机构中，上海社会科学院、中国科学院等发文量也历年居前。中共中央党校在党校系统机构中发文量历年位居第一。

（六）论文产出的地区分布不平衡

1. 总体分布

按第一作者机构所在地区统计，结果如图 6－8 所示，2012—2016 年期间，国家社科基金项目论文主要分布于大陆地区 31 个省区市，31 个省区市 5 年发文量共计 147840 篇。华东地区发文量最大，达 47268 篇。大陆各地区按发文量占比多少排序，依次为华东地区（31.7%）、中南地区

(22.3%)、华北地区（19.8%)、西南地区（10.5%)、西北地区（7.9%)、东北地区（6.9%)。有少部分论文的作者来自中国港澳台地区和国外一些大学及研究机构。各地区各年度发文量的具体统计数字见表6－20。

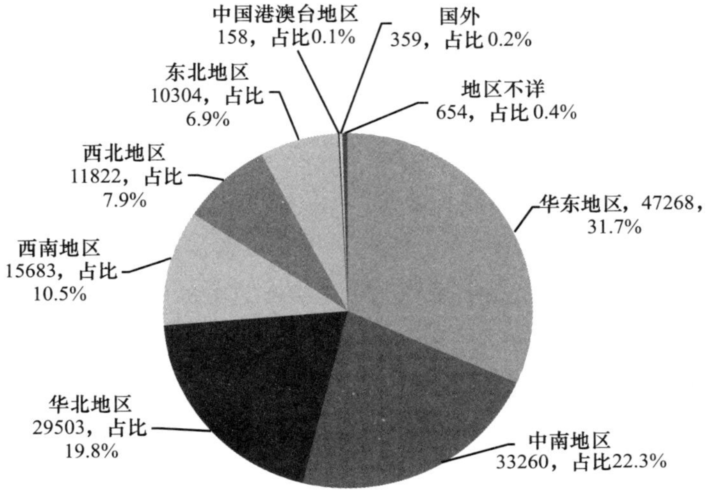

图6－8　2012—2016年国家社科基金项目论文的地区分布（含境外地区）

表6－20　　2012—2016年国家社科基金项目各年度论文的地区分布

地区	2012年发文量（篇）	2013年发文量（篇）	2014年发文量（篇）	2015年发文量（篇）	2016年发文量（篇）	5年发文量（篇）	占比（%）
华东地区	7293	7984	8605	12167	11219	47268	31.7
中南地区	5288	5877	6046	8493	7556	33260	22.3
华北地区	4518	4993	5493	7438	7061	29503	19.8
西南地区	2710	2783	2678	3935	3577	15683	10.5
西北地区	2151	2003	2008	2931	2729	11822	7.9
东北地区	1463	1695	1993	2736	2417	10304	6.9
中国港澳台地区	30	11	27	46	44	158	0.1
国外	39	56	57	106	101	359	0.2
地区不详	90	134	187	122	121	654	0.4
合计	23582	25536	27094	37974	34825	149011	100.0

2. 大陆地区（31 个省区市）分布

大陆地区 31 个省区市的发文量如表 6－21 所示，5 年发文量居发文量前 15 位的省区市，其发文量超过 4000 篇。其中，北京、江苏、上海、湖北位居全国省区市发文量的前 4 名，5 年发文量均在万篇以上，遥遥领先于其他省区市。宁夏、西藏、青海、海南的发文量偏低，不足千篇。多数省区市发文量排名位次在各年度的变化不大。总体上看，东部地区科研产出能力较强，西部地区较弱，发文量差距较大，反映出科研力量分布不平衡。

但值得注意的是，西南地区的四川、重庆论文产出量突出，发文量位居第 8 名、第 10 名，高于一些拥有研究机构数量较多的省份如河南、浙江等。高发文地区在各学科领域整体综合优势较强，其他省市在不同的学科和研究领域也各具优势，例如，2013 年福建省在宗教学学科发文量 27 篇，位居当年宗教学地区排名第一。西部地区各省区市在民族问题研究方面成果较多。

表 6－21　2012—2016 年国家社科基金项目论文在大陆地区 31 个省区市的分布

发文量排名	地区	5 年发文量（篇）	5 年核心期刊论文量（篇）	5 年核心期刊论文比（%）	核心期刊论文比排名
1	北京	20759	15890	76.5	3
2	江苏	14986	11257	75.1	6
3	上海	11162	8801	78.8	2
4	湖北	11040	8318	75.3	5
5	广东	7319	5432	74.2	8
6	湖南	6792	4841	71.3	13
7	山东	5657	3977	70.3	14
8	四川	5630	4211	74.8	7
9	陕西	5509	4005	72.7	10
10	重庆	5272	3804	72.2	11
11	浙江	5075	3758	74.0	9
12	河南	4930	3196	64.8	19

续表

发文量排名	地区	5 年发文量（篇）	5 年核心期刊论文量（篇）	5 年核心期刊论文比（%）	核心期刊论文比排名
13	吉林	4421	3590	81.2	1
14	天津	4207	3195	75.9	4
15	安徽	4038	2468	61.1	21
16	福建	3690	2528	68.5	17
17	辽宁	3676	2524	68.7	16
18	甘肃	2891	1763	61.0	22
19	广西	2750	1589	57.8	24
20	江西	2660	1904	71.6	12
21	新疆	2388	1189	49.8	29
22	云南	2226	1308	58.8	23
23	黑龙江	2207	1489	67.5	18
24	贵州	2041	1027	50.3	28
25	河北	1878	1217	64.8	20
26	山西	1519	1062	69.9	15
27	内蒙古	1140	586	51.4	26
28	宁夏	580	316	54.5	25
29	西藏	514	255	49.6	30
30	青海	454	184	40.5	31
31	海南	429	220	51.3	27
合计		147840	105904	核心期刊论文比平均值（%）	
				71.6	

在论文整体质量水平方面，从发表在核心期刊的项目论文占比（即核心期刊论文比）来看，31 个省区市 5 年的核心期刊论文量为 105904 篇，核心期刊论文比达到 71.6%。吉林、上海、北京、天津、湖北、江苏的核心期刊论文比在 75% 以上，名列前茅。其中，吉林地区的核心期刊论文比最高，达到 81.2%。此外，还有浙江、江西、山西等省市的核心期刊论文比位次居前 15 名，并且高于其发文量排名位次，表现突出。总体来看，多数发文量高的省区市，其核心期刊论文比也较高。发文量居前 10 名的省市，其核心期刊论文比也位居前 15 名之列。

论文产出规模与其论文质量水平总体上基本统一。31 个省区市的国家社科基金“核心期刊论文比”排名见图 6－9。

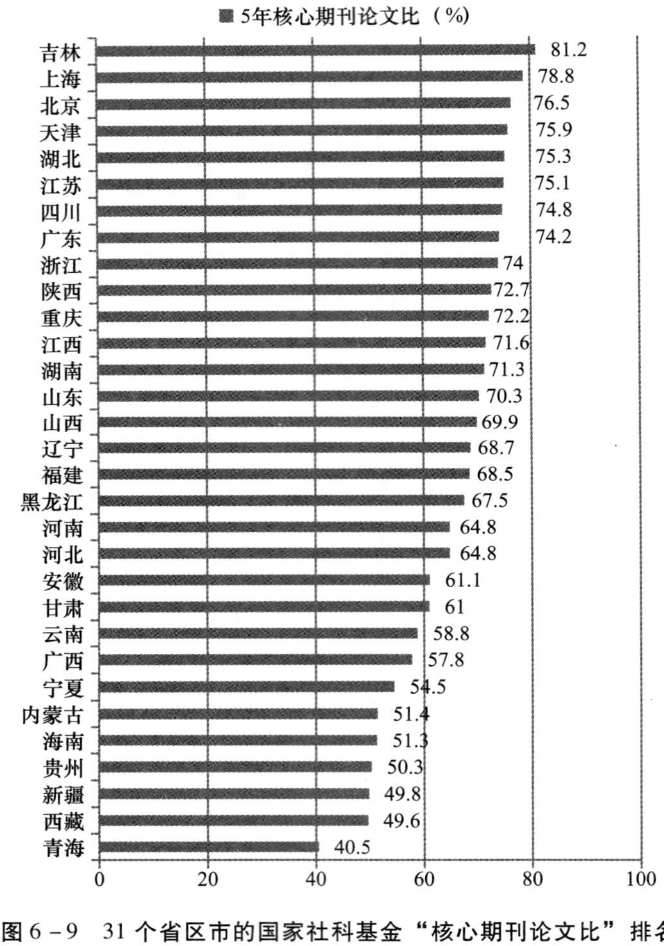

图 6－9　31 个省区市的国家社科基金“核心期刊论文比”排名

(2012—2016 年)

3. 港澳台地区分布

来自港澳台地区 37 个机构的作者参与国家社科基金项目研究并发表论文 158 篇。这 37 个发文机构多数是港澳台地区的著名大学，其中，台湾地区17所高校，香港地区17个高校和研究机构，澳门地区3所大学。港澳台地区发文量较多的机构有：台湾的南华大学发文41篇，澳门科技大学发文14篇，香港城市大学发文13篇，香港中文大学发文11篇，澳门大学发文9篇，香港大学发文5篇。港澳台地区各年发文量有所波动（详见表6-22）。

表6-22　2012—2016年港澳台地区作者发表的国家社科基金项目论文量

单位：篇

地区	2012年发文量	2013年发文量	2014年发文量	2015年发文量	2016年发文量	合计
台湾	19	1	5	23	29	77
香港	9	6	16	14	9	54
澳门	2	4	6	9	6	27
合计	30	11	27	46	44	158

4. 国外机构分布

5年期间共有31个国家201个机构的国外作者参与国家社科基金项目研究并发表项目论文359篇。美国68个机构的作者发文量141篇，是参与度最高、发文机构和发文篇数最多的国家，其次是日本，27个机构的作者发文54篇，第3名是英国，19个机构的作者发文33篇。德国、俄罗斯、澳大利亚和加拿大的作者发文篇数也较多。

从各年统计数字看，作者的国别数量和发文量逐年增多，除中国外，2012年有10个国家作者发文39篇；2013年有12个国家作者发文56篇；2014年有13个国家作者发文57篇；2015年有16个国家作者发文106篇；2016年有19个国家作者发文101篇。详细统计数字见表6-23。国外机构作者参与国家社科基金项目研究，有利于国际学术交流与合作，为我国的社科研究走向国际前沿发挥了积极作用。

表 6－23　　2012—2016 年国家社科基金项目论文的国别分布（中国除外）

国别	2012 年发文量（篇）	2013 年发文量（篇）	2014 年发文量（篇）	2015 年发文量（篇）	2016 年发文量（篇）	5 年发文量（篇）	发文机构个数
爱尔兰	0	0	0	1	0	1	1
奥地利	0	1	1	0	0	2	1
澳大利亚	2	0	1	3	2	8	7
巴西	0	0	0	0	1	1	1
比利时	0	0	0	0	2	2	1
朝鲜	0	0	2	0	0	2	1
丹麦	0	0	0	0	2	2	1
德国	5	3	5	6	10	29	19
俄罗斯	2	5	1	2	5	15	7
法国	1	2	1	7	3	14	9
芬兰	0	1	0	1	0	2	2
韩国	0	0	3	2	2	7	5
荷兰	0	1	0	2	0	3	3
加拿大	1	0	0	5	5	11	8
捷克	0	0	0	0	1	1	1
罗马尼亚	0	0	0	1	0	1	1
马来西亚	0	2	0	0	1	3	3
美国	20	18	20	46	37	141	68
挪威	0	0	0	0	3	3	1
日本	4	10	16	12	12	54	27
瑞典	0	0	0	0	2	2	2
斯洛文尼亚	0	2	1	0	0	3	1
泰国	0	3	0	0	0	3	2
乌干达	0	0	0	1	0	1	1
西班牙	0	0	0	0	2	2	2
新加坡	0	0	3	2	2	7	2
新西兰	1	0	0	0	0	1	1
以色列	0	0	1	0	0	1	1
意大利	0	0	0	1	1	2	1
英国	2	8	2	13	8	33	19
越南	1	0	0	1	0	2	2
合计	39	56	57	106	101	359	201

六　小结

综上所述，国家社会科学基金项目研究紧紧围绕党和国家事业发展战略需求，联系当代中国学术实际，瞄准世界学术发展前沿，科学规划、突出重点、精心组织。国家社科基金项目在2012—2016年间论文成果丰硕，平均增幅高于项目数量的增幅，重大项目论文产出量表现突出，项目研究主题广中有重，聚焦经济、政治、社会发展中的重点、难点以及社会热点问题，一些成果集中阐释习近平总书记系列重要讲话精神和十八大以来党中央治国理政新理念新思想新战略，深入回答重大理论和现实问题，凸显项目研究团队作为党和政府思想库和智囊团的独特优势；一些成果深化基础研究、立足学科发展前沿，促进理论创新，产生了广泛的学术影响和社会影响，被转载量、被引用和被下载频次、核心期刊论文比等影响力指标值保持较高水平并呈逐年上升趋势，特别是项目论文即年平均被引频次高于全国期刊论文即年平均被引值基线，显示出国家社科基金项目论文成果较高的质量水平和学术影响力。越来越多的机构、教学与科研人员积极申报、组织、参与国家社科基金项目，港澳台地区和国外大学与研究机构的基金论文作者数量逐年增多。合著论文占比小幅增长，合作研究成为重要的研究方式。有不少项目结项后继续发表相关论文，为拓展和深化哲学社会科学研究、培育人才队伍发挥重要作用。在项目成果和资助成效评价中，国家社科基金项目的后续作用不应忽视。国家社科基金通过组织项目研究，凝聚了广大哲学社会科学工作者，为优秀科研人才脱颖而出创造了有利条件，有效促进了学科建设及学术合作交流，基金投入取得良好的社会效益。

附　　录

附录一　1999—2009 年中国人文社会科学领域各基金发文量排名表

说明：附录一各统计表基于中国社会科学院研建的“中国人文社会科学引文数据库”（CHSSCD）1999—2009 年数据统计。附表的基金发文量统计与第一章表 1－4 的基金发文量统计略有区别。附表的教育部人文社会科学重点研究基地重大项目与基地项目的发文量分别统计；各高等院校的“985 工程”项目、“211 工程”项目的发文量分别归入各高校科研基金统计；中国科学院的“知识创新工程”项目、“百人计划”等各项目发文量分别统计。

附表 1－1　　**发文量 500 篇以上基金一览表**

排序	基金名称	发文量（篇）	占比（%）	累计百分比（%）
1	国家社会科学基金	33561	14.1	14.1
2	国家自然科学基金	30144	12.6	26.6
3	教育部人文社会科学规划基金	13589	5.7	32.4
4	教育部人文社会科学重点研究基地重大项目	3503	1.5	33.9
5	全国教育科学规划基金	3303	1.4	35.2
6	中国博士后科学基金	2919	1.2	36.5
7	湖南省社会科学基金	2434	1.0	37.5
8	教育部“新世纪优秀人才支持计划”	2289	0.9	38.5

续表

排序	基金名称	发文量（篇）	占比（%）	累计百分比（%）
9	高等学校博士学科点专项科研基金	2231	0.9	39.4
10	江苏省教育厅高等学校人文社会科学基金	2170	0.9	40.3
11	浙江省社会科学基金	2129	0.9	41.2
12	教育部科研基金	2035	0.8	42.0
13	江苏省社会科学基金	2018	0.9	42.9
14	湖南省教育厅人文社会科学规划基金	1712	0.7	43.6
15	教育部人文社会科学重点研究基地项目	1623	0.7	44.3
16	国家软科学研究计划	1523	0.6	44.9
17	广东省社会科学基金	1406	0.6	45.5
18	湖北省教育厅人文社会科学规划基金	1266	0.5	46.0
19	中国科学院“知识创新工程”项目	1217	0.5	46.5
20	上海市重点学科建设项目	1139	0.5	47.0
21	河南省社会科学基金	1099	0.5	47.5
22	陕西省社会科学基金	1054	0.4	47.9
23	国家体育总局体育社会科学、软科学基金	1043	0.4	48.3
24	陕西省教育厅人文社会科学规划基金	1014	0.4	48.8
25	山东省社会科学基金	1008	0.4	49.2
26	上海市社会科学基金	1004	0.4	49.7
27	天津市社会科学基金	998	0.4	50.0
28	福建省社会科学基金	993	0.4	50.5
29	广东省自然科学基金	968	0.4	50.9
30	河北省社会科学基金	948	0.4	51.2
31	国家重点基础研究发展计划（973 计划）	934	0.4	51.7
32	吉林省社会科学基金	897	0.4	52.0
33	江西省社会科学基金	876	0.4	52.4
34	上海市教育科学规划基金	852	0.4	52.8
35	国家科技支撑计划	849	0.4	53.1
36	国家高技术研究发展计划（863 计划）	821	0.3	53.4

续表

排序	基金名称	发文量（篇）	占比（%）	累计百分比（%）
37	浙江省教育厅人文社会科学规划基金	819	0.3	54.0
38	司法部科研基金	780	0.3	54.3
39	国家科技攻关计划	774	0.3	54.6
40	国家杰出青年科学基金	772	0.3	54.9
41	北京市社会科学基金	772	0.3	55.2
42	黑龙江省教育厅人文社会科学规划基金	762	0.3	55.5
43	安徽省教育厅人文社会科学规划基金	740	0.3	55.8
44	黑龙江省社会科学基金	705	0.3	56.1
45	辽宁省社会科学基金	683	0.3	56.4
46	吉林大学科研基金	650	0.3	56.7
47	江西省高等学校人文社会科学基金	613	0.3	57.0
48	广西社会科学基金	539	0.2	57.2
49	陕西省软科学研究计划	534	0.2	57.4
50	浙江省自然科学基金	512	0.2	57.6

附表1－2　**经济学发文量前10名基金**

基金机构	发文量（篇）	占比（%）	累计百分比（%）
国家自然科学基金	19998	19.9	19.9
国家社会科学基金	12794	12.7	32.6
教育部人文社会科学规划基金	5168	5.1	37.7
中国博士后科学基金	1502	1.5	39.2
教育部人文社会科学重点研究基地重大项目	1204	1.2	40.4
高等学校博士学科点专项科研基金	1189	1.2	41.6
国家软科学研究计划	1181	1.2	42.8
教育部“新世纪优秀人才支持计划”	1179	1.2	44
浙江省社会科学基金	952	0.9	44.9
湖南省社会科学基金	893	0.9	45.8

附表 1-3　　**教育学发文量前 10 名基金**

基金机构	发文量（篇）	占比（%）	累计百分比（%）
全国教育科学规划基金	1864	12.6	12.6
教育部人文社会科学规划基金	1127	7.6	20.1
国家社会科学基金	750	5.1	25.2
教育部科研基金	366	2.3	27.7
国家自然科学基金	313	2.1	29.8
江苏省教育科学规划基金	271	1.8	31.6
教育部人文社会科学重点研究基地重大项目	264	1.8	33.4
江苏省教育厅高等学校人文社会科学基金	230	1.6	34.9
湖南省教育科学规划基金	154	1.0	35.9
中国高等教育学会教育科学研究规划基金	146	0.9	36.9

附表 1-4　　**政治学发文量前 10 名基金**

基金机构	发文量（篇）	占比（%）	累计百分比（%）
国家社会科学基金	3463	23.9	23.9
教育部人文社会科学规划基金	1153	7.9	31.9
国家自然科学基金	407	2.8	34.6
教育部人文社会科学重点研究基地重大项目	326	2.3	36.9
教育部科研基金	270	1.8	38.7
江苏省社会科学基金	254	1.7	40.5
江苏省教育厅高等学校人文社会科学基金	193	1.3	41.8
浙江省社会科学基金	190	1.3	43.2
教育部“新世纪优秀人才支持计划”	182	1.3	44.4
湖南省社会科学基金	181	1.3	45.7

附表 1 - 5　**其他学科（科技）发文量前 10 名基金**

基金机构	发文量（篇）	占比（%）	累计百分比（%）
国家自然科学基金	3097	22. 7	22. 7
国家社会科学基金	652	4. 8	27. 5
国家重点基础研究发展计划（973 计划）	362	2. 7	30. 2
教育部人文社会科学规划基金	352	2. 3	32. 7
国家高技术研究发展计划（863 计划）	315	2. 3	35. 0
国家科技支撑计划	306	2. 2	37. 3
中国科学院“知识创新工程”项目	303	2. 2	39. 5
高等学校博士学科点专项科研基金	188	1. 4	40. 9
国家科技攻关计划	153	1. 1	42. 0
中国博士后科学基金	135	0. 9	43.

附表 1 - 6　**法学发文量前 10 名基金**

基金机构	发文量（篇）	占比（%）	累计百分比（%）
国家社会科学基金	2221	19. 3	19. 3
教育部人文社会科学规划基金	766	6. 7	26. 0
司法部科研基金	649	5. 7	31. 7
国家自然科学基金	243	2. 1	33. 8
教育部人文社会科学重点研究基地重大项目	238	2. 0	35. 9
湖南省社会科学基金	185	1. 6	37. 5
中国博士后科学基金	153	1. 3	38. 8
江苏省教育厅高等学校人文社会科学基金	132	1. 2	39. 9
江苏省社会科学基金	131	1. 1	41. 1
山东省社会科学基金	116	1. 0	42. 1

附表1－7　　文学发文量前10名基金

基金机构	发文量（篇）	占比（%）	累计百分比（%）
国家社会科学基金	2111	23.2	23.2
教育部人文社会科学规划基金	803	8.8	32.1
湖南省教育厅人文社会科学规划基金	202	2.2	34.3
中国博士后科学基金	194	2.1	36.4
湖南省社会科学基金	189	2.1	38.5
江苏省社会科学基金	165	1.8	40.3
江苏省教育厅高等学校人文社会科学基金	162	1.8	42.1
浙江省社会科学基金	124	1.4	43.5
河南省社会科学基金	109	1.2	44.7
广东省社会科学基金	103	1.1	45.8

附表1－8　　体育学发文量前10名基金

基金机构	发文量（篇）	占比（%）	累计百分比（%）
国家社会科学基金	1209	14.2	14.2
国家体育总局体育社会科学、软科学基金	964	11.4	25.6
全国教育科学规划基金	284	3.3	28.9
国家自然科学基金	227	2.3	31.6
上海市重点学科建设项目	207	2.4	34.0
国家体育总局科研基金	185	2.2	36.2
高等学校博士学科点专项科研基金	161	1.9	38.1
国家体育总局奥运科研攻关项目	138	1.6	39.7
湖北省教育厅人文社会科学规划基金	95	1.1	40.8
湖南省教育厅人文社会科学规划基金	85	1.0	41.9

附表1－9　　语言学发文量前10名基金

基金机构	发文量（篇）	占比（%）	累计百分比（%）
国家社会科学基金	1341	15.8	15.8

续表

基金机构	发文量（篇）	占比（%）	累计百分比（%）
教育部人文社会科学规划基金	531	6.2	22.1
湖南省教育厅人文社会科学规划基金	175	2.1	24.2
教育部人文社会科学重点研究基地重大项目	174	2.1	26.2
湖南省社会科学基金	162	1.9	28.1
国家自然科学基金	141	1.7	29.8
江苏省教育厅高等学校人文社会科学基金	136	1.6	31.4
江苏省社会科学基金	108	1.3	32.7
浙江省社会科学基金	104	1.2	33.9
中国博士后科学基金	103	1.2	35.1

附表 1－10　**心理学发文量前 10 名基金**

基金机构	发文量（篇）	占比（%）	累计百分比（%）
国家自然科学基金	1490	19.1	19.1
教育部人文社会科学规划基金	681	8.7	27.8
全国教育科学规划基金	591	7.6	35.3
国家社会科学基金	363	4.6	39.9
高等学校博士学科点专项科研基金	203	2.6	42.6
攀登计划	195	2.5	45.1
教育部人文社会科学重点研究基地重大项目	176	2.3	47.3
中国科学院“知识创新工程”项目	125	1.6	48.9
全国优秀博士学位论文作者专项基金	91	1.2	50.1
教育部科研基金	78	1.0	51.1

附表 1－11　**图书馆·情报与文献学发文量前 10 名基金**

基金机构	发文量（篇）	占比（%）	累计百分比（%）
国家社会科学基金	1275	16.5	16.5

续表

基金机构	发文量（篇）	占比（%）	累计百分比（%）
国家自然科学基金	724	9.4	25.8
教育部人文社会科学规划基金	266	3.4	29.2
湖南省教育厅人文社会科学规划基金	105	1.4	30.6
湖南省社会科学基金	92	1.2	31.8
教育部科研基金	77	0.9	32.8
江苏省教育厅高等学校人文社会科学基金	75	0.9	33.8
教育部人文社会科学重点研究基地重大项目	66	0.9	34.6
高等学校博士学科点专项科研基金	61	0.8	35.4
天津市社会科学基金	58	0.8	36.1

附表 1－12　　**哲学发文量前 10 名基金**

基金机构	发文量（篇）	占比（%）	累计百分比（%）
国家社会科学基金	1661	25.6	25.6
教育部人文社会科学规划基金	570	8.8	34.4
教育部人文社会科学重点研究基地重大项目	170	2.6	37.0
湖南省社会科学基金	138	2.1	39.1
中国博士后科学基金	121	1.9	41.0
教育部人文社会科学重点研究基地项目	115	1.8	42.7
江苏省教育厅高等学校人文社会科学基金	114	1.8	44.5
江苏省社会科学基金	114	1.8	46.3
上海市重点学科建设项目	85	1.3	47.6
教育部科研基金	73	1.1	48.7

附表 1－13　　**历史学发文量前 10 名基金**

基金机构	发文量（篇）	占比（%）	累计百分比（%）
国家社会科学基金	1278	21.8	21.8

续表

基金机构	发文量（篇）	占比（%）	累计百分比（%）
教育部人文社会科学规划基金	546	9.3	31.1
教育部人文社会科学重点研究基地重大项目	244	4.2	35.2
教育部人文社会科学重点研究基地项目	123	2.1	37.3
中国博士后科学基金	95	1.6	38.9
湖南省社会科学基金	79	1.3	40.3
国家自然科学基金	79	1.3	41.6
吉林省社会科学基金	68	1.2	42.8
教育部“新世纪优秀人才支持计划”	66	1.1	43.9
浙江省社会科学基金	64	1.1	45.0

附表 1－14　**管理学（含科学学、人才学）发文量前 10 名基金**

基金机构	发文量（篇）	占比（%）	累计百分比（%）
国家自然科学基金	1517	28.9	28.9
国家社会科学基金	324	6.2	35.1
教育部人文社会科学规划基金	184	3.5	38.6
国家软科学研究计划	141	2.3	41.3
高等学校博士学科点专项科研基金	108	2.1	43.4
中国博士后科学基金	74	1.4	44.8
国家杰出青年科学基金	48	0.9	45.7
国家高技术研究发展计划（863 计划）	47	0.9	46.6
江苏省社会科学基金	44	0.8	47.4
科技部科研基金	39	0.7	48.2

附表 1－15　**社会学发文量前 10 名基金**

基金机构	发文量（篇）	占比（%）	累计百分比（%）
国家社会科学基金	932	23.2	23.2

续表

基金机构	发文量（篇）	占比（%）	累计百分比（%）
教育部人文社会科学规划基金	305	7.6	30.8
国家自然科学基金	204	5.1	35.8
教育部人文社会科学重点研究基地重大项目	64	1.6	37.4
美国福特基金	58	1.4	38.9
湖南省社会科学基金	55	1.4	40.2
浙江省社会科学基金	50	1.2	41.5
江苏省社会科学基金	48	1.2	42.7
教育部“新世纪优秀人才支持计划”	40	1.0	43.7
教育部科研基金	36	0.9	44.6

附表 1－16　　**环境科学发文量前 10 名基金**

基金机构	发文量（篇）	占比（%）	累计百分比（%）
国家自然科学基金	599	17.3	17.3
国家社会科学基金	292	8.5	25.9
教育部人文社会科学规划基金	106	3.1	29.0
中国科学院“知识创新工程”项目	91	2.6	31.6
国家重点基础研究发展计划（973 计划）	85	2.5	34.1
国家科技支撑计划	76	2.2	36.3
国家科技攻关计划	61	1.8	38.0
中国博士后科学基金	38	1.1	39.1
江苏省社会科学基金	28	0.8	39.9
教育部“新世纪优秀人才支持计划”	27	0.8	40.7

附表 1－17　　新闻学与传播学发文量前 10 名基金

基金机构	发文量（篇）	占比（%）	累计百分比（%）
国家社会科学基金	536	15.7	15.7
国家自然科学基金	219	6.4	22.1
教育部人文社会科学规划基金	207	6.1	28.2
中国高校自然科学学报研究会科研基金	73	2.1	30.3
湖南省社会科学基金	66	1.9	32.2
湖北省教育厅人文社会科学规划基金	52	1.5	33.8
浙江省社会科学基金	51	1.5	35.3
教育部人文社会科学重点研究基地重大项目	47	1.4	36.7
湖南省教育厅人文社会科学规划基金	41	1.2	37.9
江苏省社会科学基金	30	0.9	38.8

附表 1－18　　艺术学发文量前 10 名基金

基金机构	发文量（篇）	占比（%）	累计百分比（%）
国家社会科学基金	240	10.6	10.6
教育部人文社会科学规划基金	153	6.7	17.3
“985 工程” 东南大学科技伦理与艺术创新基地项目	142	6.3	23.6
全国艺术科学规划基金	116	5.1	28.7
“211 工程” 项目	102	4.5	33.2
江苏省教育厅高等学校人文社会科学基金	34	1.5	34.7
湖南省教育厅人文社会科学规划基金	31	1.4	36.0
江苏省社会科学基金	29	1.3	37.3
湖南省社会科学基金	29	1.3	38.6
中国博士后科学基金	28	1.2	39.8

附表 1－19 **文化学发文量前 10 名基金**

基金机构	发文量（篇）	占比（%）	累计百分比（%）
国家社会科学基金	415	19.5	19.5
教育部人文社会科学规划基金	120	5.6	25.1
国家自然科学基金	67	3.1	28.2
湖南省社会科学基金	41	1.9	30.2
教育部人文社会科学重点研究基地重大项目	29	1.4	31.5
教育部科研基金	29	1.4	32.7
湖南省教育厅人文社会科学规划基金	28	1.3	34.2
浙江省社会科学基金	27	1.3	35.4
教育部人文社会科学重点研究基地项目	27	1.3	36.7
河南省社会科学基金	25	1.2	37.9

附表 1－20 **考古学发文量前 10 名基金**

基金机构	发文量（篇）	占比（%）	累计百分比（%）
国家社会科学基金	279	14.7	14.7
国家自然科学基金	149	7.8	22.5
教育部人文社会科学规划基金	129	6.8	29.3
教育部人文社会科学重点研究基地重大项目	87	4.6	33.8
国家文物局科研基金	47	2.5	36.3
国家科技支撑计划	42	2.2	38.5
中国科学院“知识创新工程”项目	39	2.05	40.6
吉林大学“985 工程”项目	39	2.1	42.6
教育部人文社会科学重点研究基地项目	34	1.8	44.4
国家重点基础研究发展计划（973 计划）	33	1.7	46.1

附表 1－21 **马克思主义学科发文量前 10 名基金**

基金机构	发文量（篇）	占比（%）	累计百分比（%）
国家社会科学基金	453	29.9	29.9

续表

基金机构	发文量(篇)	占比(%)	累计百分比(%)
教育部人文社会科学规划基金	114	7.5	37.4
江苏省社会科学基金	38	2.5	39.9
教育部科研基金	32	2.1	42.1
教育部人文社会科学重点研究基地重大项目	30	2.0	44.0
湖南省社会科学基金	24	1.6	45.6
河南省社会科学基金	21	1.4	47.0
辽宁省社会科学基金	19	1.3	48.3
湖南省教育厅人文社会科学规划基金	18	1.2	49.4
教育部人文社会科学重点研究基地项目	16	1.1	50.5

附表 1－22　　**人口学发文量前 10 名基金**

基金机构	发文量(篇)	占比(%)	累计百分比(%)
国家社会科学基金	216	18.3	18.3
国家自然科学基金	127	10.8	29.1
教育部人文社会科学规划基金	60	5.1	34.2
教育部人文社会科学重点研究基地重大项目	25	2.1	36.3
教育部科研基金	22	1.9	38.2
国家人口和计划生育委员会资助项目	18	1.5	39.7
吉林大学“985 工程”项目	18	1.5	41.2
美国福特基金	13	1.1	42.3
北京大学“985 工程”项目	12	1.0	43.3
上海市社会科学基金	12	1.0	44.4

附表 1－23　　**宗教学发文量前 10 名基金**

基金机构	发文量(篇)	占比(%)	累计百分比(%)
国家社会科学基金	234	21.6	21.6

续表

基金机构	发文量（篇）	占比（%）	累计百分比（%）
教育部人文社会科学规划基金	69	6.4	28.0
教育部人文社会科学重点研究基地重大项目	45	4.2	32.1
中国博士后科学基金	32	2.9	35.1
教育部人文社会科学重点研究基地项目	30	2.8	37.9
“985 工程”南京大学宗教与文化创新基地项目	21	1.9	39.8
上海市重点学科建设项目	21	1.9	41.7
浙江省社会科学基金	20	1.9	43.6
福建省社会科学基金	18	1.7	45.2
四川省社会科学基金	15	1.4	46.6

附表 1－24　　**人文地理学发文量前 10 名基金**

基金机构	发文量（篇）	占比（%）	累计百分比（%）
国家自然科学基金	262	30.6	30.6
国家社会科学基金	69	8.1	38.6
中国科学院“知识创新工程”项目	29	3.4	42.0
教育部人文社会科学重点研究基地重大项目	24	2.8	44.8
教育部人文社会科学规划基金	22	2.6	47.4
国家重点基础研究发展计划（973 计划）	22	2.6	49.9
教育部人文社会科学重点研究基地项目	14	1.6	51.6
陕西师范大学科研基金	11	1.3	52.9
陕西省教育厅科研基金	8	0.9	53.8
陕西省社会科学基金	8	0.9	54.7

附表 1－25　　**民族学发文量前 10 名基金**

基金机构	发文量（篇）	占比（%）	累计百分比（%）
国家社会科学基金	185	35.1	35.1

续表

基金机构	发文量（篇）	占比（%）	累计百分比（%）
教育部人文社会科学规划基金	43	8.2	43.3
教育部人文社会科学重点研究基地重大项目	26	4.9	48.2
国家民族事务委员会科研基金	18	3.4	51.6
云南省教育厅科研基金	13	2.5	54.1
中央民族大学科研基金	9	1.7	55.8
教育部重大攻关项目	7	1.3	57.1
广西教育厅科研基金	6	1.14	58.3
广西社会科学基金	6	1.1	59.4
国家自然科学基金	6	1.1	60.5

附表 1－26　**其他学科（人文社科）发文量前 10 名基金**

基金机构	发文量（篇）	占比（%）	累计百分比（%）
国家社会科学基金	186	61.2	61.2
教育部人文社会科学规划基金	29	9.5	70.7
国家自然科学基金	20	6.6	77.3
浙江省社会科学基金	11	3.6	80.9
江苏省社会科学基金	9	3.0	83.9
全国教育科学规划基金	9	3.0	86.8
教育部科研基金	7	2.3	89.1
教育部人文社会科学重点研究基地重大项目	6	2.0	91.1
全国优秀博士学位论文作者专项基金	5	1.6	92.8
湖南省教育厅人文社会科学规划基金	4	1.3	94.1

附表 1－27　**统计学发文量前 10 名基金**

基金机构	发文量（篇）	占比（%）	累计百分比（%）
国家社会科学基金	49	21.7	21.7

续表

基金机构	发文量（篇）	占比（%）	累计百分比（%）
国家自然科学基金	39	17.3	38.9
国家统计局全国统计科学研究计划基金	18	7.9	46.9
教育部人文社会科学规划基金	12	5.3	52.2
高等学校博士学科点专项科研基金	4	1.8	53.9
北京市自然科学基金	4	1.8	55.8
中国人民大学科研基金	3	1.3	57.1
教育部人文社会科学重点研究基地重大项目	3	1.3	58.4
北京市社会科学基金	3	1.3	59.7
浙江省自然科学基金	3	1.3	61.1

附表 1－28　　**军事学发文量前 10 名基金**

基金机构	发文量（篇）	占比（%）	累计百分比（%）
国家社会科学基金	34	18.7	18.7
国家自然科学基金	12	6.6	25.3
教育部人文社会科学规划基金	9	4.9	30.2
军队院校 2110 重点学科建设项目	6	3.3	33.5
教育部人文社会科学重点研究基地重大项目	5	2.8	36.3
全军军事科研工作计划基金	4	2.2	38.5
国家软科学研究计划	4	2.2	40.7
黑龙江大学科研基金	4	2.2	42.7
教育部人文社会科学重点研究基地项目	3	1.7	44.5
上海市重点学科建设项目	3	1.7	46.1

附录二　1999—2009 年国家社会科学基金各学科年度发文量及其年增长率统计表*

学科	年份	发文量（篇）	年增长率（%）
马克思主义	1999	5	—
马克思主义	2000	9	80
马克思主义	2001	7	-22. 2
马克思主义	2002	6	-14. 3
马克思主义	2003	11	83. 3
马克思主义	2004	26	136. 4
马克思主义	2005	50	92. 3
马克思主义	2006	69	38
马克思主义	2007	74	7. 2
马克思主义	2008	79	6. 8
马克思主义	2009	117	48. 1
马克思主义学科平均值		41. 2	45. 6
哲学	1999	14	—
哲学	2000	24	71. 4
哲学	2001	26	8. 3
哲学	2002	31	19. 2
哲学	2003	45	45. 2
哲学	2004	104	131. 1
哲学	2005	170	63. 5
哲学	2006	205	20. 6
哲学	2007	298	45. 4

* 此表基于中国社会科学院研建的“中国人文社会科学引文数据库”（CHSSCD）数据统计。

续表

学科	年份	发文量（篇）	年增长率（%）
哲学	2008	333	11.7
哲学	2009	411	44.0
哲学平均值		151	40
宗教学	1999	3	—
宗教学	2000	4	33.3
宗教学	2001	1	-75
宗教学	2002	4	300
宗教学	2003	5	25
宗教学	2004	4	-20
宗教学	2005	13	225
宗教学	2006	19	46.2
宗教学	2007	52	173.7
宗教学	2008	57	9.6
宗教学	2009	72	26.3
宗教学平均值		21.3	74.4
心理学	1999	2	—
心理学	2000	3	50
心理学	2001	5	66.7
心理学	2002	2	-60
心理学	2003	10	400
心理学	2004	28	180
心理学	2005	40	42.9
心理学	2006	55	37.5
心理学	2007	57	3.6
心理学	2008	61	7
心理学	2009	100	63.9
心理学平均值		33.0	79.2
社会学	1999	10	—
社会学	2000	18	80
社会学	2001	21	16.7
社会学	2002	15	-28.6
社会学	2003	22	46.7

续表

学科	年份	发文量（篇）	年增长率（%）
社会学	2004	51	131.8
社会学	2005	95	86.3
社会学	2006	151	59
社会学	2007	169	11.9
社会学	2008	179	5.9
社会学	2009	201	12.3
社会学平均值		84.7	42.2
人口学	1999	2	—
人口学	2000	5	150
人口学	2001	8	60
人口学	2002	5	-37.5
人口学	2003	10	100
人口学	2004	16	60
人口学	2005	11	-31.25
人口学	2006	30	172.7
人口学	2007	29	-3.3
人口学	2008	49	69
人口学	2009	51	4.1
人口学平均值		19.6	54.4
民族学	1999	1	—
民族学	2000	1	0
民族学	2001	3	200
民族学	2002	1	-66.7
民族学	2003	4	300
民族学	2004	19	375
民族学	2005	19	0
民族学	2006	27	42.1
民族学	2007	23	-14.8
民族学	2008	39	69.6
民族学	2009	48	23.1
民族学平均值		16.8	92.8
管理学（含科学学、人才学）	1999	3	—
管理学（含科学学、人才学）	2000	11	266.7

续表

学科	年份	发文量（篇）	年增长率（%）
管理学（含科学学、人才学）	2001	4	-63.6
管理学（含科学学、人才学）	2002	4	0
管理学（含科学学、人才学）	2003	15	275
管理学（含科学学、人才学）	2004	24	60
管理学（含科学学、人才学）	2005	31	29.2
管理学（含科学学、人才学）	2006	52	67.7
管理学（含科学学、人才学）	2007	59	13.5
管理学（含科学学、人才学）	2008	52	-11.9
管理学（含科学学、人才学）	2009	69	32.7
管理学（含科学学、人才学）平均值		29.5	66.9
政治学	1999	19	—
政治学	2000	21	10.5
政治学	2001	43	104.8
政治学	2002	43	0
政治学	2003	56	30.2
政治学	2004	142	153.6
政治学	2005	223	57
政治学	2006	421	88.8
政治学	2007	611	45.1
政治学	2008	841	37.6
政治学	2009	1043	24
政治学平均值		314.8	55.2
法学	1999	14	—
法学	2000	9	-35.7
法学	2001	26	188.9
法学	2002	25	-3.8
法学	2003	22	-12
法学	2004	82	272.7
法学	2005	171	108.5
法学	2006	245	43.3
法学	2007	362	47.8
法学	2008	581	60.5

续表

学科	年份	发文量（篇）	年增长率（%）
法学	2009	684	17.7
法学平均值		201.9	68.8
军事学	2004	4	—
军事学	2005	3	-25
军事学	2006	3	0
军事学	2007	5	66.7
军事学	2008	8	60
军事学	2009	11	37.5
军事学平均值		5.7	27.9
经济学	1999	156	—
经济学	2000	195	25.8
经济学	2001	337	72.8
经济学	2002	347	3
经济学	2003	461	32.9
经济学	2004	778	68.8
经济学	2005	961	23.5
经济学	2006	1411	46.8
经济学	2007	2018	43
经济学	2008	2592	28.4
经济学	2009	3538	36.5
经济学平均值		1163.1	38.2
统计学	2000	2	—
统计学	2001	1	-50
统计学	2002	1	0
统计学	2003	1	0
统计学	2004	2	100
统计学	2005	5	150
统计学	2006	9	80
统计学	2007	6	-33.3
统计学	2008	10	66.7
统计学	2009	12	20
统计学平均值		4.9	37
文化学	1999	1	—
文化学	2000	6	500

续表

学科	年份	发文量（篇）	年增长率（%）
文化学	2001	13	116.7
文化学	2002	11	-15.4
文化学	2003	16	45.5
文化学	2004	13	-18.8
文化学	2005	17	30.8
文化学	2006	37	117.6
文化学	2007	76	105.4
文化学	2008	102	34.2
文化学	2009	123	20.6
文化学平均值		37.7	93.7
新闻学与传播学	1999	7	0
新闻学与传播学	2000	12	71.4
新闻学与传播学	2001	7	-41.7
新闻学与传播学	2002	4	-42.9
新闻学与传播学	2003	12	200
新闻学与传播学	2004	28	133.3
新闻学与传播学	2005	35	25
新闻学与传播学	2006	64	82.9
新闻学与传播学	2007	91	42.2
新闻学与传播学	2008	97	6.6
新闻学与传播学	2009	179	84.5
新闻学与传播学平均值		48.7	56.1
图书馆·情报与文献学	1999	28	0
图书馆·情报与文献学	2000	42	50
图书馆·情报与文献学	2001	23	-45.2
图书馆·情报与文献学	2002	29	26.1
图书馆·情报与文献学	2003	54	86.2
图书馆·情报与文献学	2004	84	55.6
图书馆·情报与文献学	2005	102	21.4
图书馆·情报与文献学	2006	194	90.2
图书馆·情报与文献学	2007	194	0
图书馆·情报与文献学	2008	234	20.6

续表

学科	年份	发文量（篇）	年增长率（%）
图书馆・情报与文献学	2009	291	24.4
图书馆・情报与文献学平均值		124.7	32.9
教育学	1999	6	—
教育学	2000	10	66.7
教育学	2001	19	90
教育学	2002	7	-63.2
教育学	2003	18	157.1
教育学	2004	23	27.8
教育学	2005	38	65.2
教育学	2006	60	57.9
教育学	2007	97	61.7
教育学	2008	172	77.3
教育学	2009	300	74.4
教育学平均值		68.2	61.5
体育学	1999	13	—
体育学	2000	25	92.3
体育学	2001	43	72
体育学	2002	66	53.5
体育学	2003	88	33.3
体育学	2004	97	10.2
体育学	2005	126	29.9
体育学	2006	112	-11.1
体育学	2007	189	68.8
体育学	2008	215	13.8
体育学	2009	235	9.3
体育学平均值		110.0	37.2
语言学	1999	15	—
语言学	2000	17	13.3
语言学	2001	20	17.6
语言学	2002	31	55
语言学	2003	32	3.2
语言学	2004	62	93.8
语言学	2005	102	64.5

续表

学科	年份	发文量（篇）	年增长率（%）
语言学	2006	138	35.3
语言学	2007	217	57.2
语言学	2008	331	52.5
语言学	2009	376	13.6
语言学平均值		121.9	40.6
文学	1999	14	0
文学	2000	30	114.3
文学	2001	33	10
文学	2002	40	21.2
文学	2003	68	70
文学	2004	111	63.2
文学	2005	183	64.9
文学	2006	245	33.9
文学	2007	323	31.8
文学	2008	445	37.8
文学	2009	619	39.1
文学平均值		191.9	48.6
艺术学	1999	4	0
艺术学	2000	2	-50
艺术学	2001	3	50
艺术学	2002	5	66.7
艺术学	2003	1	-80
艺术学	2004	6	500
艺术学	2005	9	50
艺术学	2006	16	77.8
艺术学	2007	34	112.5
艺术学	2008	59	73.5
艺术学	2009	101	71.2
艺术学平均值		21.8	872
历史学	1999	20	0
历史学	2000	28	40
历史学	2001	33	17.9
历史学	2002	27	-18.2

续表

学科	年份	发文量（篇）	年增长率（%）
历史学	2003	38	40.7
历史学	2004	69	81.6
历史学	2005	100	44.9
历史学	2006	140	40
历史学	2007	215	53.6
历史学	2008	281	30.7
历史学	2009	327	16.4
历史学平均值		116.2	34.8
考古学	1999	2	0
考古学	2000	3	50
考古学	2001	3	0
考古学	2002	1	-66.6
考古学	2003	2	100
考古学	2004	9	350
考古学	2005	23	155.6
考古学	2006	33	43.5
考古学	2007	54	63.6
考古学	2008	66	22.2
考古学	2009	83	25.8
考古学平均值		25.4	71.1
人文地理学	1999	1	0
人文地理学	2000	4	300
人文地理学	2001	7	75
人文地理学	2002	2	-71.4
人文地理学	2003	4	100
人文地理学	2004	9	125
人文地理学	2005	7	-22.2
人文地理学	2006	8	14.3
人文地理学	2007	12	50
人文地理学	2008	7	-41.7
人文地理学	2009	8	14.3
人文地理学平均值		6.3	54.3

续表

学科	年份	发文量（篇）	年增长率（%）
其他学科（人文社科）	2000	1	—
其他学科（人文社科）	2001	2	100
其他学科（人文社科）	2002	5	150
其他学科（人文社科）	2003	4	-20
其他学科（人文社科）	2004	8	100
其他学科（人文社科）	2005	10	25
其他学科（人文社科）	2006	18	80
其他学科（人文社科）	2007	54	200
其他学科（人文社科）	2008	55	1.9
其他学科（人文社科）	2009	28	-49.1
其他学科（人文社科）平均值		18.5	65.3
其他学科（科技）	1999	3	—
其他学科（科技）	2000	15	400
其他学科（科技）	2001	14	-6.7
其他学科（科技）	2002	9	-35.7
其他学科（科技）	2003	7	-22.2
其他学科（科技）	2004	24	242.9
其他学科（科技）	2005	37	54.2
其他学科（科技）	2006	1	-97.3
其他学科（科技）	2007	125	12400
其他学科（科技）	2008	180	44
其他学科（科技）	2009	237	31.7
其他学科（科技）平均值		59.3	1301.1
环境科学	2000	5	—
环境科学	2001	6	20
环境科学	2003	1	-83.3
环境科学	2004	1	0
环境科学	2005	3	200
环境科学	2006	0	-300
环境科学	2007	46	4600
环境科学	2008	91	97.8
环境科学	2009	139	52.7
环境科学平均值		32.4	573.4

附录三　1999—2009年全国省级社会科学基金各年度发文量及其年增长率统计表*

基金名称	年份	发文量（篇）	年增长率（%）
安徽省社会科学基金	1999	2	—
安徽省社会科学基金	2000	4	100.0
安徽省社会科学基金	2001	6	50.0
安徽省社会科学基金	2002	13	116.7
安徽省社会科学基金	2003	15	15.4
安徽省社会科学基金	2004	22	46.7
安徽省社会科学基金	2005	33	50.0
安徽省社会科学基金	2006	41	24.2
安徽省社会科学基金	2007	87	112.2
安徽省社会科学基金	2008	76	-12.6
安徽省社会科学基金	2009	105	38.2
安徽省社会科学基金平均值		36.7	54.1
北京市社会科学基金	1999	2	—
北京市社会科学基金	2000	11	450.0
北京市社会科学基金	2001	18	63.6
北京市社会科学基金	2002	9	-50.0
北京市社会科学基金	2003	30	233.3
北京市社会科学基金	2004	42	40.0
北京市社会科学基金	2005	44	4.8
北京市社会科学基金	2006	54	22.7
北京市社会科学基金	2007	124	129.6
北京市社会科学基金	2008	207	66.9
北京市社会科学基金	2009	231	11.6
北京市社会科学基金平均值		70.2	97.3
福建省社会科学基金	1999	4	—

* 此表基于中国社会科学院研建的“中国人文社会科学引文数据库”（CHSSCD）数据统计。

续表

基金名称	年份	发文量（篇）	年增长率（%）
福建省社会科学基金	2000	6	50.0
福建省社会科学基金	2001	9	50.0
福建省社会科学基金	2002	22	144.4
福建省社会科学基金	2003	30	36.4
福建省社会科学基金	2004	72	140.0
福建省社会科学基金	2005	60	-16.7
福建省社会科学基金	2006	77	28.3
福建省社会科学基金	2007	168	118.2
福建省社会科学基金	2008	248	47.6
福建省社会科学基金	2009	297	19.8
福建省社会科学基金平均值		90.3	61.8
甘肃省社会科学基金	1999	10	—
甘肃省社会科学基金	2000	22	120.0
甘肃省社会科学基金	2001	16	-27.3
甘肃省社会科学基金	2002	6	-62.5
甘肃省社会科学基金	2003	13	116.7
甘肃省社会科学基金	2004	28	115.4
甘肃省社会科学基金	2005	36	28.6
甘肃省社会科学基金	2006	48	33.3
甘肃省社会科学基金	2007	70	45.8
甘肃省社会科学基金	2008	83	18.6
甘肃省社会科学基金	2009	107	28.9
甘肃省社会科学基金平均值		40.0	41.8
广东省社会科学基金	1999	5	—
广东省社会科学基金	2000	6	20.0
广东省社会科学基金	2001	5	-16.7
广东省社会科学基金	2002	8	60.0
广东省社会科学基金	2003	28	250.0
广东省社会科学基金	2004	65	132.1
广东省社会科学基金	2005	87	33.8
广东省社会科学基金	2006	156	79.3

续表

基金名称	年份	发文量（篇）	年增长率（%）
广东省社会科学基金	2007	204	30.8
广东省社会科学基金	2008	381	86.8
广东省社会科学基金	2009	461	21.0
广东省社会科学基金平均值		127.8	69.7
广西社会科学基金	1999	1	—
广西社会科学基金	2000	5	400.0
广西社会科学基金	2001	4	-20.0
广西社会科学基金	2002	4	0.0
广西社会科学基金	2003	15	275.0
广西社会科学基金	2004	34	126.7
广西社会科学基金	2005	90	164.7
广西社会科学基金	2006	64	-28.9
广西社会科学基金	2007	76	18.8
广西社会科学基金	2008	120	57.9
广西社会科学基金	2009	126	5.0
广西社会科学基金平均值		49	99.9
贵州省社会科学基金	1999	1	—
贵州省社会科学基金	2000	6	500.0
贵州省社会科学基金	2001	8	33.3
贵州省社会科学基金	2002	5	-37.5
贵州省社会科学基金	2003	8	60.0
贵州省社会科学基金	2004	10	25.0
贵州省社会科学基金	2005	4	-60.0
贵州省社会科学基金	2006	5	25.0
贵州省社会科学基金	2007	3	-40.0
贵州省社会科学基金	2008	10	233.3
贵州省社会科学基金	2009	11	10.0
贵州省社会科学基金平均值		6.5	74.9
海南省社会科学基金	2004	3	—

续表

基金名称	年份	发文量（篇）	年增长率（%）
海南省社会科学基金	2005	5	66.7
海南省社会科学基金	2006	9	80.0
海南省社会科学基金	2007	15	66.7
海南省社会科学基金	2008	11	-26.7
海南省社会科学基金	2009	13	18.2
海南省社会科学基金平均值		9.3	41.0
河北省社会科学基金	1999	28	—
河北省社会科学基金	2000	27	-3.6
河北省社会科学基金	2001	36	33.3
河北省社会科学基金	2002	32	-11.1
河北省社会科学基金	2003	40	25.0
河北省社会科学基金	2004	60	50.0
河北省社会科学基金	2005	44	-26.7
河北省社会科学基金	2006	95	115.9
河北省社会科学基金	2007	148	55.8
河北省社会科学基金	2008	191	29.1
河北省社会科学基金	2009	247	29.3
河北省社会科学基金平均值		86.2	29.7
河南省社会科学基金	1999	18	—
河南省社会科学基金	2000	42	133.3
河南省社会科学基金	2001	26	-38.1
河南省社会科学基金	2002	23	-11.5
河南省社会科学基金	2003	42	82.6
河南省社会科学基金	2004	79	88.1
河南省社会科学基金	2005	103	30.4
河南省社会科学基金	2006	124	20.4
河南省社会科学基金	2007	158	27.4
河南省社会科学基金	2008	219	38.6
河南省社会科学基金	2009	265	21.0
河南省社会科学基金平均值		100	39.2

续表

基金名称	年份	发文量（篇）	年增长率（%）
黑龙江省社会科学基金	1999	2	0.0
黑龙江省社会科学基金	2000	5	150.0
黑龙江省社会科学基金	2001	3	-40.0
黑龙江省社会科学基金	2002	3	0.0
黑龙江省社会科学基金	2003	24	700.0
黑龙江省社会科学基金	2004	43	79.2
黑龙江省社会科学基金	2005	51	18.6
黑龙江省社会科学基金	2006	86	68.6
黑龙江省社会科学基金	2007	164	90.7
黑龙江省社会科学基金	2008	115	-29.9
黑龙江省社会科学基金	2009	209	81.7
黑龙江省社会科学基金平均值		64.1	111.9
湖北省社会科学基金	1999	5	—
湖北省社会科学基金	2000	11	120.0
湖北省社会科学基金	2001	11	0.0
湖北省社会科学基金	2002	9	-18.2
湖北省社会科学基金	2003	35	288.9
湖北省社会科学基金	2004	31	-11.4
湖北省社会科学基金	2005	28	-9.7
湖北省社会科学基金	2006	56	100.0
湖北省社会科学基金	2007	105	87.5
湖北省社会科学基金	2008	104	-1.0
湖北省社会科学基金	2009	83	-20.2
湖北省社会科学基金平均值		43.5	53.6
湖南省社会科学基金	1999	13	—
湖南省社会科学基金	2000	21	61.5
湖南省社会科学基金	2001	35	66.7
湖南省社会科学基金	2002	28	-20.0
湖南省社会科学基金	2003	42	50.0
湖南省社会科学基金	2004	104	147.6

续表

基金名称	年份	发文量（篇）	年增长率（%）
湖南省社会科学基金	2005	184	76.9
湖南省社会科学基金	2006	353	91.8
湖南省社会科学基金	2007	503	42.5
湖南省社会科学基金	2008	492	-2.2
湖南省社会科学基金	2009	659	33.9
湖南省社会科学基金平均值		221.3	54.9
吉林省社会科学基金	1999	12	—
吉林省社会科学基金	2000	10	-16.7
吉林省社会科学基金	2001	4	-60.0
吉林省社会科学基金	2002	8	100.0
吉林省社会科学基金	2003	17	112.5
吉林省社会科学基金	2004	44	158.8
吉林省社会科学基金	2005	66	50.0
吉林省社会科学基金	2006	124	87.9
吉林省社会科学基金	2007	192	54.8
吉林省社会科学基金	2008	169	-12.0
吉林省社会科学基金	2009	251	48.5
吉林省社会科学基金平均值		81.6	52.4
江苏省社会科学基金	1999	23	—
江苏省社会科学基金	2000	35	52.2
江苏省社会科学基金	2001	33	-5.7
江苏省社会科学基金	2002	84	154.5
江苏省社会科学基金	2003	187	122.6
江苏省社会科学基金	2004	174	-7.0
江苏省社会科学基金	2005	242	39.1
江苏省社会科学基金	2006	257	6.2
江苏省社会科学基金	2007	301	17.1
江苏省社会科学基金	2008	311	3.3
江苏省社会科学基金	2009	371	19.3
江苏省社会科学基金平均值		183.5	40.2

续表

基金名称	年份	发文量（篇）	年增长率（%）
江西省社会科学基金	1999	9	—
江西省社会科学基金	2000	2	-77.8
江西省社会科学基金	2001	13	550.0
江西省社会科学基金	2002	6	-53.8
江西省社会科学基金	2003	22	266.7
江西省社会科学基金	2004	24	9.1
江西省社会科学基金	2005	81	237.5
江西省社会科学基金	2006	107	32.1
江西省社会科学基金	2007	194	81.3
江西省社会科学基金	2008	176	-9.3
江西省社会科学基金	2009	242	37.5
江西省社会科学基金平均值		79.6	107.3
辽宁省社会科学基金	1999	2	—
辽宁省社会科学基金	2000	2	0.0
辽宁省社会科学基金	2001	2	0.0
辽宁省社会科学基金	2002	5	150.0
辽宁省社会科学基金	2003	15	200.0
辽宁省社会科学基金	2004	49	226.7
辽宁省社会科学基金	2005	48	-2.0
辽宁省社会科学基金	2006	32	-33.3
辽宁省社会科学基金	2007	92	187.5
辽宁省社会科学基金	2008	161	75.0
辽宁省社会科学基金	2009	275	70.8
辽宁省社会科学基金平均值		62.1	87.5
内蒙古社会科学基金	1999	5	—
内蒙古社会科学基金	2000	2	-60.0
内蒙古社会科学基金	2001	6	200.0
内蒙古社会科学基金	2002	5	-16.7
内蒙古社会科学基金	2003	13	160.0
内蒙古社会科学基金	2004	19	46.2

续表

基金名称	年份	发文量（篇）	年增长率（%）
内蒙古社会科学基金	2005	8	-57.9
内蒙古社会科学基金	2006	17	112.5
内蒙古社会科学基金	2007	35	105.9
内蒙古社会科学基金	2008	33	-5.7
内蒙古社会科学基金	2009	48	45.5
内蒙古社会科学基金平均值		17.4	53.0
宁夏社会科学基金	2003	4	400.0
宁夏社会科学基金	2004	5	25.0
宁夏社会科学基金	2005	3	-40.0
宁夏社会科学基金	2006	6	100.0
宁夏社会科学基金	2007	10	66.7
宁夏社会科学基金	2008	22	120.0
宁夏社会科学基金	2009	27	22.7
宁夏社会科学基金平均值		11	49.1
青海省社会科学基金	2000	1	—
青海省社会科学基金	2001	0	-100
青海省社会科学基金	2002	0	0
青海省社会科学基金	2003	1	100.0
青海省社会科学基金	2004	1	0.0
青海省社会科学基金	2005	3	200.0
青海省社会科学基金	2006	4	33.3
青海省社会科学基金	2007	15	275.0
青海省社会科学基金	2008	14	-6.7
青海省社会科学基金	2009	13	-7.1
青海省社会科学基金平均值		5.2	43.8
山东省社会科学基金	1999	1	0.0
山东省社会科学基金	2000	7	600.0
山东省社会科学基金	2001	12	71.4
山东省社会科学基金	2002	4	-66.7
山东省社会科学基金	2003	17	325.0
山东省社会科学基金	2004	54	217.6
山东省社会科学基金	2005	60	11.1

续表

基金名称	年份	发文量（篇）	年增长率（%）
山东省社会科学基金	2006	117	95.0
山东省社会科学基金	2007	171	46.2
山东省社会科学基金	2008	213	24.6
山东省社会科学基金	2009	352	65.3
山东省社会科学基金平均值		91.6	139.0
山西省社会科学基金	2000	2	—
山西省社会科学基金	2001	3	50.0
山西省社会科学基金	2002	4	33.3
山西省社会科学基金	2003	11	175.0
山西省社会科学基金	2004	6	-45.5
山西省社会科学基金	2005	16	166.7
山西省社会科学基金	2006	13	-18.8
山西省社会科学基金	2007	31	138.5
山西省社会科学基金	2008	12	-61.3
山西省社会科学基金	2009	31	158.3
山西省社会科学基金平均值		12.9	66.2
陕西省社会科学基金	1999	1	—
陕西省社会科学基金	2000	2	100.0
陕西省社会科学基金	2001	11	450.0
陕西省社会科学基金	2002	15	36.4
陕西省社会科学基金	2003	27	80.0
陕西省社会科学基金	2004	50	85.2
陕西省社会科学基金	2005	59	18.0
陕西省社会科学基金	2006	115	94.9
陕西省社会科学基金	2007	196	70.4
陕西省社会科学基金	2008	285	45.4
陕西省社会科学基金	2009	293	2.8
陕西省社会科学基金平均值		95.8	98.3
上海市社会科学基金	1999	4	—
上海市社会科学基金	2000	13	225.0

续表

基金名称	年份	发文量（篇）	年增长率（%）
上海市社会科学基金	2001	11	-15.4
上海市社会科学基金	2002	12	9.1
上海市社会科学基金	2003	38	216.7
上海市社会科学基金	2004	57	50.0
上海市社会科学基金	2005	74	29.8
上海市社会科学基金	2006	133	79.7
上海市社会科学基金	2007	158	18.8
上海市社会科学基金	2008	193	22.2
上海市社会科学基金	2009	311	61.1
上海市社会科学基金平均值		91.3	69.7
省社会科学基金（地区不详）	2003	2	—
省社会科学基金（地区不详）	2004	2	0.0
省社会科学基金（地区不详）	2005	0	-200.0
省社会科学基金（地区不详）	2006	1	100.0
省社会科学基金（地区不详）	2007	3	200.0
省社会科学基金（地区不详）	2008	2	-33.3
省社会科学基金（地区不详）	2009	2	0.0
省社会科学基金（地区不详）平均值		1.7	11.1
四川省社会科学基金	1999	3	—
四川省社会科学基金	2000	11	266.7
四川省社会科学基金	2001	12	9.1
四川省社会科学基金	2002	1	-91.7
四川省社会科学基金	2003	23	2200.0
四川省社会科学基金	2004	42	82.6
四川省社会科学基金	2005	27	-35.7
四川省社会科学基金	2006	51	88.9
四川省社会科学基金	2007	107	109.8
四川省社会科学基金	2008	85	-20.6
四川省社会科学基金	2009	120	41.2
四川省社会科学基金平均值		43.8	265.0
天津市社会科学基金	1999	1	—

续表

基金名称	年份	发文量（篇）	年增长率（%）
天津市社会科学基金	2000	12	1100.0
天津市社会科学基金	2001	10	-16.7
天津市社会科学基金	2002	12	20.0
天津市社会科学基金	2003	28	133.3
天津市社会科学基金	2004	42	50.0
天津市社会科学基金	2005	44	4.8
天津市社会科学基金	2006	109	147.7
天津市社会科学基金	2007	189	73.4
天津市社会科学基金	2008	247	30.7
天津市社会科学基金	2009	305	23.5
天津市社会科学基金平均值		90.8	156.7
新疆社会科学基金	1999	3	—
新疆社会科学基金	2000	3	0.0
新疆社会科学基金	2001	0	-300.0
新疆社会科学基金	2002	0	0.0
新疆社会科学基金	2003	2	200.0
新疆社会科学基金	2004	3	50.0
新疆社会科学基金	2005	7	133.3
新疆社会科学基金	2006	10	42.9
新疆社会科学基金	2007	27	170.0
新疆社会科学基金	2008	31	14.8
新疆社会科学基金	2009	54	74.2
新疆社会科学基金平均值		12.7	38.5
云南省社会科学基金	1999	2	—
云南省社会科学基金	2000	1	-50.0
云南省社会科学基金	2001	0	-100.0
云南省社会科学基金	2002	1	0.0
云南省社会科学基金	2003	3	200.0
云南省社会科学基金	2004	5	66.7
云南省社会科学基金	2005	12	140.0

续表

基金名称	年份	发文量（篇）	年增长率（%）
云南省社会科学基金	2006	13	8.3
云南省社会科学基金	2007	30	130.8
云南省社会科学基金	2008	32	6.7
云南省社会科学基金	2009	32	0.0
云南省社会科学基金平均值		11.9	50.3
浙江省社会科学基金	1999	13	—
浙江省社会科学基金	2000	32	146.2
浙江省社会科学基金	2001	57	78.1
浙江省社会科学基金	2002	30	-47.4
浙江省社会科学基金	2003	66	120.0
浙江省社会科学基金	2004	138	109.1
浙江省社会科学基金	2005	223	61.6
浙江省社会科学基金	2006	249	11.7
浙江省社会科学基金	2007	384	54.2
浙江省社会科学基金	2008	481	25.3
浙江省社会科学基金	2009	456	-5.2
浙江省社会科学基金平均值		193.5	55.4
重庆市社会科学基金	1999	2	—
重庆市社会科学基金	2000	9	350.0
重庆市社会科学基金	2001	8	-11.1
重庆市社会科学基金	2002	6	-25.0
重庆市社会科学基金	2003	17	183.3
重庆市社会科学基金	2004	38	123.5
重庆市社会科学基金	2005	25	-34.2
重庆市社会科学基金	2006	64	156.0
重庆市社会科学基金	2007	78	21.9
重庆市社会科学基金	2008	83	6.4
重庆市社会科学基金	2009	132	59.0
重庆市社会科学基金平均值		42	83.0

附录四　全国省级社会科学基金各学科高被引论文(各学科前10名)

说明：此附录展示了各省级社会科学基金1999—2009年发表的各学科高被引论文前10名。每篇论文的被引频次是论文从发表时间起至2013年12月1日的累计被引频次。每篇论文的被下载频次是论文从发表时间起至2013年12月1日的累计被下载频次。数据获取方法：2013年12月1日根据“中国人文社会科学引文数据库”收录的1999—2009年省级社会科学基金论文数据，按题名和来源期刊名称检索中国知网期刊数据库相应论文的被引频次和被下载频次。

附表4-1　　马克思主义学科高被引论文前10名

基金名称	马克思主义学科论文标题	作者	刊名简称	年份	期次	被引	下载
江苏省社科基金	马克思人的自由全面发展观及其当代意义	陈刚	江苏社会科学	2005	06	34	1267
上海市社科基金	“生态学马克思主义”与马克思主义的关系探析	曾文婷	学术论坛	2006	01	26	509
甘肃省社科基金	网络文化境遇中的马克思主义大众化	苏星鸿	甘肃社会科学	2009	04	22	862
江西省社科基金	论毛泽东、邓小平、江泽民“三农”思想的差异	军利	求实	2005	02	21	369
河南省社科基金	马克思恩格斯民生思想及其当代价值	苗贵山	当代世界与社会主义	2009	04	20	714
江苏省社科基金	马克思人的自由全面发展观新探	陈刚	学海	2006	01	19	799
河北省社科基金	民生为本：科学发展观的本质诉求	李仕文	毛泽东思想研究	2006	03	18	367

续表

基金名称	马克思主义学科论文标题	作者	刊名简称	年份	期次	被引	下载
广东省社科基金	简论胡锦涛的和谐思想	刘绍春	学术论坛	2006	09	18	325
江苏省社科基金	毛泽东对马克思主义大众化的历史贡献	吴远	学术论坛	2009	11	17	735
江苏省社科基金	马克思文本研究的基本方法论探要	张志丹	学海	2007	04	16	454

附表 4－2　**哲学高被引论文前 10 名**

基金名称	哲学论文标题	作者	刊名简称	年份	期次	被引	下载
上海市社科基金	企业社会责任：视角、形式与内涵	周祖城	理论学刊	2005	02	167	1326
江苏省社科基金	信任研究的学术理路——对信任研究的若干路径的考查	岳瑨	南京社会科学	2004	06	78	1139
吉林省社科基金	司法证明标准与乌托邦——答刘金友兼与张卫平、王敏远商榷	何家弘	吉林大学社会科学学报	2004	06	60	1968
河北省社科基金	网络交往与人的全面发展	李春霞	河北师范大学学报	2000	12	50	501
江苏省社科基金	当前中国伦理道德状况及其精神哲学分析	樊浩	中国社会科学	2009	04	49	2762
湖南省社科基金	论旅游道德建设	夏赞才	道德与文明	2005	05	39	576
湖南省社科基金	论学术腐败及其治理	姚利民	湖南大学学报	2002	04	39	879
天津市社科基金	正义、公正、公平辨析	王桂艳	南开学报	2006	02	34	882
湖南省社科基金	论儒家生态伦理思想的现代价值	任俊华	自然辩证法研究	2006	03	33	809
江苏省社科基金	论宋代美学	吴功正	南京大学学报	2005	01	23	544

附表4－3　　宗教学高被引论文前10名

基金名称	宗教学论文标题	作者	刊名简称	年份	期次	被引	下载
浙江省社科基金	当代中国民间信仰的历史演变与依存逻辑	张祝平	深圳大学学报	2009	06	20	613
四川省社科基金	对彝族毕摩宗教现状的调查与思考	蔡华	西南民族大学学报	2005	10	16	429
新疆社科基金	区分民族文化认同与宗教认同	秦裕华	中央民族大学学报	2005	02	15	748
江西省社科基金	泛论信仰的本质和一般基础	肖国飞	江西社会科学	2002	09	13	182
甘肃省社科基金	论敦煌佛教信仰中的佛道融合	刘永明	敦煌学辑刊	2005	01	12	382
河北省社科基金	论宗教的世俗化及其问题	张荣	河北师范大学学报	2002	01	12	577
福建省社科基金	华侨华人传统宗教及其现代转化	张禹东	华侨大学学报	2001	04	11	298
山东省社科基金	酒神与日神的文化新解	陈炎	文史哲	2006	06	10	813
浙江省社科基金	从西僧到西儒——从《天主实录》看早期耶稣会士在华身份的困境	李新德	上海师范大学学报	2005	01	9	224
浙江省社科基金	民间信仰60年嬗变：从断裂到弥合	张祝平	福建论坛（人文社会科学版）	2009	11	8	402

附表4－4　　心理学高被引论文前10名

基金名称	心理学论文标题	作者	刊名简称	年份	期次	被引	下载
广东省社科基金	企业员工的组织支持感	凌文辁	心理学报	2006	02	310	3350
上海市社科基金	工作倦怠评价标准的初步探讨	李永鑫	心理科学	2006	01	191	1598
广东省社科基金	国外员工援助计划相关研究述评	王雁飞	心理科学进展	2005	02	172	2029
广东省社科基金	工作投入研究的现状	李锐	心理科学进展	2007	02	165	3130

续表

基金名称	心理学论文标题	作者	刊名简称	年份	期次	被引	下载
江苏省社科基金	积极人格：人格心理学研究的新取向	任俊	华中师范大学学报	2005	04	144	3310
上海市社科基金	互联网对青少年心理发展影响研究综述	崔丽娟	心理科学	2003	03	136	1705
上海市社科基金	教师知识的研究综述	杨翠蓉	心理科学	2005	05	132	1821
上海市社科基金	教师工作满意度的影响因素结构模型研究	姜勇	心理科学	2006	01	127	2188
北京市社科基金	互联网对人的心理影响	李宏利	心理科学进展	2001	04	117	930
上海市社科基金	内隐攻击性的实验研究	戴春林	心理科学	2005	01	115	2005

附表 4－5　　**社会学高被引论文前 10 名**

基金名称	社会学论文标题	作者	刊名简称	年份	期次	被引	下载
上海市社科基金	农民市民化：从农民到市民的角色转型	文军	开放时代	2004	03	401	4011
山东省社科基金	主观幸福感研究：对幸福的实证探索	邢占军	理论学刊	2002	05	208	2944
重庆市社科基金	国内主观幸福感研究文献述评	李志	重庆大学学报	2006	04	160	5929
黑龙江省社科基金	BBS 互动的结构与过程	白淑英	社会学研究	2003	05	120	1755
湖南省社科基金	国外城市社区管理模式的比较与借鉴	谢守红	社会科学家	2004	01	120	2790
甘肃省社科基金	论网络空间的人际交往	黄少华	社会科学研究	2002	04	104	1428
江西省社科基金	公共领域·公共利益·公共性	詹世友	社会科学	2005	07	89	2277
天津市社科基金	内容分析法在网络舆情信息分析中的应用	刘毅	天津大学学报	2006	04	88	2752
湖北省社科基金	当代中国城市社区组织管理体制：模式分析与改革探索	张立荣	华中师范大学学报	2001	03	84	1151

续表

基金名称	社会学论文标题	作者	刊名简称	年份	期次	被引	下载
上海市社科基金	社会救助的概念、类型和体制：不同视角的比较	黄晨熹	华东师范大学学报	2005	03	73	1902

附表 4－6　　人口学高被引论文前 10 名

基金名称	人口学论文标题	作者	刊名简称	年份	期次	被引	下载
湖南省社科基金	二元还是一元：中国户籍制度改革的模式选择——国际经验及其启示	陈成文	湖南师范大学社会科学学报	2005	02	83	1408
福建省社科基金	户籍制度改革与流动人口在流入地的居留意愿及其制约机制	朱宇	南方人口	2004	03	72	915
上海市社科基金	90 年代上海中心城人口分布及其变动趋势的模型研究	沈建法	中国人口科学	2000	05	64	496
浙江省社科基金	从“民工荒”到“返乡潮”：中国的刘易斯拐点到来了吗?	侯东民	人口研究	2009	02	52	3425
河南省社科基金	中国人口压力的定量研究	李通屏	人口学刊	2004	01	29	291
上海市社科基金	上海流动人口犯罪特征及原因分析——透过新闻资料的梳理、分析	王桂新	人口学刊	2006	03	27	750
北京市社科基金	北京城市贫困家庭的社会支持网	洪小良	北京社会科学	2006	02	24	623
上海市社科基金	中国城市化进程中的人口社会重构——以上海为例的研究	朱宝树	华东师范大学学报	2003	04	24	342
上海市社科基金	试论三江源生态移民的文化变迁	百乐·司宝才仁	复旦学报	2007	03	20	666
北京市社科基金	人口流动家庭化过程和个体影响因素研究	侯佳伟	人口研究	2009	01	20	983

附表 4－7 **民族学高被引论文前 10 名**

基金名称	民族学论文标题	作者	刊名简称	年份	期次	被引	下载
贵州省社科基金	黔东南雷山县三村苗族习惯法研究	周相卿	民族研究	2005	03	21	358
云南省社科基金	民间信仰与社会变迁——以双江县一个布朗族村寨的祭竜仪式为例	黄彩文	云南民族大学学报	2009	04	9	398
河北省社科基金	民族精神概念论析——概念的词义解析、历史考察及方法论思考	冯秀军	河北师范大学学报	2005	03	8	230
湖北省社科基金	村落传统生态知识的多样性表达及其特点与利用——湘西土家族村落“苏竹”个案研究	梁正海	吉首大学学报	2009	03	8	166
新疆社科基金	城市维吾尔族婚俗文化变迁——以乌鲁木齐市维吾尔族居民为例	阿达莱提·塔伊尔	新疆大学学报	2008	06	7	340
江西省社科基金	从客家谚语透视客家人的农业文化心理	卢小燕	农业考古	2007	04	6	308
云南省社科基金	民族地区村落家族的特性分析	陈德顺	云南民族大学学报	2006	02	6	144
广西社科基金	从传统仪式到文化精神——京族哈节探微	陈家柳	广西民族研究	2008	04	5	279
云南省社科基金	“跳菜”：从村寨走向舞台和市场——南涧彝族“跳菜”礼仪的变迁	秦莹	民族研究	2008	04	5	252
甘肃省社科基金	城镇化发展中的少数民族文化传承与重构——以甘肃阿克塞哈萨克族为个案	冯瑞	新疆大学学报	2008	05	5	329

附表 4－8 **管理学高被引论文前 10 名**

基金名称	管理学论文标题	作者	刊名简称	年份	期次	被引	下载
江苏省社科基金	供应链管理理论与方法	沈厚才	中国管理科学	2000	01	702	4036
湖南省社科基金	应用层次分析法确定政府绩效评估指标权重研究	彭国甫	中国软科学	2004	06	339	4478

续表

基金名称	管理学论文标题	作者	刊名简称	年份	期次	被引	下载
广东省社科基金	组织学习整合理论模型	于海波	心理科学进展	2004	02	145	1101
福建省社科基金	公司治理、声誉机制和上市公司违法违规行为分析	陈国进	南开管理评论	2005	06	113	1362
广东省社科基金	组织承诺综合形成模型的验证研究	刘小平	科研管理	2005	01	92	1352
广东省社科基金	组织信任对员工态度和离职意向、组织财务绩效的影响	于海波	心理学报	2007	02	70	3546
湖南省社科基金	地方政府能力刍议	吴家庆	湖南师范大学社会科学学报	2004	02	69	554
陕西省社科基金	关于国家创新体系理论的思考	王春法	中国软科学	2003	05	67	1321
湖北省社科基金	资本结构治理效应：中国上市公司的实证研究	张兆国	南开管理评论	2006	05	63	1099
广东省社科基金	组织研究中的多层面问题	于海波	心理科学进展	2004	03	63	760

附表 4 - 9　　**统计学高被引论文**

基金名称	统计学论文标题	作者	刊名简称	年份	期次	被引	下载
北京市社科基金	结构方程模式及其成功应用的判断标准	方平	首都师范大学学报	2000	03	42	769
福建省社科基金	国民福利：核算理论和方法	杨缅昆	统计研究	2006	05	24	337
北京市社科基金	基于数据质量观的中国统计能力建设	邱东	当代财经	2008	03	20	435
浙江省社科基金	父母外出与农村留守子女的学习表现——来自陕西省和宁夏回族自治区的调查	陈欣欣	中国人口科学	2009	05	6	403
北京市社科基金	国家统计发展战略与统计能力建设	陈梦根	统计研究	2008	04	5	261
河南省社科基金	我国统计制度中几个需要改进的问题研究	赵乐东	经济经纬	2008	06	3	96

（注：全部统计学论文仅 6 篇）

附表 4 - 10 **政治学高被引论文前 10 名**

基金名称	政治学论文标题	作者	刊名简称	年份	期次	被引	下载
浙江省社科基金	浙江失地农民利益保障现状调查及对策	朱明芬	中国农村经济	2003	03	398	1375
湖南省社科基金	对政府绩效评估几个基本问题的反思	彭国甫	湘潭大学学报	2004	03	397	2108
江苏省社科基金	中国社会弱势群体及其社会支持政策	钱再见	江海学刊	2002	03	332	2357
湖南省社科基金	价值取向是地方政府绩效评估的深层结构	彭国甫	中国行政管理	2004	07	266	1736
吉林省社科基金	城市化进程中失地农民利益保障问题研究	赵锡斌	江淮论坛	2003	08	213	1352
湖南省社科基金	地方政府公共事业管理绩效评价指标体系研究	彭国甫	湘潭大学学报	2005	03	145	1940
四川省社科基金	新生代农民工的身份认同及影响因素分析	许传新	学术探索	2007	03	132	2580
四川省社科基金	"落地未生根"——新生代农民工城市社会适应研究	许传新	南方人口	2007	04	116	1902
湖南省社科基金	地方政府绩效评估程序的制度安排	彭国甫	求索	2004	10	96	931
江西省社科基金	从农民心态看农村政治稳定状况——一个分析框架及其应用	肖唐镖	华中师范大学学报	2005	05	88	1135

附表 4 - 11 **法学高被引论文前 10 名**

基金名称	法学论文标题	作者	刊名简称	年份	期次	被引	下载
广西社科基金	论个人信息的法律保护	齐爱民	苏州大学学报	2005	2	134	1356
浙江省社科基金	农村土地承包经营权流转的法律思考——以《农村土地承包法》为主要分析依据	丁关良	中国农村经济	2003	10	118	1084
湖南省社科基金	论法治的人性基础	叶传星	求索	1997	2	96	665
陕西省社科基金	知识产权证券化：理论分析与应用研究	李建伟	知识产权	2006	1	88	1158

续表

基金名称	法学论文标题	作者	刊名简称	年份	期次	被引	下载
河北省社科基金	论刑事被害人国家补偿制度	郭建安	政法论坛	2007	1	82	633
北京市社科基金	城管执法的问题与挑战——北京市城市管理综合行政执法调研报告	马怀德	河南财经政法大学学报	2007	6	81	3443
广东省社科基金	我国股份公司独立董事制度探索	朱羿锟	财贸经济	2001	7	72	265
上海市社科基金	填补公司合同“缝隙”——司法介入公司运作的一个分析框架	罗培新	北京大学学报	2007	1	70	1322
浙江省社科基金	论我国反垄断执法机构的设置——对现行设计方案的质疑	张炳生	法律科学	2005	2	68	862
福建省社科基金	虚拟财产解析——以虚拟有形财产为主要研究对象	林旭霞	东南学术	2006	6	67	667

附表 4 – 12　　**军事学高被引论文前 10 名**

基金名称	军事学论文标题	作者	刊名简称	年份	期次	被引	下载
山东省社科基金	论《孙子兵法》主要战略思想的通贯性	姚振文	北京工业大学学报（社会科学版）	2009	03	4	375
江苏省社科基金	“知识本位”下的无兵文化与“武士”的回归——科举时代中国传统军事文化的变迁	宋新夫	人文杂志	2008	04	3	130
吉林省社科基金	论《左传》中蕴含的战术思想	史向辉	吉林大学社会科学学报	2004	05	2	172
天津市社科基金	军事情报特征与军事情报系统构建	李月丽	图书馆工作与研究	2009	07	1	270
重庆市社科基金	浅析聂荣臻的军事思想的基本构架	余曙光	西南民族大学学报	2004	05	1	38
重庆市社科基金	试论聂荣臻的政治建军思想	李跃辉	西南民族大学学报	2004	08	1	54
吉林省社科基金	杨靖宇爱国主义精神及其弘扬	康耀辉	学术交流	2005	10	1	100

续表

基金名称	军事学论文标题	作者	刊名简称	年份	期次	被引	下载
上海市社科基金	中国导弹计划与美国情报部门的评估（1956—1976）	詹欣	中共党史研究	2008	01	1	189
江苏省社科基金	宋朝享国与国防制度文化	李承	军事历史研究	2006	01		209
浙江省社科基金	赫鲁晓夫时期苏联军事改革评价	李华	西伯利亚研究	2009	05		128

附表 4－13　　**经济学高被引论文前 10 名**

基金名称	经济学论文标题	作者	刊名简称	年份	期次	被引	下载
江苏省社科基金	中国经济增长的“俱乐部收敛”特征及其成因研究	沈坤荣	经济研究	2002	01	737	4300
辽宁省社科基金	内部控制的经济学思考	刘明辉	会计研究	2002	08	493	3066
浙江省社科基金	非公共利益性质的征地行为与土地发展权补偿	黄祖辉	经济研究	2002	05	490	3060
江西省社科基金	中国农村劳动力流动与收入增长和分配	李实	中国社会科学	1999	02	441	2898
北京市社科基金	产业的柔性集聚及其区域竞争力	盖文启	经济理论与经济管理	2001	10	369	1135
江苏省社科基金	中国贸易发展与经济增长影响机制的经验研究	沈坤荣	经济研究	2003	05	361	3122
上海市社科基金	VaR 方法对我国金融风险管理的借鉴及应用	戴国强	金融研究	2000	07	349	3011
浙江省社科基金	我国乡村旅游可持续发展问题与对策研究	周玲强	经济地理	2004	04	343	3872
浙江省社科基金	影响农户参与专业合作经济组织行为的因素分析——基于对浙江省农户的实证研究	郭红东	中国农村经济	2004	05	332	2204
吉林省社科基金	股权结构、投资者保护与公司绩效	王克敏	管理世界	2004	07	326	3662

附表4－14　　文化学高被引论文前10名

基金名称	文化学论文标题	作者	刊名简称	年份	期次	被引	下载
广东省社科基金	文化生态学论纲	戢斗勇	佛山科学技术学院学报（社会科学版）	2004	05	74	1455
江苏省社科基金	区域文化递进创新与区域经济持续发展	渠爱雪	经济地理	2004	02	57	743
上海市社科基金	创意产业促进城市发展的内容与途径	胡彬	城市问题	2007	07	56	1041
河南省社科基金	新农村面临的文化困惑与建设策略	余方镇	江西社会科学	2006	04	38	419
贵州省社科基金	论生态博物馆社区的文化遗产保护	周真刚	贵州民族研究	2002	02	36	543
云南省社科基金	云南少数民族非物质文化遗产保护与开发的对策	林庆	云南民族大学学报	2007	02	34	1025
甘肃省社科基金	农村文化建设的内涵和视域	马永强	甘肃社会科学	2008	06	33	645
河南省社科基金	国外历史文化遗产保护机制及其对我国的启示	王星光	广西民族研究	2008	01	33	1790
浙江省社科基金	从文化产业到文化创意产业：现实走向与逻辑路径	奚建华	浙江学刊	2007	06	32	1306
北京市社科基金	北京市文化设施空间分布与文化功能研究	张景秋	北京社会科学	2004	02	30	705

附表4－15　　新闻学与传播学高被引论文前10名

基金名称	新闻学与传播学论文标题	作者	刊名简称	年份	期次	被引	下载
浙江省社科基金	媒介生态学研究的新视野——媒介作为绿色生态的研究	邵培仁	江苏师范大学学报	2008	01	69	1419
天津市社科基金	试析网络舆情对网络民主的影响	张丽红	天津社会科学	2007	03	68	1851
浙江省社科基金	论媒介生态系统的构成、规划与管理	邵培仁	浙江师范大学学报	2008	02	58	1194
广西社科基金	论关联性信息与价值	周锰珍	中国科技翻译	2006	02	55	542

续表

基金名称	新闻学与传播学论文标题	作者	刊名简称	年份	期次	被引	下载
天津市社科基金	网民的网络舆情主体特征研究	毕宏音	广西社会科学	2008	07	50	1240
河南省社科基金	信息资源开发研究	代根兴	中国图书馆学报	2000	06	49	164
上海市社科基金	论信息共享空间	戴维民	中国图书馆学报	2007	06	46	670
河北省社科基金	我国社会信息化指数测度研究述评	邢志强	情报理论与实践	2000	04	42	227
江苏省社科基金	当前我国网络舆论监督存在的问题和解决路径	吴建华	南京政治学院学报	2009	03	40	1676
河南省社科基金	信息资源概念研究	代根兴	情报理论与实践	1999	06	40	400

附表 4－16　　**图书馆·情报与文献学高被引论文前 10 名**

基金名称	图书馆·情报与文献学论文标题	作者	刊名简称	年份	期次	被引	下载
江苏省社科基金	图书馆服务的无线技术——RFID 的应用	张厚生	大学图书馆学报	2004	01	89	1005
广东省社科基金	文本挖掘在网络舆情信息分析中的应用	黄晓斌	情报科学	2009	01	78	3330
重庆市社科基金	对我国“企业家能力”研究文献的内容分析	李志	重庆大学学报	2003	03	75	712
江苏省社科基金	图书馆构建新型管理模式研究	曹志梅	中国图书馆学报	2003	06	56	168
广东省社科基金	图书馆实施业务外包及其策略	石继平	图书馆杂志	2004	04	47	146
湖南省社科基金	数字鸿沟问题研究述评	陈艳红	情报杂志	2005	02	45	616
江苏省社科基金	区域图书馆联合体及其构建	曹志梅	中国图书馆学报	2007	03	45	458
江苏省社科基金	数字化网络化环境下图书馆读者服务模式研究	张厚生	东南大学学报	2005	01	44	442

续表

基金名称	图书馆·情报与文献学论文标题	作者	刊名简称	年份	期次	被引	下载
广东省社科基金	一种新型的多媒体检索技术——基于内容的检索	徐建华	情报学报	2000	04	44	316
江苏省社科基金	因特网上有害信息防范的国际动向	朱庆华	中国图书馆学报	1999	06	40	122

附表4－17　　**教育学高被引论文前10名**

基金名称	教育学论文标题	作者	刊名简称	年份	期次	被引	下载
重庆市社科基金	中学生应对方式的初步研究	黄希庭	心理科学	2000	01	569	2457
上海市社科基金	教师在教育行动中成长——以课例为载体的教师教育模式研究（上）	顾泠沅	全球教育展望	2003	01	203	1587
浙江省社科基金	美国学校危机管理的模式与政策	朱晓斌	比较教育研究	2004	12	154	2393
山东省社科基金	中小学教师的职业倦怠与工作压力、自尊和控制点的关系研究	徐富明	心理学探新	2005	01	150	1707
上海市社科基金	互联网对大学生社会性发展的影响	崔丽娟	心理科学	2003	01	141	1415
重庆市社科基金	论课堂的生态本质、特征及功能	李森	教育研究	2005	10	140	1646
广东省社科基金	“有效教学”的理想	高慎英	课程·教材·教法	2005	08	136	1512
江苏省社科基金	高等师范课程比较研究与我国师范课程体系的建构	彭小虎	高等师范教育研究	2000	05	122	694
浙江省社科基金	布卢姆认知目标分类修订的二维框架	盛群力	课程·教材·教法	2004	09	105	1059
湖南省社科基金	整体性课程结构观与优化课程结构的新思路	郭晓明	教育理论与实践	2001	05	87	501

附表 4 - 18 **体育学高被引论文前 10 名**

基金名称	体育学论文标题	作者	刊名简称	年份	期次	被引	下载
北京市社科基金	北京市居民体育消费现状调查研究	于振峰	体育科学	2001	01	162	612
湖北省社科基金	我国业余体育训练的历史发展及现状分析	孙岩	体育学刊	2003	03	118	429
山东省社科基金	建设新农村与构建和谐社会中发展农村体育文化探析	任保国	体育与科学	2007	01	106	1749
河北省社科基金	对新农村体育发展的几点思考	李会增	中国体育科技	2007	04	83	1183
江苏省社科基金	影响江苏省城镇居民体育消费行为的若干因素分析	王爱丰	中国体育科技	2001	11	79	392
天津市社科基金	天津市社区体育组织现状及发展趋势研究	王旭光	天津体育学院学报	2001	04	78	525
上海市社科基金	加强农村基层体育文化研究的历史契机与现实需要	虞重干	体育科学	2005	02	76	739
北京市社科基金	北京市竞技体育可持续发展战略研究	王保成	体育科学	2005	07	68	743
福建省社科基金	学校体育促进大学生心理健康教育的研究	兰自力	西安体育学院学报	2002	04	66	333
江苏省社科基金	江苏省经营性体育健身场所现状调查与研究	邹玉玲	体育文化导刊	2004	02	65	434

附表 4 - 19 **语言学高被引论文前 10 名**

基金名称	语言学论文标题	作者	刊名简称	年份	期次	被引	下载
江苏省社科基金	论翻译之选择	许钧	外国语	2002	01	217	1621
广东省社科基金	基于语料库的英语教师话语分析	何安平	现代外语	2003	02	174	3737
江苏省社科基金	形容词重叠式的语法意义	朱景松	语文研究	2003	03	161	2389
浙江省社科基金	中国入世对大学英语教学的影响分析及需求预测	傅政	外语界	2001	05	153	586
湖南省社科基金	论语篇视点	熊沐清	外语教学与研究	2001	01	135	935

续表

基金名称	语言学论文标题	作者	刊名简称	年份	期次	被引	下载
陕西省社科基金	隐喻的语篇功能——兼论语篇分析与认知语言学的界面研究	魏在江	外语教学	2006	05	125	2149
湖南省社科基金	显性非宾格动词结构的句法研究	潘海华	语言研究	2005	03	117	1786
湖南省社科基金	论接受美学与旅游外宣广告翻译中的读者关照	洪明	外语与外语教学	2006	08	101	2067
海南省社科基金	英汉社论语篇态度资源对比分析	陈晓燕	外国语	2007	03	99	1642
湖南省社科基金	外语学习效率模式理论框架	阳志清	外语与外语教学	2002	01	96	560

附表 4－20　　**文学高被引论文前 10 名**

基金名称	文学论文标题	作者	刊名简称	年份	期次	被引	下载
湖南省社科基金	生态女性主义与文学批评	罗婷	求索	2004	04	106	1957
上海市社科基金	德国经典成长小说与美国成长小说之比较	孙胜忠	安徽师范大学学报	2005	03	85	1550
浙江省社科基金	成长小说：一种解读美国文学的新视点	芮渝萍	宁波大学学报	2005	01	72	2070
天津市社科基金	互文性新论	李玉平	南开学报	2006	03	67	1368
重庆市社科基金	大陆新武侠和东方奇幻中的“新神话主义”	韩云波	西南大学学报	2005	05	59	764
浙江省社科基金	卡明斯诗歌“l（a”的多模态功能解读	王红阳	外语教学	2007	05	54	903
江西省社科基金	空间叙事学：叙事学研究的新领域	龙迪勇	天津师范大学学报	2008	06	48	1711
重庆市社科基金	论 21 世纪大陆新武侠	韩云波	西南大学学报	2004	04	48	715
江苏省社科基金	村上春树：文化混杂现象的表现者	吴雨平	外国文学研究	2003	05	42	1066
山东省社科基金	中国作家王小波的“西方资源”	仵从巨	文史哲	2005	04	42	1171

附表 4－21 **艺术学高被引论文前 10 名**

基金名称	艺术学论文标题	作者	刊名简称	年份	期次	被引	下载
江西省社科基金	图像叙事：空间的时间化	龙迪勇	江西社会科学	2007	09	68	1580
江西省社科基金	图像叙事与文字叙事——故事画中的图像与文本	龙迪勇	江西社会科学	2008	03	44	1247
陕西省社科基金	撞击与转型——论原生态民歌传播主体的萎缩	黄允箴	音乐艺术	2006	02	30	602
海南省社科基金	从态度系统看喜剧小品的评价意义	杨汝福	外语教学	2006	06	21	476
浙江省社科基金	街道、漫游者、城市空间及文化想象	陈晓云	当代电影	2007	06	19	707
安徽省社科基金	音乐人类学的范畴、理论和方法	孟凡玉	民族艺术	2007	03	18	913
陕西省社科基金	前古典时期的音乐风格问题	孙国忠	音乐艺术	2006	02	17	780
浙江省社科基金	电影明星、视觉政治与消费文化——当代都市文化语境中的中国电影明星	陈晓云	文艺研究	2007	01	16	898
湖北省社科基金	从武陵家具木雕艺术的风格看土家文化与汉文化的互渗	辛艺华	华中师范大学学报	2004	01	15	200
江苏省社科基金	魏良辅与新声昆山腔	周秦	苏州大学学报	2001	04	14	233

附表 4－22 **历史学高被引论文前 10 名**

基金名称	历史学论文标题	作者	刊名简称	年份	期次	被引	下载
安徽省社科基金	建国初期的社会变迁与党对思想文化的整合	王先俊	当代中国史研究	2003	03	38	685
湖南省社科基金	中国民间慈善组织的历史嬗变	靳环宇	中州学刊	2006	02	23	974
浙江省社科基金	清末毁学风潮与乡村教育早期现代化的受挫	田正平	教育研究	2007	05	22	576
上海市社科基金	两种“田面田”与浙江的“二五减租”	曹树基	历史研究	2007	02	22	895

续表

基金名称	历史学论文标题	作者	刊名简称	年份	期次	被引	下载
江苏省社科基金	近代中国的留学教育及其影响	梁燕波	山西师大学报	2005	03	21	866
福建省社科基金	“乡约”不等于“乡规民约”	董建辉	厦门大学学报	2006	02	21	556
福建省社科基金	“礼治”与传统农村社会秩序	董建辉	厦门大学学报	2005	04	20	783
湖南省社科基金	土改中的诉苦：农民政治认同形成的一种心理机制——以湖南醴陵县为个案	彭正德	中共党史研究	2009	06	19	857
吉林省社科基金	论张家山汉简中的军功名田宅制度	王彦辉	东北师大学报	2004	04	18	434
安徽省社科基金	明清徽州村规民约和国家法之间的冲突与整合	卞利	华中师范大学学报	2006	01	18	411

附表 4－23　　**考古学高被引论文前10名**

基金名称	考古学论文标题	作者	刊名简称	年份	期次	被引	下载
陕西省社科基金	渭水流域老官台文化分期与类型研究	张宏彦	考古学报	2007	02	13	546
安徽省社科基金	安徽凤阳县卞庄一号墓出土镈钟铭文初探	刘信芳	考古与文物	2009	03	12	393
河南省社科基金	中原史前聚落分布与特征演化	李龙	中原文物	2008	03	11	385
广西社科基金	瑶族传统服饰工艺的传承与发展	玉时阶	广西民族大学学报	2008	01	9	394
河北省社科基金	燕赵风骨考论	崔志远	河北师范大学学报	2002	05	9	257
四川省社科基金	对凉山彝族婚姻文化变迁及行为调适的考察	马林英	西南民族大学学报	2001	01	9	328
陕西省社科基金	新疆哈密五堡古代人类颅骨测量的种族研究	何惠琴	人类学学报	2002	02	8	140
辽宁省社科基金	辽朝镇东关考	田广林	社会科学战线	2006	04	8	117

续表

基金名称	考古学论文标题	作者	刊名简称	年份	期次	被引	下载
湖南省社科基金	中国传统家具与礼	胡俊红	中原文物	2008	02	8	214
甘肃省社科基金	莫高窟"报恩吉祥窟"再考	沙武田	敦煌研究	2008	02	7	106

附表 4－24　　**人文地理学高被引论文前 10 名**

基金名称	人文地理学论文标题	作者	刊名简称	年份	期次	被引	下载
广东省社科基金	边界效应的测定方法及其在长江三角洲的应用	李郇	地理研究	2006	05	51	1106
河南省社科基金	城市群作为国家战略：效率与公平的双赢	苗长虹	人文地理	2005	05	43	541
江苏省社科基金	农户层面土地利用变化研究综述	钟太洋	自然资源学报	2007	03	41	1307
江苏省社科基金	淮海经济区城市竞争力定量评析	翟仁祥	地域研究与开发	2004	03	27	503
湖南省社科基金	湖南传统村镇感应空间规划研究	刘沛林	地理研究	1999	01	18	350
陕西省社科基金	陕西省社会经济重心与环境污染重心的演变路径及其对比分析	黄建山	人文地理	2006	04	18	358
陕西省社科基金	区域一体化背景下关中空间整合研究	师谦友	地理与地理信息科学	2007	05	16	507
天津市社科基金	铁路与华北内陆地区市镇形态的演变（1905—1937）	熊亚平	中国历史地理论丛	2007	01	12	429
浙江省社科基金	浙江聚落：起源、发展与遗存	徐建春	浙江社会科学	2001	01	12	191
吉林省社科基金	论地缘政治与地缘经济的研究范式	周骁男	东北师大学报	2007	02	10	732

附表 4 - 25　　其他学科（科技）高被引论文前 10 名

基金名称	其他学科（科技）论文标题	作者	刊名简称	年份	期次	被引	下载
浙江省社科基金	我国中小学心理健康研究的回顾	杨宏飞	中国心理卫生杂志	2001	04	189	518
江苏省社科基金	区域农业循环经济发展评价及其实证研究	马其芳	自然资源学报	2005	06	155	1648
山西省社科基金	五台山旅游气候及其舒适度评价	任健美	地理研究	2004	06	112	818
山东省社科基金	农民参与新型农村合作医疗及满意度分析——基于 3 省 245 户农户的调查	樊丽明	山东大学学报	2009	01	76	1481
上海市社科基金	上海城市社区的发展与规划研究	刘君德	城市规划	2002	03	63	660
四川省社科基金	贫困大学生心理健康教育模式的实证研究	许若兰	中国心理卫生杂志	2001	04	63	370
内蒙古自治区社科基金	关于绿色消费的生态哲学思考	包庆德	自然辩证法研究	2004	02	47	762
上海市社科基金	产业集群演进的系统动力学分析	宁钟	预测	2004	02	44	877
上海市社科基金	城市空间结构对交通出行影响研究的进展——单中心与多中心的论争	孙斌栋	城市问题	2008	01	38	1481
陕西省社科基金	世界博览会的经典案例研究之三：1992 年塞维利亚世博会	唐子来	城市规划学刊	2004	03	35	1613

附表 4 - 26　　其他学科（社科）高被引论文前 10 名

基金名称	其他学科（社科）论文标题	作者	刊名简称	年份	期次	被引	下载
福建省社科基金	论社会保障政策制定中的公众参与	徐辉	中国行政管理	2005	01	47	989
上海市社科基金	人际关系对组织内部知识共享行为的影响研究	路琳	科学学与科学技术管理	2006	04	46	878
江苏省社科基金	社会科学研究成果的评价及其指标体系	杨家栋	齐鲁学刊	2001	02	24	218

续表

基金名称	其他学科（社科）论文标题	作者	刊名简称	年份	期次	被引	下载
四川省社科基金	以县农广校为基地 构建创业培训新模式——基于武胜县农民创业培训调查的思考	李岭梅	西华师范大学学报	2005	06	22	223
江苏省社科基金	跨国公司对华技术转移的理论思考——基于本土企业技术创新能力提升的分析框架	彭纪生	中国软科学	2005	04	21	1219
海南省社科基金	公民文化——从政治文化的角度解析政治文明	张慧卿	海南大学学报	2004	02	19	578
江苏省社科基金	试析中国社会科学生产力及其结构与分布	邹志仁	新世纪图书馆	2005	04	17	84
浙江省社科基金	空巢家庭老年人的心理问题与社会支持	李安彬	海南师范大学学报	2007	06	13	948
四川省社科基金	汶川地震中四川省政府新闻发布分析——兼论我国新闻发言人制度步入第三个发展阶段	张玉川	西南民族大学学报	2008	11	10	584
浙江省社科基金	温州市行业协会与行业商会的比较研究	阳盛益	中共浙江省委党校学报	2007	05	10	359

附表 4－27 **环境科学高被引论文前 10 名**

基金名称	环境科学论文标题	作者	刊名简称	年份	期次	被引	下载
湖北省社科基金	中国碳排放影响因素分解及其周期性波动研究	宋德勇	中国人口·资源与环境	2009	03	247	2695
天津市社科基金	面向循环经济的企业绩效评价指标体系研究	李健	中国人口·资源与环境	2004	04	177	1178
陕西省社科基金	河流综合水质评价方法比较研究	尹海龙	长江流域资源与环境	2008	05	79	1872
浙江省社科基金	基于流域水生态保护的跨界水污染补偿标准研究——关于太湖流域的实证分析	刘晓红	生态经济	2007	08	71	1328
上海市社科基金	农田降雨径流污染模型探讨——以上海郊区农田氮素污染模型为例	贺宝根	长江流域资源与环境	2001	02	70	440
江苏省社科基金	我国区域旅游环境研究综述	黄震方	地理与地理信息科学	2004	03	50	1479

续表

基金名称	环境科学论文标题	作者	刊名简称	年份	期次	被引	下载
上海市社科基金	我国生态效率指标设计及其应用	邱寿丰	科学管理研究	2007	01	49	1030
江苏省社科基金	从外源污染到内生污染——太湖流域水环境恶化的社会文化逻辑	陈阿江	学海	2007	01	45	770
甘肃省社科基金	我国生态消耗与经济发展的动态比较研究——关于西部地区发展低碳经济的考量	韩雪梅	兰州大学学报	2009	03	43	1706
北京市社科基金	北京市公众环境意识的总体评价与影响因素	周景博	北京社会科学	2005	02	39	613

附录五　2012—2016 年国家社会科学基金高发文项目(发文量≥39 篇)*

单位：篇

序号	项目编号	2012 年发文量	2013 年发文量	2014 年发文量	2015 年发文量	2016 年发文量	合计
1	11&ZD070	70	77	56	30	2	235
2	11&ZD096	20	22	31	36	37	146
3	11&ZD052	47	37	19	30	11	144
4	12&ZD058	2	20	33	55	24	134
5	13&ZD122	—	—	12	63	55	130
6	11&ZD152	6	20	69	23	4	122
7	11&ZD140	12	27	35	30	17	121
8	11&ZD123	25	15	28	32	14	114
9	12&ZD076	3	24	23	36	17	103
10	11&ZD081	19	26	23	15	11	94
11	11&ZD012	13	19	20	18	18	88

* 个别高发文项目因批准号标注不详而未列入此表。

续表

序号	项目编号	2012 年发文量	2013 年发文量	2014 年发文量	2015 年发文量	2016 年发文量	合计
12	11&ZD145	21	31	26	8	2	88
13	13&ZD123	—	—	13	43	31	87
14	12BJY005	7	9	38	29	1	84
15	11&ZD028	22	16	14	17	15	84
16	09&ZD063	22	24	20	14	4	84
17	09&ZD071	23	31	20	5	5	84
18	11&ZD154	16	20	22	20	4	82
19	13&ZD031	—	2	28	42	9	81
20	12&ZD072	2	19	19	26	15	81
21	11&ZD007	42	19	14	3	3	81
22	10AFX001	42	17	12	8	1	80
23	13AXW006	—	6	27	24	22	79
24	BCA110020	21	28	17	9	3	78
25	11&ZD057	12	16	11	22	17	78
26	13BJY015	—	5	21	29	21	76
27	12&ZD008	3	20	26	20	7	76
28	10@ ZH020	6	32	21	11	5	75
29	12&ZD013	5	19	17	22	11	74
30	12&ZD164	—	14	11	32	16	73
31	11&ZD150	4	13	20	23	13	73
32	13&ZD022	—	3	28	30	11	72
33	12&ZD057	1	13	18	24	15	71
34	12CJY088	18	25	16	10	2	71
35	11&ZD113	10	10	15	16	20	71
36	11&ZD112	10	36	7	11	6	70
37	11BJL074	12	30	14	9	4	69
38	12&ZD059	—	18	25	19	6	68
39	12&ZD214	—	15	14	22	17	68
40	11&ZD033	12	21	13	14	8	68

续表

序号	项目编号	2012 年发文量	2013 年发文量	2014 年发文量	2015 年发文量	2016 年发文量	合计
41	11&ZD151	6	13	9	20	20	68
42	13&ZD157	—	—	19	26	22	67
43	10ZD&018	23		11	24	9	67
44	09&ZD011	25	24	6	4	8	67
45	12CGL059	1	9	12	25	19	66
46	12BRK017	3	12	13	15	22	65
47	11&ZD091	12	19	12	15	7	65
48	10ZD&010	29	0	30	6	0	65
49	12&ZD003	3	6	9	17	28	63
50	11&ZD008	15	8	16	15	9	63
51	11&ZD180	2	21	10	11	19	63
52	11&ZD187	3	12	21	16	10	62
53	11AZD052	8	15	12	19	8	62
54	11CGL025	16	19	23	4	0	62
55	12&ZD134	—	3	19	25	14	61
56	11&ZD004	7	18	12	14	10	61
57	13&ZD029	—	2	14	26	18	60
58	11&ZD168	5	13	8	17	17	60
59	11&ZD111	2	8	18	19	12	59
60	10ZD&095	0	19	39	0	1	59
61	11BGL014	15	20	16	5	2	58
62	09&ZD041	17	28	8	5	0	58
63	12&ZD036	—	7	25	18	7	57
64	11&ZD161	—	10	6	27	14	57
65	12&ZD006	1	15	14	13	13	56
66	12&ZD040	1	13	12	16	14	56
67	12&ZD048	1	14	8	15	18	56
68	11&ZD022	20	12	15	6	3	56
69	10ZD&052	22	0	15	11	8	56

续表

序号	项目编号	2012 年发文量	2013 年发文量	2014 年发文量	2015 年发文量	2016 年发文量	合计
70	09&ZD043	26	15	14	1	0	56
71	13AZD003	—	1	12	20	22	55
72	12&ZD004	5	16	12	17	5	55
73	12&ZD007	0	13	27	8	7	55
74	12&ZD024	1	8	17	22	7	55
75	12&ZD175	0	14	13	17	11	55
76	11&ZD075	13	16	12	8	6	55
77	11AZD071	21	18	3	7	6	55
78	11bks014	29	16	5	4	1	55
79	12&ZD120	0	5	23	13	13	54
80	09AZD047	9	15	15	10	5	54
81	12&ZD012	1	12	16	13	11	53
82	12&ZD178	0	11	14	12	16	53
83	11AGL001	17	7	12	11	6	53
84	11BSH065	9	15	14	8	7	53
85	11BTQ027	21	12	4	10	6	53
86	12&ZD044	0	15	5	19	13	52
87	12AJL007	7	18	11	12	4	52
88	12AZD021	7	10	15	13	7	52
89	12BMZ049	4	14	3	23	8	52
90	11&ZD073	7	7	14	19	5	52
91	12&ZD046	0	12	19	13	7	51
92	11BJY003	12	23	5	8	3	51
93	11CGL072	24	12	3	10	2	51
94	12&ZD108	0	9	20	13	8	50
95	12AZD090	0	10	13	23	4	50
96	11&ZD042	2	12	7	22	7	50
97	11&ZD097	4	10	6	16	14	50
98	11&ZD146	7	11	12	9	11	50

续表

序号	项目编号	2012 年发文量	2013 年发文量	2014 年发文量	2015 年发文量	2016 年发文量	合计
99	11&ZD158	1	12	13	23	1	50
100	11@ZH001	14	9	9	12	6	50
101	11CJY064	18	22	4	4	2	50
102	13ATQ001	—	1	4	32	12	49
103	13AZD018	—	2	19	14	14	49
104	12&ZD114	0	16	5	18	10	49
105	12&ZD133	0	10	13	17	9	49
106	11&ZD069	4	9	25	9	2	49
107	11BGL003	16	9	7	9	8	49
108	10&ZD100	7	0	2	27	13	49
109	14ZDA069	—	—	2	22	24	48
110	12&ZD073	0	12	15	14	7	48
111	12&ZD121	0	15	14	12	7	48
112	12&ZD173	0	5	9	22	12	48
113	11AZD047	1	15	11	9	12	48
114	10ZD&035	32	0	11	3	2	48
115	12&ZD061	0	11	17	13	6	47
116	12&ZD107	0	20	7	12	8	47
117	11&ZD040	2	16	5	16	8	47
118	11&ZD139	10	13	5	15	4	47
119	11&ZD189	5	14	4	15	9	47
120	14ZDA004	—	—	0	21	25	46
121	13BKS086	—	1	18	14	13	46
122	11&ZD011	12	6	8	15	5	46
123	11&ZD114	2	21	10	6	7	46
124	11&ZD159	5	15	10	8	8	46
125	11&ZD166	11	11	8	10	6	46
126	11CFX002	17	16	9	4	0	46
127	11CZW017	9	16	9	8	4	46

续表

序号	项目编号	2012 年发文量	2013 年发文量	2014 年发文量	2015 年发文量	2016 年发文量	合计
128	13&ZD018	—	1	11	15	18	45
129	13CTY001	—	0	16	20	9	45
130	12&ZD049	1	4	12	13	15	45
131	11&ZD047	14	7	11	10	3	45
132	11&ZD067	9	12	10	11	3	45
133	11&ZD072	6	12	17	6	4	45
134	10&ZD069	15	0	0	15	15	45
135	10ZD&040	33	0	10	2	0	45
136	09&ZD039	7	9	16	11	2	45
137	09AZD015	16	20	4	4	1	45
138	07ASH011	14	5	14	11	1	45
139	13&ZD158	—	0	7	18	19	44
140	12&ZD017	0	16	17	9	2	44
141	12&ZD067	0	4	11	24	5	44
142	12&ZD068	0	12	16	10	6	44
143	12ASH004	5	17	4	15	3	44
144	12AZZ001	3	15	9	11	6	44
145	11&ZD103	7	6	11	12	8	44
146	11&ZD110	2	7	12	12	11	44
147	11&ZD169	9	21	13	1	0	44
148	10ZD&024	16	0	16	10	2	44
149	10ZD&038	19	0	7	15	3	44
150	13&ZD173	—	0	13	17	13	43
151	13XGL008	—	5	20	17	1	43
152	12&ZD117	0	7	13	11	12	43
153	12&ZD204	0	3	8	18	14	43
154	11&ZD010	8	11	11	7	6	43
155	11&ZD036	1	9	6	15	12	43
156	11&ZD107	2	1	5	12	23	43

续表

序号	项目编号	2012 年发文量	2013 年发文量	2014 年发文量	2015 年发文量	2016 年发文量	合计
157	11&ZD122	1	11	9	10	12	43
158	10ZD&023	16	0	15	7	5	43
159	08&ZD027	15	16	6	6	0	43
160	14FGL004	—	—	0	23	19	42
161	13&ZD172	—	0	2	19	21	42
162	13AZD083	—	0	7	19	16	42
163	13BJY054	—	0	7	20	15	42
164	12&ZD029	7	12	4	10	9	42
165	12&ZD122	—	9	10	10	13	42
166	11&ZD104	4	19	9	3	7	42
167	11&ZD163	2	9	13	13	5	42
168	11AZD081	3	11	10	10	8	42
169	11CJL065	7	6	4	19	6	42
170	10ZD&027	15	0	10	10	7	42
171	10ZD&071	9	10	17	4	2	42
172	09BDJ023	4	19	18	0	1	42
173	12AZD024	4	9	9	6	13	41
174	11CZZ027	1	9	3	18	10	41
175	12BJL080	3	6	14	7	10	40
176	11&ZD133	5	15	7	8	5	40
177	11AJL008	16	5	7	6	6	40
178	10ASH007	7	12	10	9	2	40
179	10ZD&054	18		18	4	0	40
180	10ZD&064	7	19	14	0	0	40
181	10ZD&117	0	19	21	0	0	40
182	08AJY029	18	14	5	2	1	40
183	15ZDA011	—	—	—	16	23	39
184	13&ZD184	—	0	11	11	17	39
185	13BMZ032	—	3	12	16	8	39

续表

序号	项目编号	2012年发文量	2013年发文量	2014年发文量	2015年发文量	2016年发文量	合计
186	12&ZD126	0	16	10	8	5	39
187	12AZD035	0	3	14	13	9	39
188	12BZX078	2	9	14	9	5	39
189	11&ZD082	1	2	25	4	7	39
190	11AZD001	6	10	8	14	1	39
191	11BGL110	5	10	9	9	6	39
192	11XMZ073	12	15	7	4	1	39
193	10BSH038	20	12	4	3	0	39
194	10CZW058	14	5	4	9	7	39
195	10ZD&051	23	0	14	2	0	39

附录六　2012—2016年国家社会科学基金论文高频次关键词表

附表6-1　2012—2016年国家社科基金论文高频次关键词及其各年度词频（取5年总词频前100位）

单位：次

序号	关键词	5年总词频	2016年词频	2015年词频	2014年词频	2013年词频	2012年词频
1	影响因素	1376	325	363	234	259	195
2	经济增长	1246	241	334	235	224	212
3	中国	1023	229	253	205	177	159
4	城镇化	780	219	242	158	101	60
5	对策	779	159	201	121	131	167
6	中国共产党	674	157	168	103	125	121
7	马克思主义	672	145	158	104	123	142
8	马克思	666	155	168	100	122	121
9	大学生	645	156	185	119	100	85

续表

序号	关键词	5年总词频	2016年词频	2015年词频	2014年词频	2013年词频	2012年词频
10	美国	629	147	175	116	110	81
11	农民工	607	126	152	111	129	89
12	新型城镇化	555	182	199	125	45	4
13	生态文明	547	153	152	112	89	41
14	启示	547	113	152	81	99	102
15	创新	527	117	113	94	102	101
16	可持续发展	485	92	105	79	89	120
17	发展	467	87	115	86	85	94
18	意识形态	466	124	124	81	51	86
19	产业结构	465	120	125	87	64	69
20	新疆	459	96	129	52	88	94
21	路径	453	100	117	87	71	78
22	城市化	451	78	105	88	95	85
23	文化	448	88	120	78	83	79
24	技术创新	442	81	95	82	111	73
25	现代性	439	120	111	93	71	44
26	影响	424	83	106	86	88	61
27	文化产业	414	71	98	75	95	75
28	公共服务	410	97	104	74	76	59
29	社会主义核心价值观	407	136	172	55	36	8
30	民族地区	407	85	118	63	73	68
31	大数据	401	203	130	56	12	
32	思想政治教育	394	84	111	68	65	66
33	社会资本	390	80	91	68	86	65
34	价值	386	100	93	76	54	63
35	地方政府	383	75	102	80	67	59
36	新生代农民工	373	72	107	63	77	54
37	国家治理	372	129	148	78	15	2

续表

序号	关键词	5 年总词频	2016 年词频	2015 年词频	2014 年词频	2013 年词频	2012 年词频
38	中国特色社会主义	367	91	87	68	82	39
39	问题	366	64	90	61	79	72
40	清代	357	80	90	72	74	41
41	治理	354	105	117	59	50	23
42	人力资本	351	71	94	76	61	49
43	全要素生产率	347	90	93	63	59	42
44	中国梦	345	95	122	102	26	
45	少数民族	345	81	80	42	71	71
46	社会治理	340	124	129	66	15	6
47	一带一路	340	240	100	1	0	0
48	货币政策	339	88	81	75	54	41
49	日本	327	85	83	66	55	38
50	政府	320	72	85	67	47	49
51	农村	320	46	84	44	60	86
52	指标体系	319	73	94	56	67	29
53	法治	313	93	112	45	37	26
54	经济发展	312	77	86	64	46	39
55	毛泽东	312	68	78	69	46	51
56	碳排放	305	74	91	47	58	35
57	战略性新兴产业	295	50	83	51	58	53
58	全球化	287	48	66	62	46	65
59	制度	283	58	67	65	67	26
60	实证研究	280	71	68	48	84	9
61	非物质文化遗产	278	77	74	34	49	44
62	改革	278	61	83	60	50	24
63	新媒体	276	89	86	43	33	25
64	社会组织	276	81	79	56	35	25
65	困境	274	70	73	58	42	31

续表

序号	关键词	5年总词频	2016年词频	2015年词频	2014年词频	2013年词频	2012年词频
66	社会保障	273	57	77	49	47	43
67	制造业	272	59	70	59	46	38
68	实践	271	75	74	53	49	20
69	习近平	270	152	103	13	2	0
70	特征	269	59	81	48	56	25
71	社会管理	267	17	32	58	74	86
72	技术进步	265	61	60	61	48	35
73	现代化	262	64	77	58	39	24
74	现状	261	65	63	38	45	50
75	区域差异	259	57	79	48	42	33
76	社会主义	257	65	56	55	38	43
77	高校	256	48	78	51	48	31
78	传播	254	61	80	45	46	22
79	协商民主	251	86	70	58	27	10
80	图书馆	247	50	72	59	29	37
81	研究	242	60	64	47	45	26
82	知识产权	240	39	62	32	47	60
83	新常态	239	142	97	0	0	0
84	青少年	238	57	79	42	30	30
85	低碳经济	237	28	44	34	61	70
86	功能	234	52	74	40	42	26
87	明代	234	49	71	40	40	34
88	互联网	233	79	66	40	29	19
89	教育	232	53	66	40	51	22
90	微博	232	42	46	59	51	34
91	西藏	231	48	62	44	44	33
92	金融发展	227	55	53	48	45	26
93	中小企业	225	49	55	36	38	47
94	评价	225	46	67	48	42	22

续表

序号	关键词	5 年总词频	2016 年词频	2015 年词频	2014 年词频	2013 年词频	2012 年词频
95	产业集群	223	39	41	38	55	50
96	马克思主义中国化	222	51	50	35	47	39
97	俄罗斯	221	48	60	47	34	32
98	食品安全	220	54	54	31	38	43
99	对外直接投资	217	67	63	30	36	21
100	国有企业	217	53	63	44	30	27

附表 6－2　　2012 年国家社科基金各学科论文高频词表（取前 10 位）

学科	2012 年各学科高频次关键词及词频
马列·科社	马克思主义 93，社会主义核心价值体系 48，中国特色社会主义 43，思想政治教育 38，马克思 37，意识形态 37，中国共产党 35，马克思主义大众化 33，科学发展观 32，马克思主义中国化 31
党史·党建	中国共产党 62，启示 11，毛泽东 11，党的建设 11，创新 9，执政党 8，纯洁性 8，对策 7，《中国青年》7，群众路线 6
哲学	马克思 57，马克思主义 20，历史唯物主义 19，意识形态 17，现代性 15，生态文明 15，伦理 14，政治哲学 13，实践 13，儒家 12
理论经济	经济增长 77，产业结构 26，通货膨胀 26，影响因素 18，面板数据 18，外商直接投资 18，可持续发展 16，经济发展 16，战略性新兴产业 16，区域经济 16
应用经济	经济增长 85，影响因素 52，对策 45，可持续发展 35，通货膨胀 35，货币政策 32，低碳经济 29，技术进步 29，农户 28，全要素生产率 27
统计学	综合评价 5，经济增长 5，消费 4，分位数回归 4，组合预测 4，季节调整 4，渐近正态性 4，影响因素 3，面板数据 3，少数民族地区 3
政治学	地方政府 23，社会管理 20，民主 20，公共服务 18，中国 13，国家认同 13，村民自治 13，公民社会 13，社会转型 12，治理 12
法学	知识产权 33，法治 19，立法 17，食品安全 16，法律 16，宪法 16，法律制度 14，中国 13，土地承包经营权 13，合法性 12
社会学	社会管理 24，新型农村社会养老保险（新农保）24，新生代农民工 22，社会工作 21，农民工 17，大学生 16，影响因素 14，城市化 12，社会资本 12，农民 11

续表

学科	2012年各学科高频次关键词及词频
人口学	农民工9，影响因素8，新生代农民工7，人口老龄化7，代耕农7，农业流动人口7，经济增长6，珠三角6，农村5，流动人口5
民族问题研究	民族地区31，少数民族30，可持续发展24，新疆20，非物质文化遗产15，对策13，民族关系12，生态移民11，国家认同11，贵州9
国际问题研究	中国24，美国18，影响因素10，印度9，俄罗斯9，金融危机7，日本7，粮食安全6，全球治理5，引力模型5
中国历史	明代27，清代15，晚清14，元代13，宋代11，民国时期10，近代10，国民政府10，唐代9，汉代9
世界历史	日本10，英国10，美国8，俄国6，中世纪5，冷战5，中亚4，议会4，伊朗4，移民3
考古学	黑水城3，新石器时代3，三峡地区2，汉代2，高句丽2，分期2，全球化1，继承1，北京大学1，冲突1
宗教学	道教8，宗教7，民间信仰7，佛教5，藏传佛教5，伊斯兰教4，基督教4，滇西南地区4，马克思主义3，启示3
中国文学	小说16，鲁迅15，现代性13，文学批评11，延安文艺11，陶渊明11，审美10，戏曲10，文化9，清代8
外国文学	文化6，空间6，文化身份6，述评6，符号学6，莎士比亚6，身体5，翻译5，纳博科夫5，时间4
语言学	语料库26，翻译21，语言学14，语法化13，英语13，隐喻12，汉语12，中医名词11，科学术语11，研究9
新闻学与传播学	微博19，突发事件15，舆论引导13，文化产业12，新媒体12，网络舆情10，网络舆论8，舆论7，媒介融合7，政务微博7
图书馆·情报与文献学	图书馆39，知识转移24，竞争情报19，知识管理18，影响因素15，情报学14，关联数据13，云计算12，数字图书馆12，公共图书馆11
体育学	民族传统体育24，中国18，体育18，体育文化17，发展16，体育社会学16，体育公共服务16，对策13，群众体育13，体育产业12
管理学	影响因素39，技术创新19，低碳经济18，对策16，社会管理16，农民工14，应急管理14，中小企业13，中国12，启示12
教育学	大学生6，青少年5，思想政治教育4，中国4，高等教育4，信息技术4，教师4，生命教育4，生命4，学生4
艺术学	文化建设7，非物质文化遗产5，当代中国5，台湾电影5，民俗艺术5，对策4，影响4，文化4，传统文化4，马克思主义中国化4
军事学	思想政治教育3，军队3，当代中国大众文化3，影响2，科学化2，应对方式2，信息系统2，90后2，主流价值观2，知情同意2

附表 6－3　　2013 年国家社科基金各学科论文高频词表（取前 10 位）

学科	2013 年各学科高频次关键词及词频
马列・科社	马克思主义 78，马克思 55，中国特色社会主义 53，思想政治教育 43，社会主义核心价值体系 36，大学生 35，中国共产党 32，毛泽东 32，马克思主义中国化 30，生态文明 22
党史・党建	中国共产党 63，毛泽东 8，党的建设 8，纯洁性 8，新生代农民工 7，群众路线 7，党内民主 7，基层党建 7，马克思主义 6，延安时期 6
哲学	马克思 41，《资本论》21，黑格尔 18，康德 16，道德 15，历史唯物主义 14，现代性 13，自由 13，马克思主义 12，生态文明 12
理论经济	经济增长 60，全要素生产率 21，战略性新兴产业 21，城市化 18，影响因素 17，技术创新 17，城镇化 17，外商直接投资 17，通货膨胀 14，国际贸易 14
应用经济	经济增长 89，影响因素 44，文化产业 30，产业结构 29，货币政策 29，碳排放 28，产业转移 28，技术创新 27，城镇化 27，金融发展 27
统计学	经济增长 7，组合预测 7，面板数据 5，影响因素 4，城镇化 4，指标体系 4，信用风险 3，保障性住房 3，能源效率 3，灰色预测 3
政治学	公共政策 32，地方政府 21，多中心治理 18，社会管理 17，电子政务 16，农民工 15，公共服务 15，网络舆情 15，产出机制 15，服务型政府 13
法学	知识产权 25，法治 20，企业 15，立法 15，技术创新 12，司法审查 11，习惯法 11，少数民族 10，知识产权战略 10，反垄断法 10
社会学	农民工 39，新生代农民工 23，社会资本 14，社会管理 14，社会保障 14，大学生 12，城市化 12，社会工作 10，城镇化 9，社会组织 9
人口学	老年人 9，新生代农民工 7，人力资本 7，流动人口 7，经济增长 6，城市化 6，新疆 6，人口老龄化 5，气候变化 4，失地农民 4
民族问题研究	民族地区 27，少数民族 21，新疆 12，民族关系 12，生态移民 10，土家族 9，问题 8，非物质文化遗产 8，可持续发展 7，西藏 7
国际问题研究	中国 24，美国 22，欧盟 11，印度 10，东盟 9，俄罗斯 7，新疆 6，公共外交 6，南海问题 6，发展 5
中国历史	清代 36，明代 18，近代 15，民国时期 15，明清 12，汉代 10，抗战时期 9，徽州 8，国民政府 8，清水江文书 8
世界历史	美国 16，英国 15，俄国 7，冷战 6，澳大利亚 5，埃及 5，中国 4，法国大革命 4，日本 3，社会转型 3
考古学	陶器 5，文化遗存 4，新石器时代 4，佛教 3，清华简 3，仰韶文化 3，夏家店下层文化 3，唐代 2，西夏 2，全新世 2
宗教学	宗教 6，基督教 6，佛教 6，藏传佛教 6，伊斯兰教 6，民间信仰 5，道教 5，泉州 5，云南 4，敦煌 4

续表

学科	2013 年各学科高频次关键词及词频
中国文学	鲁迅 26，小说 18，现代性 17，清代 14，诗歌 12，实践转向 12，明代 10，宋代 10，唐代 10，骈文 10
外国文学	诗学 5，朱生豪 5，弗吉尼亚·伍尔夫 5，现代性 4，小说 4，文学批评 4，美国 3，日本 3，自然 3，土地 3
语言学	汉语 18，语法化 16，泰国 14，语料库 11，隐喻 8，维吾尔语 8，《红楼梦》8，语言 7，释义 7，方言 7
新闻学与传播学	微博 18，新媒体 15，网络舆情 11，新生代农民工 9，突发事件 9，媒介融合 9，国家形象 8，传播 7，媒介素养 7，大众传媒 7
图书馆·情报与文献学	图书馆 23，公共图书馆 22，高校图书馆 20，知识管理 15，知识转移 12，信息资源 12，竞争情报 11，云计算 10，数字出版 10，数字图书馆 10
体育学	竞技体育 31，民族传统体育 25，体育产业 16，体育管理 14，体育文化 13，学校体育 13，体育赛事 13，武术 13，中国 11，体育 11
管理学	影响因素 29，技术创新 20，生态文明 20，低碳经济 18，企业社会责任 18，产业集群 17，社会资本 15，公共服务 15，上市公司 13，农民工 12
教育学	大学生 7，高校 4，职业教育 4，高职院校 4，具身认知 4，任职教育 4，社会资本 3，问题 3，城市 3，青少年 3
艺术学	非物质文化遗产 8，王邦直 8，艺术创作 6，民间艺术 5，现代性 4，新媒体 4，传统文化 4，艺术作品 4，中国 3，文化建设 3
军事学	战斗力生成模式 5，特点 3，科学化 3，心理健康 3，人格 3，军民融合 3，心理弹性 3，两成两力 3，军队 3，军队思想政治教育 3

附表 6-4　　**2014 年国家社科基金各学科论文高频词表（取前 10 位）**

学科	2014 年各学科高频次关键词及词频
马列·科社	中国梦 40，思想政治教育 39，马克思主义 37，中国特色社会主义 28，生态文明 27，马克思 27，社会主义核心价值观 26，大学生 25，社会主义 25，中国共产党 23
党史·党建	中国共产党 35，毛泽东 12，邓小平 12，大学生 9，领导干部 9，党的建设 9，群众路线 8，中国梦 7，思想政治教育 7，中央苏区 7
哲学	马克思 31，马克思主义 21，社会主义核心价值观 18，伦理 18，现代性 17，历史唯物主义 17，康德 17，道德 15，德性 14，意识形态 13
理论经济	经济增长 60，货币政策 21，城镇化 19，影响因素 18，产业结构 18，城市化 16，生态文明 15，人力资本 15，技术进步 15，中国 14

续表

学科	2014 年各学科高频次关键词及词频
应用经济	经济增长 74，影响因素 64，城镇化 39，中国 35，新型城镇化 34，全要素生产率 29，产业结构 27，货币政策 27，农民工 26，技术进步 22
统计学	经济增长 8，大数据 5，中国梦 5，分位数回归 5，可持续发展 4，城镇化 4，城乡收入差距 4，面板数据 4，人口普查 4，技术进步偏向 4
政治学	国家治理 32，地方政府 29，城镇化 25，协商民主 25，公共服务 23，公民参与 18，社会治理 16，现代化 15，民主 14，社会组织 14
法学	法治 21，改革 14，公众参与 14，法律适用 14，对策 13，知识产权 13，国际法 11，新型城镇化 10，法律规制 10，经济增长 9
社会学	农民工 28，大学生 16，社会工作 15，社会治理 14，城镇化 13，社会保障 13，影响因素 12，社会支持 12，新生代农民工 12，社会组织 11
人口学	影响因素 10，人口老龄化 9，流动人口 8，老年人 7，农民工 6，城镇化 6，经济增长 6，社会支持 5，新生代农民工 5，养老保险 5
民族问题研究	民族地区 16，城镇化 10，国家认同 10，少数民族 8，民族文化 7，路径 7，国家建构 7，经济增长 6，对策 6，影响 6
国际问题研究	中国 24，俄罗斯 13，美国 12，日本 11，全球治理 9，经济增长 6，中美关系 6，中日关系 6，国际合作 6，海权 5
中国历史	清代 30，明代 21，唐代 17，中国 14，民国时期 14，民国 10，教科书 10，宋代 9，明清 9，晚清 9
世界历史	英国 12，美国 8，甲午战争 7，德国 5，俄国 5，法国大革命 4，中国 3，日本 3，中世纪 3，历史 3
考古学	新石器时代 5，建昌县 5，东大杖子墓地 5，关系 2，辽宁省 2，年代 2，墓葬 2，来源 2，清华简 2，汉简 2
宗教学	民间信仰 7，伊斯兰教 6，佛教 5，道教 5，宗教 4，金代 4，基督教 4，影响 3，明清 3，道家 3
中国文学	鲁迅 28，现代性 15，文学 15，宋代 14，影响 12，文体 12，接受 11，莫言 11，叙事 11，文学史 11
外国文学	中国 7，莎士比亚 7，成长小说 5，全球化 4，接受 4，小说 4，女性主义 4，中国化 4，中国形象 3，存在主义 3
语言学	语法化 16，语料库 15，词汇化 11，翻译 10，方言 10，隐喻 8，语义 8，特点 7，声调 7，对策 6
新闻学与传播学	新媒体 21，媒介融合 16，社会化媒体 14，舆论引导 14，互联网 12，微博 11，国家形象 11，社交媒体 11，互联网媒体 11，学术期刊 10
图书馆·情报与文献学	图书馆 42，公共图书馆 25，社会网络分析 21，大数据 20，图书馆学 18，影响因素 16，本体 16，关联数据 15，可视化 15，高校图书馆 15

续表

学科	2014 年各学科高频次关键词及词频
体育学	体育管理 23，群众体育 18，体育史 17，竞技体育 12，体育文化 11，体育产业 10，体育教育 10，武术 9，运动员 9，民族传统体育 9
管理学	影响因素 39，经济增长 33，技术创新 27，中国 20，人力资本 17，城镇化 17，文化产业 17，制造业 15，企业社会责任 15，创新 15
教育学	职业教育 29，大学生 16，美国 14，高等教育 12，义务教育 12，学前教育 10，教师 9，策略 8，高职院校 8，人才培养 8
艺术学	文化 6，影视艺术 6，发展 5，建鼓 5，中国电影 5，曲牌 5，传播 4，价值取向 4，现代性 4，艺术 4
军事学	理念 3，制度 2，机制 2，科学发展观 2，孙中山 1，中国特色社会主义 1，意识形态 1，中国 1，政府 1，影响因素 1

附表 6－5　　**2015 年国家社科基金各学科论文高频词表（取前 10 位）**

学科	2015 年各学科高频次关键词及词频
马列·科社	社会主义核心价值观 121，思想政治教育 82，马克思主义 79，大学生 74，中国梦 70，马克思 63，意识形态 61，中国共产党 58，中国特色社会主义 57，习近平 55
党史·党建	中国共产党 77，党的建设 37，毛泽东 33，抗日战争 23，群众路线 22，习近平 18，延安时期 18，马克思主义 17，启示 16，李达 15
哲学	马克思 77，马克思主义 33，历史唯物主义 31，道德 28，理性 28，社会主义核心价值观 26，康德 26，自由 24，政治哲学 24，实践 24
理论经济	经济增长 102，城镇化 39，影响因素 34，产业结构 34，全要素生产率 29，新常态 23，制造业 23，新型城镇化 22，城市化 22，技术创新 22
应用经济	经济增长 129，影响因素 106，城镇化 61，新型城镇化 54，产业结构 54，货币政策 48，碳排放 42，中国 40，战略性新兴产业 39，互联网金融 36
统计学	石羊河流域 8，大数据 7，经济增长 7，面板数据 6，DSGE 模型 5，数据挖掘 4，支持向量机 4，VAR 模型 4，消费结构 4，Logistic 模型 4
政治学	国家治理 56，协商民主 37，社会治理 31，地方政府 29，治理 27，社会组织 25，公共服务 25，国家治理现代化 24，政治参与 21，政府 18
法学	法治 50，知识产权 32，依法治国 26，法律规制 22，法治中国 22，司法改革 19，民法典 19，人权 18，中国 16，合法性 16
社会学	新生代农民工 44，农民工 42，影响因素 37，社会治理 36，大学生 30，社会工作 25，新型城镇化 22，城镇化 19，社会保障 16，对策 15

续表

学科	2015 年各学科高频次关键词及词频
人口学	农民工 13，影响因素 13，人力资本 13，人口老龄化 11，农村 9，养老服务 9，流动人口 9，新生代农民工 8，城镇化 8，老年人 8
民族问题研究	民族地区 49，少数民族 26，新疆 24，西藏 24，新型城镇化 22，城镇化 19，民族关系 19，可持续发展 15，民族 15，对策 14
国际问题研究	“一带一路” 35，中国 29，美国 23，中美关系 20，日本 18，丝绸之路经济带 16，全球治理 16，俄罗斯 15，印度 12，欧盟 11
中国历史	清代 58，明代 45，抗战时期 24，明清 18，民国时期 18，清水江文书 18，抗日战争 17，国民政府 17，宋代 16，民国 15
世界历史	英国 17，美国 17，日本 9，朝鲜半岛 9，中国 8，冷战 8，俄国 7，民族主义 6，城市化 5，历史分期 5
考古学	北大秦简 5，西夏 4，新石器时代 4，比较研究 3，波斯帝国 3，中西文化交流 3，红山文化 3，年代 3，形成 2，性质 2
宗教学	道教 17，佛教 11，宗教 9，伊斯兰教 6，民间信仰 5，基督教 5，中国 4，新疆 4，现代性 4，人权 4
中国文学	现代性 39，莫言 32，文学 22，小说 22，鲁迅 20，叙事 18，中国文学 18，文学传统 17，文体 16，现代文学 16
外国文学	莎士比亚 15，诗歌 8，小说 8，中国 7，后现代主义 7，后现代 7，齐泽克 7，陀思妥耶夫斯基 7，翻译 6，自我 6
语言学	语料库 34，语法化 24，隐喻 18，翻译 17，语言接触 17，认知 16，语义 15，构式 13，转喻 12，类型学 12
新闻学与传播学	媒介融合 41，新媒体 36，媒体融合 27，大数据 26，微博 16，国家形象 15，互联网 14，自媒体 13，对外传播 12，意见领袖 12
图书馆・情报与文献学	图书馆 65，公共图书馆 38，高校图书馆 31，阅读推广 28，大数据 22，社会网络分析 22，关联数据 20，突发事件 18，知识图谱 18，信息服务 17
体育学	民族传统体育 45，竞技体育 29，武术 27，学校体育 24，体育文化 23，体育产业 23，群众体育 22，中国 21，公共体育服务 20，体育管理 17
管理学	影响因素 92，经济增长 57，城镇化 41，新型城镇化 36，食品安全 35，企业社会责任 34，公共服务 32，地方政府 30，技术创新 28，中国 27
教育学	高等教育 28，美国 26，大学生 24，职业教育 23，高校 20，教师 18，校企合作 18，影响因素 17，学前教育 17，青少年 15
艺术学	非物质文化遗产 15，文化产业 14，传承 12，公共艺术 9，媒介融合 8，口述史 8，新媒体 7，当代中国 7，绿色设计 7，发展 6
军事学	军民融合 3，小样本 3，意识形态 2，中国共产党 2，美国 2，俄罗斯 2，社会转型 2，技术创新 2，突发事件 2，价值评估 2

附表 6－6　　2016 年国家社科基金各学科论文高频词表（取前 10 位）

学科	2016 年各学科高频次关键词及词频
马列・科社	社会主义核心价值观 100，习近平 83，马克思主义 74，大学生 71，中国特色社会主义 69，马克思 67，中国梦 65，思想政治教育 63，意识形态 57，中国共产党 50
党史・党建	中国共产党 76，全面从严治党 27，习近平 26，党的建设 22，毛泽东 21，群众路线 16，陕甘宁边区 14，政治生态 13，马克思主义中国化 13，延安时期 13
哲学	马克思 62，自由 33，马克思主义 31，现代性 30，历史唯物主义 30，生态文明 27，辩证法 26，康德 26，实践 24，资本逻辑 19
理论经济	经济增长 68，城镇化 40，新常态 36，影响因素 33，产业结构 32，丝绸之路经济带 29，新型城镇化 27，技术创新 26，全要素生产率 25，货币政策 23
应用经济	经济增长 90，影响因素 77，城镇化 58，新型城镇化 49，货币政策 49，产业结构 45，中国 35，供给侧改革 35，全要素生产率 31，新常态 25
统计学	大数据 8，影响因素 8，面板数据 7，经济增长 6，全球价值链 6，世界投入产出表 6，预测 5，碳排放 5，产业结构 4，新常态 4
政治学	国家治理 37，协商民主 35，社会治理 28，地方政府 27，社会组织 25，公共服务 23，治理 21，新型城镇化 18，国家认同 17，政治参与 17
法学	法治 34，民法典 27，立法 21，知识产权 17，法治中国 16，大数据 15，司法改革 15，国家治理 14，刑事诉讼 14，法律规制 13
社会学	农民工 52，社会治理 34，影响因素 25，新生代农民工 25，大学生 22，社会资本 19，社会工作 19，社会组织 16，精准扶贫 16，城镇化 15
人口学	农民工 13，新型城镇化 9，流动人口 9，心理健康 9，经济增长 8，健康状况 8，人口老龄化 7，影响因素 6，社会支持 6，养老服务 6
民族问题研究	民族地区 35，少数民族 30，新疆 21，城镇化 20，精准扶贫 19，非物质文化遗产 19，对策 16，民族关系 16，民族文化 16，影响因素 15
国际问题研究	中国 44，“一带一路”68，丝绸之路经济带 22，日本 20，南海问题 19，美国 17，俄罗斯 15，TPP14，印度 13，全球治理 13
中国历史	清代 45，明代 30，民国时期 31，明清时期 30，抗战时期 26，宋代 21，唐代 18，清水江文书 13，近代 12，敦煌 10
世界历史	英国 19，美国 18，日本 10，中国 9，俄国 7，中美关系 5，印度尼西亚 5，古代埃及 5，朝鲜 4，东南亚 4
考古学	新石器时代 5，叶家山 4，研究方法 3，汉代 3，西周早期 3，壁画 2，文化交流 2，聚落 2，丝绸之路 2，唐代 2
宗教学	基督教 19，道教 12，民间信仰 9，伊斯兰教 8，佛教 6，天主教 6，宗教 5，彝族 5，全真道 5，新疆 4

续表

学科	2016年各学科高频次关键词及词频
中国文学	现代性32，莫言31，鲁迅27，文学批评24，文学23，清代19，《史记》17，诗歌17，文学创作16，叙事16
外国文学	莎士比亚11，后现代主义10，现代性8，共同体7，叙事7，西方马克思主义6，俄罗斯5，译介5，文本5，《尤利西斯》5
语言学	翻译28，语法化23，语料库21，隐喻17，汉语16，语言接触14，语用功能13，主观性13，构式12，维吾尔语12
新闻学与传播学	新媒体32，媒介融合26，大数据25，媒体融合19，社交媒体18，对外传播15，微信14，数字出版14，国家形象13，政治传播13
图书馆·情报与文献学	大数据46，图书馆43，高校图书馆40，影响因素27，公共图书馆23，阅读推广22，关联数据20，突发事件19，知识图谱16，信息服务16
体育学	民族传统体育32，中国31，竞技体育30，学校体育29，体育文化25，体育管理25，武术25，群众体育25，公共体育服务21，体育产业20
管理学	影响因素82，经济增长30，新型城镇化30，创新绩效29，食品安全29，技术创新28，文化产业27，创新27，大数据27，演化博弈27
教育学	职业教育40，美国22，高等教育21，大学生16，影响因素13，教师13，校企合作13，智慧教育12，MOOCs12，教师教育11
艺术学	文化产业10，非物质文化遗产9，传承9，公共文化服务9，华莱坞9，华莱坞电影7，城镇化6，网络治理6，意识形态6，戏曲音乐6
军事学	海上执法3，大数据2，影响因素2，指标体系2，心理健康2，媒体融合2，超网络2，南海仲裁案2，意义1，红军长征1

参考文献

一　著作

陈晓田：《国家自然科学基金与我国管理科学（1986—2008）》，科学出版社 2009 年版。

黄浩涛、王延中：《课题制研究》，社会科学文献出版社 2009 年版。

姜晓辉主编：《中国人文社会科学核心期刊要览（2008 年版）》，社会科学文献出版社 2009 年版。

姜晓辉主编：《中国人文社会科学核心期刊要览（2013 年版）》，社会科学文献出版社 2014 年版。

蒋颖：《人文社会科学领域文献计量学研究》，社会科学文献出版社 2013 年版。

邱均平、王日芬等：《文献计量内容分析法》，国家图书馆出版社 2008 年版。

全国哲学社会科学规划办公室编：《国家哲学社会科学"十五"研究状况与"十一五"发展趋势》，社会科学文献出版社 2006 年版。

全国哲学社会科学规划办公室编：《国家哲学社会科学"十一五"研究状况与"十二五"发展趋势》，社会科学文献出版社 2011 年版。

全国哲学社会科学规划办公室编：《国家社会科学基金年度报告 2014》，学习出版社 2015 年版。

苏新宁主编：《中国人文社会科学学术影响力报告（2000—2004）》，中国社会科学出版社 2007 年版。

苏新宁主编：《中国人文社会科学学术影响力报告（2011 年版）》，高等教育出版社 2011 年版。

中国科学技术信息研究所编著：《2009 年度中国科技论文统计与分析（年度研究报告）》，科学技术文献出版社 2011 年版。

朱强、蔡蓉华、何峻主编：《中文核心期刊要目总览（2011 年版）》，北京大学出版社 2011 年版。

朱强、蔡荣华、何峻主编：《中文核心期刊要目总览（2014 年版）》，北京大学出版社 2015 年版。

二　论文

柏媛、曾建勋：《国家社会科学基金 2000—2009 年年度项目论文产出的计量学研究》，《科技管理研究》2011 年第 11 期。

陈文杰、柳士镇、白云：《语言学基金资助与研究热点分析》，《语言科学》2006 年第 6 期。

党亚茹：《基于 SSCI 的中国社会科学论文基金资助分析》，《重庆大学学报》（社会科学版）2010 年第 5 期。

鄂丽君：《从论文产出角度看图情国家社科基金项目研究现状》，《情报科学》2009 年第 8 期。

范并思：《中国社会科学的发展与变革——文献统计与分析》，《浙江学刊》1999 年第 3 期。

姜春林：《人文社会科学学术期刊基金论文热的“冷”思考》，《社会科学家》2008 年第 6 期。

蒋晨：《2005—2009 年国家社科基金项目统计分析》，《图书情报研究》2010 年第 2 期。

李铁映：《人文社会科学要站在时代的最前列》，在 2001 年 5 月 19 日召开的“2001 中国人文社会科学论坛”作的主题报告。

韦莉莉：《中国社会科学资助与评价》，《社会科学管理与评论》2010 年第 3 期。

肖宏、杨如华:《科技期刊基金资助指数的作用及其意义》,《编辑学报》1994 年第 2 期。
俞立平、潘云涛、武夷山:《学术期刊来源指标与影响力关系的实证研究》,《科研管理》2010 年第 6 期。
张爱军、高萍、刘素芳:《世界各国社会科学基金论文产出绩效分析》,《情报科学》2010 年第 5 期。
张宜平:《中国社会科学论文基金资助研究》,《现代情报》2005 年第 3 期。
赵乃瑄:《科学基金对社会科学研究作用的统计分析研究》,《情报理论与实践》2004 年第 27 卷第 5 期。
赵星、高小强、何培:《科学基金 h 指数——基金论文成果数量与影响力的综合衡量》,《中国科学基金》2009 年第 1 期。
祝晓风、李春艳:《十问国家社科基金——全国社科规划办主任张国祚访谈录》,《中国社会科学院报》2008 年 10 月 9 日。

三　网络资源

国家社科基金项目数据库(http://fz. people. com. cn/skygb/sk/)。
国家哲学社会科学学术期刊数据库(http://www. nssd. org/)。
南京大学《中文社会科学引文索引》(CSSCI)来源期刊目录(2012—2013 年版、2014—2015 年版)(http://cssrac. nju. edu. cn/a/zlxz/20160329/2720. html)。
全国哲学社会科学规划办公室:《国家社会科学基金历年资助金额》(http://cpc. people. com. cn/GB/219457/219536/219537/14577987. html)。
人大复印报刊资料全文数据库(网络版)2012—2016 年(http://www. lib. cass. org. cn/electron/Search_ db. aspx? Keyword = % u4EBA% u5927)。
《维普期刊资源整合服务平台学科平均被引值基线》(http://csi1.

cqvip. com/Subject/BaseLine/ClassType. aspx）。
习近平：《在哲学社会科学工作座谈会上的讲话》（http：//www. chinanews. com/gn/2016/05 -19/7875385. shtml）。
中文社会科学引文索引（http：//cssci. nju. edu. cn/news. asp？ ChannelID =9，2013 -01 -27）。
中国社会科学院中国社会科学评价中心：《中国人文社会科学期刊评价报告（2014）》（http：//www. cssn. cn/xspj/201411/t20141125_ 1415277. shtml）。
中国知网中国学术期刊全文数据库（http：//kns. cnki. net/kns/brief/result. aspx？ dbPrefix = CJFQ）。
中国知网中国引文数据库（2014 年以前版）（https：//cnki. net/kns/brief/result. aspx？ dbPbrefix = CRLD）。

四　文摘

《新华文摘》2012—2016 年各期。
《中国社会科学文摘》2012—2016 年各期。
《高等学校文科学术文摘》2012—2016 年各期。